Religionsbuch

3

Neue Ausgabe für den evangelischen Religionsunterricht

Herausgegeben von
Prof. Dr. Ulrike Baumann
und Prof. Dr. Michael Wermke

Erarbeitet von
Prof. Dr. Ulrike Baumann
Bernhard Böttge
Dr. Cordula Grunow
Torsten-Philipp Hubel
Udo Marenbach
Hans Jürgen Rundnagel †
Margret Schoenborn
Anita Schröder-Klein
Prof. Dr. Michael Wermke
Dr. Tobias Ziegler
und Jan Zimmermann

Cornelsen

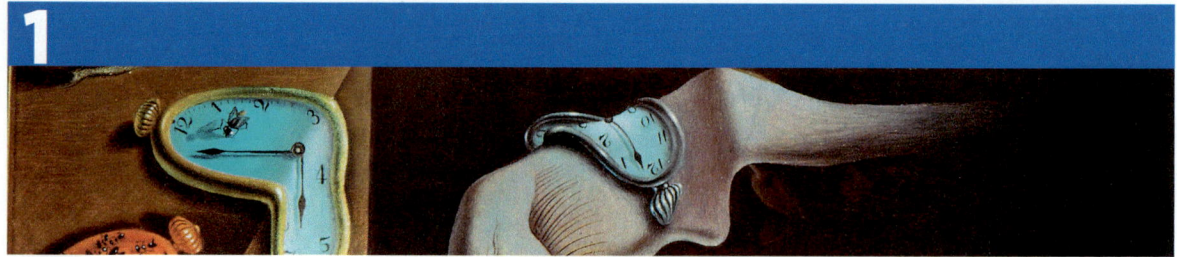

3

Wenn du dieses Kapitel bearbeitet hast, kannst du:

... erläutern, dass es in der Bergpredigt um das Gelingen des Lebens geht.
... Zuspruch und Anspruch in den Seligpreisungen erkennen.
... zur Haltung des Gewaltverzichts Stellung nehmen.
... über die Bedeutung der Bergpredigt für unseren Alltag streiten.
... ein Expertengespräch vorbereiten und durchführen.

4

Wenn du dieses Kapitel bearbeitet hast, kannst du:

... strukturiert Quellentexte untersuchen.
... die Entwicklung der Weltbilder darstellen.
... die historische und gegenwärtige Wichtigkeit der Schöpfungstexte erläutern.
... Stellung zu kreationistischen Positionen beziehen.
... Positionen des Dialogs zwischen Glaube und Naturwissenschaft nachvollziehen.

5

**Wenn du dieses Kapitel bearbeitet hast,
kannst du:**

... ethische Fragen am Anfang und am Ende
  des Lebens bedenken.

... Aussagen über den Wert des menschlichen
  Lebens treffen.

... wiedergeben, was nach christlicher Auffassung zum Menschsein gehört.

... über die Chancen und Grenzen des wissenschaftlich Machbaren diskutieren.

... eine Podiumsdiskussion führen.

6

**Wenn du dieses Kapitel bearbeitet hast,
kannst du:**

... dich mit wichtigen Fragen auseinandersetzen,
  die durch die Begrenztheit menschlichen
  Lebens aufgeworfen werden.

... erläutern, warum Kreuz und Auferstehung
  Jesu für Christen Grund ihrer Hoffnung sind.

... die tiefere Bedeutung der Erzählungen von
  Jesu Auferstehung nachvollziehen.

... deine eigenen Vorstellungen vom Tod und
  einem Leben danach artikulieren und mit
  denen des christlichen Glaubens sowie
  anderer Religionen vergleichen.

7

**Wenn du dieses Kapitel bearbeitet hast,
kannst du:**

... über die Verbreitung der unterschiedlichen
Religionen auf der Welt Auskunft geben.

... Motivation, Erfahrungen und Ausdrucksformen von Religion wahrnehmen und
beschreiben.

... Grundkenntnisse zu Hinduismus und
Buddhismus darstellen und mit dem
Christentum vergleichen.

... religiöse Phänomene und Auswirkungen
religiöser Überzeugungen im Alltag wahrnehmen und dazu Stellung beziehen.

8

**Wenn du dieses Kapitel bearbeitest hast,
kannst du:**

... in Gründzügen die Rolle der evangelischen
Kirche in den beiden deutschen Diktaturen
des 20. Jahrhunderts kritisch vergleichen und
ihre Haltung zur Demokratie begründen.

... Entscheidungsmöglichkeiten von Menschen,
die in Diktaturen leben, besser einschätzen.

... Beispiele oppositionellen Verhaltens gegenüber dem NS-Regime und in der DDR benennen und vergleichen.

... Formen des Gedenkens an die Opfer der
deutschen Diktaturen kennenlernen.

... Quellentexte, Fotografien und Filme genauer
erschließen.

9

Wenn du dieses Kapitel bearbeitet hast, kannst du:

... die historisch und religiös begründeten Ansprüche der Israelis und der Palästinenser auf das Land Israel/Palästina erläutern.

... die Folgen des Nahostkonflikts aus der Perspektive der christlichen Palästinenser beurteilen.

... Möglichkeiten der Versöhnung zwischen Israelis und Palästinensern bewerten.

... Graffiti deuten und selbst gestalten.

10

Wenn du dieses Kapitel bearbeitet hast, kannst du:

... Besonderheiten der biblischen Sprache und Ausdrucksformen wahrnehmen und beschreiben.

... unterschiedliche Zugänge und Methoden zum Verstehen von Bibeltexten erschließen und darstellen.

... verschiedene Zugangswege an konkreten Bibeltexten anwenden und ihre Botschaft erschließen.

... die Unterschiede zwischen Erforschen und Glauben reflektieren und erklären.

METHODEN

Eine Zeit?
Verschiedene
Zeiten?

1. Wie lang sind zwei Minuten?
   Setzt euch bequem hin und schließt die Augen
   für zwei Minuten. Was ist in euch vorgegan-
   gen? Wie habt ihr diese Zeit empfunden?
2. Beschreibt, wie der Künstler Salvatore Dali
   »Zeit« ins Bild gesetzt hat.

Beherrsche ich die Zeit – oder beherrscht die Zeit mich?

Die meisten Menschen in Deutschland leben nach der Uhr. Alles im Leben ist eingetaktet. Arbeitszeiten werden länger, das Wort »Freizeitstress« wird manchmal häufiger benutzt als das Wort »Freizeitgestaltung«. Das Bedürfnis »Alles soll zu jeder Zeit möglich sein« ist verbreitet: auch sonntags shoppen, im Supermarkt rund um die Uhr einkaufen, nachts ins Museum gehen, usw. Es stellt sich die Frage, ob der Einzelne noch Manager seiner Zeit ist oder ob er vielmehr von den zahlreichen zeitlichen Festlegungen bestimmt wird.

Bin ich verplant?

Schülerzeiten

Der Wecker klingelt Punkt halb sieben
und wirft mich aus dem Bett;
dann Duschen, Anziehn, Kaffee trinken,
die Tasche packen, schnell aufs Klo,
zur Haustür raus, noch einmal winken,
recht knapp wird's wieder sowieso,
der Bus ist überpünktlich – toll!
Und außerdem zu voll.

Trotz Staus kann es der Fahrer schaffen.
Wir sind im Klassenraum,
zur Stunde klingelt's fünf vor acht,
Herr Klein kommt zwei Minuten später,
halb neun wird's erste Mal gelacht,
und acht Uhr vierzig endlich geht er,
nach acht Minuten kommt Frau Schapp,
die Pause war zu knapp.

Um zwanzig Uhr treff ich Beate
und bin mit ihr allein;
ob wir dann Schularbeiten machen,
geht wirklich niemanden was an.
Es gibt ja so viel schöne Sachen,
die man zu zweit erleben kann –
doch nur bis dreiundzwanzig Uhr,
ihr Vater ist so stur.

Ich möcht mit ihr zusammenbleiben
auch nach dem Abitur;
mit neunzehn dann zur Uni gehen,
– wir tragen beide einen Ring –
die Prüfungen mit »Eins« bestehen,
mit fünfundzwanzig Dipl.-Ing.!
Dass dahin so viel Zeit vergeht,
es ist zu blöd.

Arbeiten – Fluch oder Segen?

Lieben und arbeiten

Die biblische Schöpfungsgeschichte ruft in Erinnerung, dass Arbeit etwas Gutes ist, ja, dass es ohne Arbeit keinen Glauben an die Schöpfung geben kann. Wie Gott sechs Tage arbeitete und dann ruhte, so kommt auch der geschaffene Mensch in seiner mitschöpferischen Verantwortung erst durch Arbeit und Ruhe zur Erfüllung. Die wichtigste Institution des jüdischen religiösen Lebens, der Sabbat, feiert den Wechsel von Arbeit und Ruhe. Indem das Volk Israel den Sabbatfrieden hält und feiert, bejaht es das Gutsein der Arbeit als einen wesentlichen Teil der Schöpfung. Es widerspricht damit der Tradition von der Arbeit als Fluch und unablässiger Plackerei. Der jüdische Theologe Abraham Heschel hat darauf hingewiesen, dass die Arbeit im Judentum nicht einfach als Schicksal des Menschen hingenommen wird, sondern mit göttlicher Würde ausgestattet ist. Er interpretiert den Sabbat, den Tag der Arbeitsruhe, nicht als Verachtung, sondern als Bejahung der Arbeit, als eine Heiligung ihrer Würde.

Dorothee Sölle

»Der Sonntag und die staatlich anerkannten Feiertage bleiben als Tage der Arbeitsruhe und der seelischen Erhebung gesetzlich geschützt.« Dem folgen Arbeitszeitgesetz und Ladenschlussgesetz, die zugleich u. a. als Ausnahmen solche Tätigkeiten nennen, auf die wir nicht verzichten können, aber auch Arbeiten, die dem Gemeinwohl »förderlich« sind, indem sie etwa »der Sicherung von Beschäftigung« dienen.
Artikel 139
des Grundgesetzes

1. Lest das Gedicht »Schülerzeiten«. Wo findet ihr euch wieder? Schreibt den Text »Schülerzeiten« entsprechend so um, dass er für euren Tag/euer Leben passt.

2. Überlegt, in welchen Situationen ihr in der letzten Woche gesagt habt: »Ich habe keine Zeit!« Woran lag das? Was würdet ihr im Nachhinein ändern?

3. Schaut euch die Karikatur oben genau an und setzt sie in Zusammenhang mit Artikel 139 des Grundgesetzes.

4. In welchem Verhältnis stehen Arbeit und Ruhe laut Dorothee Sölle in der biblischen Schöpfungsgeschichte?

5. Sind längere Arbeitszeiten ein Fluch oder ein Segen? Nehmt begründet Stellung.

Gott sei Dank, es ist Sonntag ...

Seitdem Stimmen in der Gesellschaft, z. B. seitens der Einzelhändler, immer lauter werden, das Arbeitszeitgesetz zu ändern, um verkaufsoffene Sonntage zu ermöglichen, hat die Evangelische Kirche* in Deutschland die folgende Werbekampagne zur Erhaltung des arbeitsfreien Sonntags gestartet.

Auf der Homepage der EKD findet man das abgebildete Plakat. Außerdem werden Begründungen (»Denn ...«) gegeben, die unterschiedliche Aspekte des Sonntags aufgreifen, z. B. (christliches) Menschenbild, Wertevorstellungen, usw.

»... Denn der Sonntag stellt den Menschen in den Mittelpunkt. Maschinen brauchen keine Erholungspausen, sie laufen rund um die Uhr. An Werktagen geben sie das Tempo vor, der Sonntag orientiert sich dagegen am Menschen.«

»... Denn der Sonntag rückt die Werte ins rechte Licht. Niemand muss immer und überall kaufen müssen, wenn ihm gerade danach gelüstet. Der Sonntag schützt den Menschen davor, falschen Werten nachzulaufen. Er bietet Gelegenheit zur Besinnung auf das, was zählt.«

»... Denn der Sonntag gibt Kraft für die neue Woche. Ob Gottesdienst, Wanderung, Spielenachmittag oder Zeit für Lektüre und Gespräch – der Sonntag gibt Raum, um für die Woche aufzutanken. Der Sonntag ist eine lebensnotwendige Atempause für uns Menschen. Oder um es mit Albert Schweitzer zu sagen: ›Wenn deine Seele keinen Sonntag hat, dann verdorrt sie.‹«
www.ekd.de

SCHLÜSSELWISSEN Sabbat, Sonntag
(hebräisch: Schabbat; jiddisch Schabbes)
Die Sabbatheiligung der Juden hat ihre Grundlage in Genesis 2,2–3 und Exodus 20,8–11. Der Sabbat beginnt für sie am Freitagabend und endet am Abend des Samstags nach Eintritt der Dunkelheit. Der siebte, freie Tag ist ein Werk Gottes, an dem die Schöpfung gefeiert wird. Die Sabbatstille soll den Frieden mit der Natur fördern, die Freiheit von Bindung an Arbeit und Pflichten soll allen Menschen zugute kommen. Christen nehmen dieses Geschenk Gottes in den Sonntag hinein, den ersten Tag der Woche. Er bekommt für sie seine besondere Bedeutung als Tag der Auferstehung Christi, als »neue Schöpfung«. Das wöchentliche christliche Auferstehungsfest ist für Christen ein Tag der Hoffnung.

Der 7. Tag

Der 7. Tag ist der Tag der Ruhe, der Tag, an dem das Werk Gottes vollendet war. Die Zahl 7 gilt als magische Zahl. Auch heute kann der 7. Tag ein Tag sein, an dem irgendetwas Ungewöhnliches, Rätselhaftes, Wunderbares, Liebevolles, Trauriges, Amüsantes, Revolutionäres, Verflixtes, nicht Alltägliches, Berührendes und Erzählenswertes geschieht.

METHODE

**Kreatives Schreiben –
eine Kurzgeschichte verfassen**

Kurzgeschichten sind »kurze« Geschichten: offen konstruiert, gegenwarts- und alltagsbezogen, konfliktreich, ausschnitthaft, spannend, oft auf eine oder zwei Figuren und Orte fokussiert, leitmotivisch. Kennzeichnend für Kurzgeschichten sind folgende Merkmale:

• Umfangsbegrenzung/Kürze
• Verdichtung des Geschehens auf einen Augenblick
• Wiedergabe des inneren Geschehens durch erlebte Rede, inneren Monolog usw.
• unvermittelter Beginn, offenes Ende
• Alltäglichkeit von Thematik und Sprache

Folgende Fragen sind im Schreibprozess zu klären:
Worüber schreibe ich? (Thema?)
Welche Art von Text verfasse ich?
Wie baue ich den Text auf ?
Welchen Erzähler wähle ich aus,
Welche Figuren lege ich fest?
Wie überarbeite ich den Text?

1. Diskutiert das Pro und Kontra des arbeitsfreien Sonntags und entwickelt eine begründete Stellungnahme zu diesem »Streit«.
2. Setzt selbst die Argumentation der Kirche fort, warum die Sonntagsruhe erhalten bleiben sollte: Ihr könnt auch Zitate einbinden. »Denn der Sonntag ...«

Druckt die Schlüsselwörter fett oder unterlegt sie farbig. Gestaltet auch ein passendes Hintergrundbild.

3. Erzählt in Kurzgeschichten von einem außergewöhnlichen 7. Tag. Stellt eure Wirklichkeit, Erlebniswelt, eure Träume, Erinnerungen in den Mittelpunkt dieser Geschichten.

Schon jetzt – noch nicht: das Reich Gottes

Das Gleichnis vom Senfkorn, wie es im Folgenden erzählt wird, steht bei Markus. Aber auch Matthäus 13,31–32 und Lukas 13,18–19 überliefern es.

Das Reich Gottes – wie ist es?,

fragten die Menschen Jesus. Viele wollten ein Versprechen von Stärke und Macht – gewaltiger als das unüberwindliche Römische Reich. Andere hatten die Vision* eines Endgerichts über alle Unheilsmächte und erhofften sich ein Zeitalter ohne Krieg und Bedrohung, andere ersehnten Befreiung von Krankheit, Elend, Ausgestoßensein, Schuld und Versagen, wieder andere erträumten sich eine himmlische Stadt, in der Menschen und Gott miteinander wohnen. Jesus aber antwortete:

Es ist wie ein Senfsamen: Wenn der gesät wird auf's Land, so ist er das kleinste unter allen Samenkörnern auf Erden.

Unglaublich winzig ist ein Senfsamen: 760 davon gehen auf ein Gramm. Und zwischen den Erdbrocken ist er kaum wahrzunehmen. Unglaublich klein begann auch die Geschichte, wie Gott den Menschen in Jesus von Nazareth begegnete, der uns zum Bruder wurde. In einem Stall soll Jesus geboren sein, und auch als er herumzog und zu den Menschen redete, waren seine Zuhörer nicht gerade die Wichtigen der damaligen Gesellschaft: Fischer, Bauern, viele Frauen und Kinder, daneben Leute, die man besser mied: Aussätzige, Behinderte, Besessene, Römerfreunde, Huren. Erbärmlich später sein Tod am Kreuz. Aber wo er war, erkannten seine Anhänger Zeichen und Spuren des erhofften Gottesreichs: Er heilte Kranke, gab Ausgestoßenen Gemeinschaft, nahm niederdrückende Schuld von den Menschen. Das römische Heer vernichtete er nicht, und er baute auch nicht die himmlische Stadt, aber immer mehr Menschen erlebten Gottes Nähe und Liebe, wenn sie ihn hörten und ihm folgten – ganz, wie es Jesus von dem Senfsamen sagte, der wie das Reich Gottes ist:

Wenn er gesät ist, so geht er auf.

Der Same vom Schwarzen Senf ist ca. 0,5 mm klein ... doch was daraus wird – eine Senfstaude von 4 m – ist bis zu 8000-mal so groß! Ein Größenvergleich: Wenn eine ca. 2 cm große Eichel es der Wachstumskraft eines Senfkorns gleich tun wollte, müsste daraus eine Eiche entstehen, die 160 m groß werden würde.

Es blieb nicht bei den Jüngern zu Jesu Lebzeiten: Die Geschichte ging weiter. Menschen, die seine Worte verbreiteten und ihm folgten, setzten neue Zeichen: Vieles machten Christen in der Geschichte auch falsch. Aber viele folgten Jesus, wenn sie in Klöstern, Spitälern und Straßen für Kranke und Arme da waren, Verfolgte schützten und der Gewalt Widerstand entgegensetzten.

In aller Welt finden sich heute engagierte Christen. Sie wollen die Welt nicht so lassen, wie sie ist, sondern der Bitte des Vaterunsers »Dein Reich komme« zuarbeiten. Sie sorgen sich um das »Brot für die Welt«, kümmern sich um gescheiterte, behinderte, seelisch kranke Menschen, kämpfen gegen Umweltzerstörung und Willkür. In aller Welt – das meint auch die eigene Stadt, die engere Umgebung, die Schule: jemanden in der Klasse, dem es schlecht geht, nicht hängen lassen; Mobbing und Ausgrenzung nicht dulden; gegen Ungerechtigkeit angehen.

Kleinere und größere Zeichen können Vorboten des Reiches Gottes sein, bis es gekommen ist und über allem ist – wie es Jesus im Gleichnis vom aufgegangenen Senfsamenkorn verbildlicht: Er wird größer als alle Kräuter und treibt große Zweige, sodass die Vögel unter seinem Schatten wohnen können.
nach Markus 4,30–32

SCHLÜSSELWISSEN Die Zeitstruktur des Reiches Gottes: Zeit und Ewigkeit

Jesus verkündigt das Reich Gottes. Kennzeichnend ist dabei das Ineinander von »schon da« und »noch nicht« der Gottesherrschaft, d. h. jeder Zeitaspekt ist bereits von Ewigkeit umgeben, Vergangenheit, Gegenwart und Zukunft sind im Reden vom Reich Gottes gleichermaßen gegenwärtig.

Mit seinen Gleichnissen appelliert Jesus an uns Menschen zu einem Leben für das Reich Gottes. Dies geschieht im Bewusstsein, dass es dadurch in dieser Welt immer nur punktuell aufscheint. Alles Sichtbare wird von Unsichtbarem begleitet. Eine endgültige Verwirklichung bleibt das Geheimnis Gottes. Aber der Zeit der Verhülltheit und Unsichtbarkeit steht eine Zeit des Offenbarseins gegenüber.

Inhaltlich bedeutet das Reich Gottes vor allem Liebe und Vergebung gegenüber jedem Menschen. Im Blick sind vor allem jene, die der Liebe am sichtbarsten bedürfen: Verachtete, Arme, Kranke, Feinde, Schuldige, Sterbende. Das Reich Gottes scheint überall da auf, wo der Mensch die Liebe Gottes als Lebensquelle verspürt, selbst lebt und weitervermittelt.

---

1. Erläutert anhand des Gleichnisses vom Senfkorn, was mit dem Ineinander von »schon da« und »noch nicht« gemeint ist.
2. Lest andere Gleichnisse von Jesus nach und deutet sie auf dem Hintergrund seiner Reich-Gottes-Botschaft.
3. Zu welchen Konsequenzen im Leben eines Christen kann diese Botschaft führen?

Zeit ist Geld. Oder Leben?

Reich werden ...

Ein großer Nachteil der in den frühen Zeiten der Menschheit betriebenen Tauschwirtschaft bestand darin, dass viele der getauschten Waren innerhalb kurzer Zeit verdarben. Man konnte ohne Verlust also nur Güter erwerben, die sich über einen längeren Zeitraum hielten oder die man in absehbarer Zeit verbrauchte. Die geniale Lösung dieses Problems stellte die Einführung von Geld dar: Warenwerte konnten in einer nicht verderblichen, zeitunabhängigen Ersatzware gespeichert, ohne Schwierigkeiten blitzschnell übergeben, überwiesen und zu einem beliebigen Zeitpunkt in Güter oder Dienstleistungen umgetauscht werden. Als Organisatoren und Vermittler von Geld entwickelten sich die Banken. Bei der Vermehrung von Pflanzen und Tieren waren Bauern abhängig von Jahreszeiten und Wachstumsperioden. Der Ertrag der menschlichen Arbeitskraft in Verbindung mit totem Kapital – nämlich Unternehmensgewinne, Zinsen, Dividenden, Kursgewinne – ist jedoch von der Natur unabhängig. Der Grad des wirtschaftlichen Erfolgs lässt sich eindeutig an den Kontozahlen ablesen; nach oben gibt es keine Grenze. Derjenige erzielt die größten Erfolge, der keine Chance verschläft, sondern sie zu jeder Zeit wahrnimmt und ausnutzt. Jede ökonomisch ungenutzte Zeit – etwa Sonn- und Feiertag, Feierabend, Urlaub, Krankheit – kann zur verpassten Gelegenheit werden, denn durch geschickteren und verstärkten Einsatz der eigenen Arbeitskraft und des zur Verfügung stehenden Kapitals hätte der wirtschaftliche Fortschritt beschleunigt und der Kontostand erhöht werden können.

Die Einsicht, dass die vergehende Zeit uns dem Alter und dem Tode näher bringt, verändert sich allmählich und unmerklich in ihr Gegenteil: Je länger und unablässiger der Eigentümer mit seinem Geld arbeitet, desto stärker wird seine wirtschaftliche Macht. Am Ende geht es um mehr als um Zahlen in Euro und Cent. Es geht um Wachsen, um Starksein und Unangreifbarkeit: Schwere Autos, teure Flug- oder Wasserfahrzeuge, prächtige Anwesen mit hohen Gittern sind einige Merkmale; andere sind Unterwürfigkeit, gesellschaftliche Hochachtung und Bewunderung, die der Erfolgreiche genießen kann.

Hinzu kommt, dass nicht nur Dinge, sondern auch viele Menschen käuflich werden. Der Reiche kann mit seinem Geld Menschen an sich binden. Alle Türen stehen ihm offen, auf keiner wichtigen Veranstaltung fehlt er, in Vereinen wählt man ihn zum Vorsitzenden, alles drängt sich in seine Nähe. Er kann auch hier kaufen; es scheint, als brauche er nicht um Sympathien und Freundschaft zu werben; es scheint, als würden sie ihm gern entgegengebracht. Fehlende Zeit, Zuneigung und Liebe zu gewinnen, scheint sich auf seine Beziehungen zu den Mitmenschen nicht auszuwirken.

1. Welchen Zusammenhang zwischen Zeit und Geld stellt der Text dar? Wie wird dieser Zusammenhang bewertet?

2. Vergleicht die beiden Texte unter der Frage nach der Zeit: Wo seht ihr Gemeinsames, wo Unterschiede?

3. Welche Konsequenzen sollten die »reichen« Personen beider Texte ziehen? Verfasst kurze Geschichten zu diesem Thema.

Der reiche Kornbauer

Schon zu biblischen Zeiten konnte Korn in Speichern aus Stein mehrere Jahre aufbewahrt werden. Nur Großgrundbesitzer hatten das Geld für derartige Bauten. Sie hatten die Chance, noch reicher zu werden, wenn sie nach Missernten, z. B. aufgrund von Dürre oder Heuschreckenplagen, ihr Getreide auf den Markt brachten. Die hungernden Menschen mussten zu jedem Preis kaufen und konnten dabei Hab und Gut und sogar ihre Freiheit verlieren.

Rembrandt, 1627

16 Und er sagte ihnen ein Gleichnis und sprach: Es war ein reicher Mensch, dessen Feld hatte gut getragen.

17 Und er dachte bei sich selbst und sprach: Was soll ich tun? Ich habe nichts, wohin ich meine Früchte sammle.

18 Und sprach: Das will ich tun: Ich will meine Scheunen abbrechen und größere bauen, und will darin sammeln all mein Korn und meine Vorräte und will sagen zu meiner Seele: Liebe Seele, du hast einen großen Vorrat für viele Jahre; habe nun Ruhe, iss, trink und habe guten Mut!

20 Aber Gott sprach zu ihm: »Du Narr! Diese Nacht wird man deine Seele von dir fordern; und wem wird dann gehören, was du angehäuft hast?«

21 So ergeht es dem, der sich Schätze sammelt und ist nicht reich bei Gott.

Lukas 12,16–21

Langeweile – kurze Weile

Es gibt Menschen, die mit ihrer freien Zeit nicht viel anzufangen wissen.
Ist der Arbeitstag klar strukturiert, so fällt es ihnen schwer, die Freizeit als
Chance zur freien Entfaltung eigener schöpferischer Kräfte zu nutzen,
die in der Arbeitswelt keine Rolle spielen. Zeiten der Ruhe und Stille sind
wichtig, um einmal zu sich selbst zu kommen; ein Urlaub ist mehr als eine
bloße Arbeitsunterbrechung.

Urlaubsgebet
Das braucht seine Zeit
bis die Tage den andern Rhythmus lernen
und langsam im Takt der Muße schwingen
das braucht seine Zeit
bis die Alltagssorgen zur Ruhe finden
die Seele sich weitet und frei wird
vom Staub des Jahres

Hilf mir in diese andere Zeit Gott
lehre mich die Freude und den frischen Blick
auf das Schöne
den Wind will ich spüren und die Luft will ich schmecken
Dein Lachen will ich hören Deinen Klang
und in alledem
Deine Stille

Carola Moosbach

Eine Pfarrerin wendet sich zur Sommerzeit im Gemeindebrief an ihre Gemeinde:

Nichts tun

Nichts ist heute so leicht, wie ordentlich Kilometer zu machen. Da setze ich mich in den ICE und fahre einmal quer durch Deutschland. Da steige ich in ein Flugzeug, nicke einmal für länger weg und bin am anderen Ende der Welt. Noch nie war es so leicht, den eigenen Ort mit einem fernen Ziel zu vertauschen. Kilometer zu machen ist leicht, aber eine Reise zu machen, ist schwer. Da geht es uns trotz aller moderner Fortbewegungsmittel wohl immer noch wie einem der ersten Passagiere, der das damals neue Fortbewegungsmittel Eisenbahn ausprobiert hat – mit sagenhaften 28 Stundenkilometern. Als er am Bahnhof angekommen war, setzte er sich auf seinen Koffer, blickte angestrengt in die Richtung, aus der er mit dem Zug gekommen war und sagte: »Das ging mir alles zu schnell. Mein Koffer und ich sind schon da; aber jetzt muss ich noch warten, dass auch meine Seele hinterher kommt.«

Im Sommer packt mich immer die Sehnsucht, mal richtig raus zu kommen, nach Tapetenwechsel, nach Abstand und neuen Eindrücken. [...] Gleichzeitig weiß ich aber: Es ist eine Kunst, dass dies auch gelingt. Weil ich immer in der Gefahr stehe, noch mit irgendetwas beschäftigt zu sein. Immer etwas auf dem Zettel, was noch getan werden soll. Oft in Gedanken schon beim nächsten Schritt.

Sorgt nicht um euer Leben, sagt Jesus in der Bergpredigt.

Wie schwer ist das? Nicht zu sorgen für einen Moment, sogar das Tun zu unterlassen, das doch das eigene Leben sichern soll. [...]

Sorgt nicht um euren Leib. Lasst nach, immer zu buckeln und zu arbeiten. Guckt die Vögel an, die nicht säen, nicht ernten und nicht sammeln und doch leben! Wer von euch kann seinem Leben auch nur einen Tag hinzugeben und warum arbeitet ihr euch krank? Warum lasst ihr euch zerfressen von eurem Tun und Machen? Von den Gewohnheiten, die euch immer auf Trab halten? Die euch bis in den Urlaub verfolgen?

Ich weiß, es ist leichter, solche Fragen zu stellen, als sie zu beantworten oder gar aus ihnen die Konsequenz zu ziehen! Es geht um das neue Entdecken der Grundhaltung: Mein Leben ist mir geschenkt. Und ich arbeite an den Details. An den Details, die zugegebenermaßen nicht unwichtig sind. Aber das darf den Blick nicht darauf verstellen, dass das Leben ein Geschenk ist. Weil uns nur diese Grundhaltung eben vor dem Wahnsinn zu bewahren vermag, mit den Grundlagen des Lebens auch unseren Sinn und unseren Wert selbst erarbeiten zu müssen.

Immer wieder ist es diese Frage, an der wir Menschen so leicht zu zerbrechen drohen. Das Nichts-Tun ist nach dem Verständnis der Bibel mehr als bloße Passivität. Es ist das Sein-lassen-Können in dem Bewusstsein, dass Gottes Reich und seine Gerechtigkeit wächst und kommt, ohne dass wir es zerren und ziehen müssten.
Susanne Schrader

1. Beschreibt, wie sich die euch bekannte Langeweile und die »tödliche Langeweile« unterscheiden und welche Merkmale für beide gelten.
2. Warum ist euch manchmal langweilig zumute? Was unternehmt ihr dagegen?
3. Besprecht, was das Urlaubsgebet zum Ausdruck bringen will, und verfasst selbst Urlaubsgebete.
4. Überlegt, was die Pfarrerin gerne ihren Gemeindegliedern zum Ferienanfang mit »auf die Reise« geben will. Welche Schwierigkeiten spricht sie an, was sieht sie als möglichen Weg?

Zeit stehlen – Zeit schenken

Wer den Roman Momo von Michael Ende gelesen hat, der kennt auch die grauen Herren, die die Menschen auf geschickte Weise zum Zeit Sparen überreden: Gewonnene Zeit werde auf einer Zeit-Spar-Kasse gutgeschrieben und verzinst, versprechen die grauen Herren. Im Laufe der Geschichte erweisen sie sich als wahre Zeitdiebe, sie stehlen Zeit, indem sie die Menschen dazu verführen, ausschließlich unter dem Gesichtspunkt beruflicher Effektivität zu funktionieren.

Zeitdiebe

»Das«, dachte Herr Fusi zerschmettert, »ist also die Bilanz meines ganzen bisherigen Lebens. […] Ich bin ein Unglücksrabe, dass ich nicht schon längst angefangen habe zu sparen. Jetzt erst sehe ich es völlig ein, und ich muss gestehen – ich bin verzweifelt!«

»Dazu«, erwiderte der graue Herr sanft, »besteht durchaus kein Grund. Es ist niemals zu spät. Wenn Sie wollen, könnten Sie noch heute anfangen. Sie werden sehen, es lohnt sich.« »Und ob ich will!«, rief Herr Fusi. »Was muss ich tun?« »Aber mein Bester«, antwortete der Agent und zog die Augenbrauen hoch, »Sie werden doch wissen, wie man Zeit spart! Sie müssen zum Beispiel einfach schneller arbeiten und alles Überflüssige weglassen. Statt einer halben Stunde widmen Sie sich einem Kunden nur noch eine Viertelstunde. Sie vermeiden zeitraubende Unterhaltungen. Sie verkürzen die Stunde bei Ihrer alten Mutter auf eine halbe. Am besten geben Sie sie überhaupt in ein gutes, billiges Altersheim, wo täglich für sie gesorgt wird, dann haben Sie bereits eine ganze Stunde täglich gewonnen! Besuchen Sie Fräulein Daria nur noch alle vierzehn Tage einmal, wenn es überhaupt sein muss. Lassen Sie die Viertelstunde Tagesrückschau ausfallen und vor allem, vertun Sie Ihre Zeit nicht mehr so oft mit Singen, Lesen oder gar mit Ihren so genannten Freunden. Ich empfehle Ihnen übrigens ganz nebenbei, eine große, gut gehende Uhr in ihren Laden zu hängen, damit Sie die Arbeit Ihres Lehrjungen genau kontrollieren können.«

»Nun gut«, meinte Herr Fusi, »das alles kann ich tun, aber die Zeit, die mir auf diese Weise übrig bleibt – was soll ich mit ihr machen? Muss ich sie abliefern? Und wo? Oder soll ich sie aufbewahren? Wie geht das Ganze vor sich?«

»Darüber«, sagte der graue Herr und lächelte zum zweiten Mal dünn, »machen Sie sich nur keine Sorgen. Das überlassen Sie ruhig uns. Sie können sicher sein, dass uns von Ihrer eingesparten Zeit nicht das kleinste bisschen verloren geht. Sie werden es schon merken, dass Ihnen nichts übrig bleibt.«
Michael Ende

BESUCH BEI FRÄULEIN DARIA

Einer der Agenten gibt dem Friseur Fusi eine präzise Aufstellung über Sparmöglichkeiten: Da finden sich Posten wie

das Füttern des Wellensittichs (13 797 000 Sek.),

Gesangsverein und Stammtisch (165 564 000 Sek.),

Sorgen für die alte Mutter (55 188 000 Sek.),

die Besuche bei einer behinderten Frau (27 594 000 Sek.),

abendliches Sitzen am Fenster (13 797 000 Sek.).

Jedes Jahr wiederholt sich vor Weihnachten etwas Ähnliches: Die Liste mit den nötigen Geschenken für das Weihnachtsfest füllt sich langsam. Für Verwandte, Patenonkel und beste Freundin fehlt noch die zündende Idee. Soll man dem belesenen Freund wirklich ein Buch schenken? Soll man der Patentante eine CD schenken, obwohl ihr Musikgeschmack mit dem eigenen so gar nichts zu tun hat? Das Verschenken von Geld hat den Beigeschmack, sich keine Gedanken gemacht zu haben. Es wäre doch einmal den Versuch wert, in diesem Jahr zu Weihnachten Zeit zu verschenken. Eigene Ideen, wie das umzusetzen ist, brauchen aber auch wieder Zeit, nämlich Zeit zum Nachdenken.

1. Würdet ihr das Angebot des grauen Herrn annehmen? Begründet eure Meinung.
2. Herr Fusi folgt den Empfehlungen des grauen Agenten. Wie ist das zu erklären?
3. Beschreibt die von den »grauen Herren« verkörperten Kräfte und Wirkungen in der Gesellschaft.
4. Überlegt, wo euch jemand Zeit gestohlen hat. Wo habt ihr jemandem Zeit gestohlen?
5. Welche Zeiten kann man auf einem Zeitgutschein verschenken? Entwerft selbst Zeitgutscheine.
6. Beschreibt Situationen, in denen euch ein anderer Mensch Zeit geschenkt hat.

Meine Zeit steht in deinen Händen – eigene Endlichkeit

Eines ist gewiss – alle Menschen müssen sterben – aber wann, wo und wie – ist ungewiss. Schön, wenn man am Ende eines Lebens sagen kann: »Und er starb lebenssatt.« – so der Erzähler über Hiob, eine Figur des Alten Testaments. Das Attribut »lebenssatt« weist daraufhin, dass jemand die Fülle des Lebens erlebt hat. Zu einem gelingenden Leben gehört es auch, dass man Gelegenheiten zur rechten Zeit ergriffen hat. Denn die Zeit lässt sich nicht zurückdrehen. ⋯➔ S. 102 ff.

Der rechte Zeitpunkt

Zur rechten Zeit am rechten Ort sein, heißt ein Sprichwort. Gibt es den rechten Zeitpunkt?

Wann ist der richtige Augenblick, etwas zu tun? Wann habe ich bereits etwas versäumt?

Wann habe ich die Gelegenheit zum rechten Handeln?

Diese Fragen beschäftigten die Menschen bereits in der griechischen Antike. Sie unterschieden deshalb den Chronos, die gleichmäßig verlaufende Zeit, mit der man Stunden, Tage und Jahre misst, vom Kairos. Das ist die entscheidende, nicht wiederkehrende Zeit, in der es gilt, das Richtige zu tun. Statt bloßer Chronologie ist hier auch eine Zeit der Besinnung und Sammlung gemeint, eine Verdichtung des Bewusstseins, um dann die Kraft zum Handeln zu haben.

ANKUNFTSZEIT

Meine Zeit steht in deinen Händen

Psalm 31,16

P

Der Kairos wurde in verschiedenen Statuen und Reliefs dargestellt als schnell vorbeieilende Gestalt auf geflügelten Rädern. Das spitze Messer oder Schwert in seiner Hand steht für die Zuspitzung des wichtigen Augenblicks. Ergreifen, »beim Schopfe packen« kann man ihn nur an seiner Stirnlocke. Der Hinterkopf ist kahl: Hier greift die Hand ins Leere. Versagt man, bleibt nur die trauernde Metanoia, die Reue – die auch als allegorische Gestalt dargestellt ist.

Augustin (Aurelius Augustinus) lebte von 354–430 n. Chr. Als Philosoph, Theologe und Bischof wurde er für die frühe christliche Kirche besonders durch seine Schriften bedeutsam. Bis in die Gegenwart hinein beziehen sich Theologen und Philosophen auf die Gedanken dieses Kirchenvaters.

Augustins Verwirrungen

Was ist Zeit? fragt Augustin in seiner Schrift »Bekenntnisse«. Zunächst scheint die Antwort nicht schwierig zu sein: Zeit – das sind Vergangenheit, Gegenwart und Zukunft. Dann fragt Augustin aber: Gibt es denn eigentlich Vergangenheit? Ist sie nicht in Wirklichkeit vergangene Gegenwart, also eine Zeit, die einmal war und nicht mehr ist? Und: Gibt es denn eigentlich Zukunft? Ist sie nicht in Wirklichkeit eine erst kommende Gegenwart, also eine Zeit, die jetzt (noch) nicht ist? Schließlich: Gibt es denn eigentlich Gegenwart? Wann sollte die sein? Wie lange dauert sie? Sie müsste ein allerwinzigster Zeitpunkt sein, denn schon die kleinste Zeitdauer, die man als Gegenwart betrachten wollte, müsste man in Vergangenheit und Zukunft aufteilen: Die Gegenwart wäre, streng genommen, bestenfalls der Übergang zwischen »schon gewesen« und »noch nicht da«. Ein Tag z. B. kann nicht gegenwärtig sein. Nur die Stunde, in der wir den Tag betrachten, erscheint gegenwärtig. Die früheren Stunden sind Vergangenheit, die späteren Zukunft. Aber dasselbe gilt auch für die Stunde. Die Minute, in der wir die Stunde betrachten, erscheint gegenwärtig, die früheren Minuten sind Vergangenheit, die späteren Minuten ... usw. Augustin schließt: Also gibt es weder Gegenwart noch Vergangenheit noch Zukunft. Er überlegt aber weiter: Immerhin kann ich doch Vergangenheit erzählen, schildern – etwa die Kindheit. Dann existiert sie also doch – aber wo? Sie ist in mir als gegenwärtige Vorstellung, als Bild von einer früheren Zeit. Und: Ich kann Zukunft vorhersagen, sie existiert also doch – aber wo? Sie ist in mir als gegenwärtige Vorstellung, als Bild, wenn ich anhand von angenommenen Zeichen sehe, was sich ereignen wird: Z. B. lässt mich die Morgenröte den nahen Sonnenaufgang sehen.

Und die Gegenwart? Sie existiert als unmittelbare Anschauung – etwa der Morgenröte – und wird zum gegenwärtigen inneren Bild, das als Zeichen auf die Zukunft schließen lässt. Das ist die Lösung: Es gibt drei Zeiten – aber nur im Inneren des Menschen:

Die Gegenwart des Vergangenen – man nennt sie auch Gedächtnis/ Erinnerung.

Die Gegenwart des Gegenwärtigen – sie ist die Anschauung.

Die Gegenwart des Zukünftigen – sie macht unsere Erwartung aus.

1. Erläutert den Unterschied von Chronos und Kairos in der Antike.
2. Wann ist euch schon einmal ein »Kairos« entschwunden, wann habt ihr ihn beim Schopf gepackt? Beschreibt versäumte Augenblicke und neue Möglichkeiten für den »rechten Zeitpunkt«. Denkt z. B. an eure Schullaufbahn (Schulform, Fächerwahl), an Hobbies (Musikunterricht, Sportverein), an Freundschaften.
3. Erläutert die »drei Zeiten«, wie sie Augustinus darstellt, anhand von Beispielen.

Zeiten: über Endlichkeit und Ewigkeit nachdenken

In diesem Kapitel stand das Thema »Zeit« im Mittelpunkt. Zunächst dachtet ihr darüber nach, wie ihr selbst eure Zeit verbringt. Ihr habt diskutiert, warum es wichtig ist, die aus der jüdisch-christlichen Tradition herrührende Unterscheidung von Werktag und Sonntag oder Sabbat weiter zu erhalten. Bei der Frage, wer mein Leben bestimmt oder ob ich es bestimme, galt es, den Kontrast zwischen leerer oder verschwendeter Zeit und dichter oder erfüllter Zeit zu erkennen. Über bloße Chronologie hinaus gibt es die Zeit als Kairos. Im Zentrum von Jesu Verkündigung steht die Botschaft vom Reich Gottes, die auch Endlichkeit und Ewigkeit einschließt.

Zeitgutscheine – einmal anders

Es war einmal ein Mann, der sich durch nichts von seinen Mitmenschen unterschied. Wie die meisten lebte er mehr oder weniger gedankenlos vor sich hin. Eines Tages aber sprach ihn ein Unbekannter an und fragte, ob er »Zeitgutscheine« wolle.

Weil der Mann gerade nichts zu tun hatte und ohnehin eine gewisse Langeweile spürte, ließ er sich auf ein Gespräch ein und wollte wissen, was denn diese Zeitgutscheine seien. Statt einer Antwort zog der Unbekannte ein Bündel verschieden großer Scheine hervor, die wie Banknoten und doch ganz anders aussahen: »Deine Lebenszeit«, erklärte der geheimnisvolle Fremde kurz. »Wenn du alle Gutscheine angelegt hast, ist es Zeit zu sterben.«

Bevor der überraschte Mann eine Frage stellen konnte, war der andere verschwunden. Neugierig und erstaunt blätterte der Alleingelassene in dem Bündel. Zuerst kam ihm der Gedanke, die genaue Dauer seines Lebens zu errechnen, und ihn schauderte, als er die Zahl der Jahre und Tage vor sich hatte. Dann begann er eine Einteilung zu überlegen, und machte kleine Stöße von Scheinen entsprechend seinen Absichten. Zwar wollte er für Kegelabende und Fernsehen eine große Zahl von Stunden-Scheinen bereitlegen, musste aber zu seinem Bedauern bald feststellen, dass allein durch Essen und Schlafen eine unglaubliche Menge von vornherein gebunden war.

Tagelang war er damit beschäftigt, seine Zuwendungen an Lebenszeit immer neu zusammenzustellen, um sie bestmöglich zu nützen. Jedes Mal, wenn jemand ihn dabei störte oder gar etwas von ihm wollte, sah er im Geiste einen seiner kostbaren Scheine verloren gehen und sagte nein, seine Zeit hatte er nicht zu verschenken! So wachte er eifersüchtig und geizig über die Gutscheine. Als ihm endlich eine perfekte Widmung der Stunden, Tage und Jahre gelungen zu sein schien, war plötzlich der Unbekannte wieder da: Ob er denn von Sinnen sei, fragte er, nahm einen der Scheine, drehte ihn um und hielt ihn dem erstaunten Mann vor die Augen. Zum erstenmal entdeckte dieser einen Hinweis auf der Rückseite, dass die Zeitgutscheine in Ewigkeit umgewandelt werden können. Wer sie jedoch in diesem Sinne umsetze, verspiele sein Leben.

Aber da war der Fremde auch schon wieder verschwunden und der Mann neuerlich allein mit einem erregenden Geheimnis – auf welche Weise war der begrenzte Schatz an Zeit in grenzenlose Ewigkeit zu verwandeln?
Pater Andreas Laun

1. Lässt sich der begrenzte Schatz an Zeit in unbegrenzte Ewigkeit umwandeln? Was würdet ihr dem Mann – auf dem Hintergrund eurer Auseinandersetzung mit dem Thema Zeit – antworten?
2. Dem Mann geht auf einmal jegliche Lebensqualität verloren. Erklärt, woran das liegt.

Die Fülle des Lebens von Gott her verstehen

Prediger Salomo

1 Ein jegliches hat seine Zeit, und alles Vorhaben unter dem Himmel hat seine Stunde: 2 geboren werden hat seine Zeit, sterben hat seine Zeit: pflanzen hat seine Zeit, ausreißen, was gepflanzt ist, hat seine Zeit; 3 töten hat seine Zeit, heilen hat seine Zeit; abbrechen hat seine Zeit, bauen hat seine Zeit; 4 weinen hat seine Zeit, lachen hat seine Zeit; klagen hat seine Zeit, tanzen hat seine Zeit; 5 Steine wegwerfen hat seine Zeit, Steine sammeln hat seine Zeit; herzen hat seine Zeit, aufhören zu herzen hat seine Zeit; 6 suchen hat seine Zeit, verlieren hat seine Zeit; schweigen hat seine Zeit, reden hat seine Zeit; 8 lieben hat seine Zeit, hassen hat seine Zeit; Streit hat seine Zeit, Friede hat seine Zeit.
9 Man mühe sich ab, wie man will, so hat man keinen Gewinn davon. 10 Ich sah die Arbeit, die Gott den Menschen gegeben hat, dass sie sich damit plagen. 11 Er hat alles schön gemacht zu seiner Zeit, auch hat er die Ewigkeit in ihr Herz gelegt; nur dass der Mensch nicht ergründen kann das Werk, das Gott tut, weder Anfang noch Ende. 12 Da merkte ich, dass es nichts Besseres gibt als fröhlich sein und sich gütlich tun in seinem Leben. 13 Denn ein Mensch, der da isst und trinkt und hat guten Mut bei all seinem Mühen, das ist eine Gabe Gottes.
14 Ich merkte, dass alles, was Gott tut, das besteht für ewig; man kann nichts dazutun noch wegtun. Das alles tut Gott, dass man sich vor ihm fürchten soll. 15 Was geschieht, das ist schon längst gewesen, und was sein wird, ist auch längst gewesen; und Gott holt wieder hervor, was vergangen ist.
Prediger 3,1–15

Quint Buchholz, 1997

3. Untersucht, wie die Bibelstelle aus dem Buch Prediger aufgebaut ist.
4. Sucht euch eine Stelle aus Prediger 3,1–5 heraus und füllt sie durch eigene Beispiele mit Leben. Teilt euch alle Verszeilen in der Lerngruppe auf.
   • Lest eure Texte (Bibelstelle und Beispiele) schließlich mit verteilten Sprechern vor.
   • Findet passende Abbildungen zu euren Texten und stellt alles zu einer Text-Bildcollage zusammen.

Warum?

Trotzdem von Gott sprechen

1. Betrachtet und beschreibt einzelne Szenen des Bildes.
2. Verbindet eure Beobachtungen mit der Frage »Warum?«. Stellt auch einen Bezug zur Überschrift des Kapitels her.

... wenn ganze Völker leiden

Am 26. Dezember 2004 ereignete sich im Indischen Ozean ein gewaltiges Seebeben. Eine Verschiebung der Erdplatten setzte einen Tsunami (japanisch für Impulswelle) in Gang, der mit unvorstellbarer Geschwindigkeit auf die Küsten Indonesiens, Thailands, Indiens und Sri Lankas zuraste. Die Welle türmte sich auf eine Höhe von bis zu zehn Metern und riss Menschen, Boote, ganze Häuser und Siedlungen ins Meer. Über 300 000 Menschen verloren ihr Leben. Insgesamt waren 5 Mio. Menschen von der Katastrophe betroffen.

Sie ertragen das Meeresrauschen nicht

Ein Mitarbeiter der Kindernothilfe e.V. berichtete aus dem Katastrophengebiet in Sri Lanka:

In den Städten in Strandnähe sind die Häuser total zerstört, überall sieht und riecht man die Spuren des Todes, auch noch nach einer Woche. Verstörte Menschen leben in Camps, meist in Schulen. [...] In sich zusammengesunken sitzt in einer Ecke des Pausenhofs ein etwa 16-jähriges Mädchen. Mit leerem Blick starrt sie vor sich hin. Immer wieder stößt sie die verzweifelte Frage aus: »Warum? Warum?« Ich erfahre, dass sie seit Tagen so dasitzt. Stockend erzählt sie mir ihre Geschichte. »Die Flutwelle hat mich erfasst und mitgerissen. Ich streckte die Hände aus, um mich irgendwo festzuhalten. Irgendwann bekam ich eine Palme zu fassen und konnte mich an ihrem Stamm festklammern. ... Aber ... warum?« [...]

Hier redet zurzeit noch keiner der Betroffenen vom Wiederaufbau – jeder denkt erst einmal ans Überleben. Es geht immer noch darum, die Menschen mit allem Lebenswichtigen zu versorgen. Der Wiederaufbau braucht Zeit. Ihm steht im Wege, dass die Leute noch schwer traumatisiert* sind und gar nicht zurück wollen, noch nicht einmal in die Nähe ihrer Heimatorte. Insbesondere die Kinder haben einen Horror vor dem Meer. Viele ertragen es nicht, das Meeresrauschen zu hören. Trotzdem sieht man mitten im Elend auch Zeichen der Zuversicht. Am Straßenrand stehen ein Mann und eine Frau und verkaufen Gerichte aus einer kleinen Garküche. Im Gespräch erzählt mir die Frau, dass sie ihren Hochzeitsring verkauft habe, um dieses Geschäft eröffnen zu können. »Wir haben alles verloren, aber wir haben noch uns, und wir können arbeiten.« *Dietmar Roller*

»Gott, so wie ich von Dir denke, passt es nicht in mein Bild, dass Menschen ›so etwas‹ zustößt. Wenn Du die Menschen liebst, beende das Leiden!«
Timo, 17 Jahre

Die Nachricht vom Erdbeben in Lissabon am 1. November 1755 versetzte Menschen in ganz Europa in Schrecken. Große Teile der Stadt waren in Schutt und Asche gelegt worden. 60 000 Menschen starben. Der Dichter Johann Wolfgang von Goethe (1749–1832) erinnert sich noch als Mann von 62 Jahren an den Eindruck, den dieses Ereignis auf ihn als 6-jährigen Jungen machte:

»Der Knabe, der alles dieses wiederholt vernehmen musste, war nicht wenig betroffen. Gott, der Schöpfer und Erhalter Himmels und der Erden, den ihm die Erklärung des ersten Glaubensartikels so weise und gnädig vorstellte, hatte sich, indem er die Gerechten und Ungerechten gleichem Verderben preisgab, keineswegs väterlich bewiesen.« (1811)

Aceh/Indonesien nach dem Tsunami 2004

1. Welche Eindrücke konnte das Mädchen auf dem Pausenhof wohl nicht aussprechen? Bezieht das Bild in eure Überlegungen ein.

2. Vergleicht eure Gedanken mit Timos Appell an Gott.

3. Formuliert Goethes Überlegungen zum Erdbeben in Lissabon mit eigenen Worten. Arbeitet die Vorstellung von Gott heraus, die Goethe hier ausdrückt.

... wenn einzelne Menschen leiden

Der Autor Peter Pohl hat das Jugendbuch »Du fehlst mir, du fehlst mir!« nach den Erzählungen von Kinna Gieth geschrieben. Sie heißt im Buch Tina. Mit ihrer Zwillingsschwester Cilla, ihrem Vater Albert und ihrer Mutter Monika lebt sie in Schweden. Cilla und Tina sind unzertrennlich. Doch kurz vor ihrem vierzehnten Geburtstag pas-siert das Schreckliche. Die beiden Mädchen ren-nen auf der Straße einem wartenden Schulbus hinterher. Plötzlich gibt es einen dumpfen Knall. Im Krankenhaus stirbt Cilla an den Folgen des Unfalls. »Cillas Unfall ist das Grauenhafteste, was ich je erlebt habe«, schreibt Tina.

An Gott gibt es so viel auszusetzen

Gedenkfeier ... ja, feierlich ist es tatsächlich, und das Gedenken an Cilla schwebt auch im Raum. Alle sind hier, alle, alle – unglaublich, dass wir so viele Menschen kennen, Cilla! Alle Menschen sind hier, nur du fehlst, nein, du liegst ja im Sarg, nein, nicht du, dein Körper liegt dort, das verlassene Gewand deiner Seele. [...]

Wer hat eigentlich das Programm bestimmt? Vielleicht der Pfarrer, vielleicht der Musiklehrer, Monika und Albert vielleicht, indem sie auf Fragen mit Nicken oder Kopfschütteln geant-wortet haben. Bahir hat angeboten, ein selbst komponiertes Stück beizutragen. Das wollte Albert nicht, Bahirs Musik zählt zu dem Krach, dem Albert absolut nichts abgewinnen kann. »Wenn du auch nur ein bisschen danach fragst, was Cilla selbst will, musst du Bahir spielen lassen!«, hat Tina gesagt, die sich über Alberts Ablehnung empörte. Albert hat es gehört und geglaubt – jetzt stehen Bahir und Ola vorne und feuern vibrierende elektronische Klänge ab, wie sie unter diesen Gewölben noch nie vernommen worden sind. Memorial Cilla, eine musikalische Andacht in der modernsten Sprache der Ver-zweiflung. Auch wenn Albert glaubt, von der heutigen jungen Musik nichts zu verstehen, findet er wahrscheinlich doch irgendeinen tieferen Sinn in diesen Tonkaskaden und bereut es jetzt, hier auf der Bank neben Tina, bestimmt nicht, dass er sich von ihr hat überreden lassen. Zwischendurch darf auch die Gemeinde singen. Wer hat diese Auswahl getroffen? Verlogene Kirchenlieder über die Güte und Herrlichkeit Gottes. Wo war der gütige Gott am zweiten Mai um fünf Minuten nach halb acht?

In den Wochen nach der Trauerfeier stellt Tina sich weitere Fragen:

Wenn man sich an andere Menschen wendet und nach Erklärungen fragt, erhält man stets Antworten, die um Gott kreisen. Was ist Liebe? Gottes Werk. Wie können Menschen ihre gegen-seitigen Gedanken verstehen? Indem sie sich in Gott begegnen. Warum werden wir geboren? Worauf läuft das Leben hinaus? Welchen Sinn hat der Tod? Gott hat die Antwort, doch uns bleibt sie verborgen. Was ist es, das jenseits der Berge nach uns ruft? Immer, immer enthält die Antwort Gott. Schon allein dass man solche Fragen stellt, gilt als Beweis dafür, dass man an Gott glaubt oder glauben will. Tina weiß, dass es eine Zeit gab, als sie die glaubensfesten, schwe-benden Antworten akzeptierte, ohne deshalb gläubig zu sein. Inzwischen ist sie sich darüber im Klaren, dass sie nicht an Gott glaubt. Und dann taugen diese Antworten schon gar nichts. Wenn man entdeckt hat, dass sie den wirklichen Schwierigkeiten ausweichen, taugen sie nichts. Gott ist die Antwort auf die Wunschträume der Gläubigen, dass es eine Lösung der schwierigen Gleichung geben möge. Und weil sie sich das so sehr wünschen, geben sie sich mit einer man-gelhaften Antwort zufrieden. An Gott gibt es so viel auszusetzen, dass man sein Leben unmög-lich voller Vertrauen in seine Hände legen kann. Noch schwerer fällt es, Cillas Tod mit Gottes Allmacht zu erklären.
Peter Pohl & Kinna Gieth

METHODE **Ein Lesetagebuch führen**

Durch die Lektüre eines ganzen Buches könnt ihr euch mit einem Problem vertieft auseinandersetzen und Einzelheiten selbstständig erschließen. Führt ein Lesetagebuch.

• Haltet darin zunächst Informationen über den Autor/die Autorin des Buches fest.

• Fertigt für jedes Kapitel eine tabellarische Übersicht mit folgenden Spalten an:

Kapitel	Seiten	Mögliche Überschrift und Handlung
1	7–21	*Das Leben mit 13* Cilla wird vor ihrem 14. Geburtstag bei einem Verkehrsunfall ums Leben kommen. Rückblickend erzählt das Kapitel von den Erfahrungen der Zwillinge …

• Notiert im Anschluss daran eure eigenen Gedanken, Fragen und kritischen Anmerkungen.

• Noch persönlicher wird euer Lesetagebuch, wenn ihr ein eigenes Titelblatt dazu gestaltet.

1. Beschreibt, welche Fragen Tina an den Gottesglauben hat. Sucht Gründe dafür, dass sie manche Teile des Trauergottesdiensts für Cilla richtig findet und andere nicht.

2. Würdet ihr für Cilla ein Kreuz am Straßenrand errichten?

3. Lies das Jugendbuch »Du fehlst mir, du fehlst mir!« im Ganzen. Führe dazu ein Lesetagebuch.

Was mit Hiob geschah

Die Bibel, vor allem das Buch Hiob, beschäftigt sich auch mit dem Problem, dass Menschen schweres Leid geschieht. Das Hiob-Buch, das zwischen dem 5. und 4. vorchristlichen Jahrhundert entstanden ist, erzählt von einem gottesfürchtigen Mann. Hiob lebte im Land Uz, einer Gegend, aus der auch Abraham stammte. Er hatte eine große Familie, sieben Söhne und drei Töchter. Er war der reichste Mann weit und breit. Hunderte von Schafen, große Rinder- und Kamelherden gehörten ihm. Zahlreiche Knechte und Mägde lebten auf seinem Besitz. Hiob ging es gut. Doch plötzlich traf den Gottesfürchtigen ein Schicksalsschlag nach dem anderen. Hiob verlor seine Herden, seinen gesamten Reichtum, seine Töchter und Söhne. Schließlich wurde er schwer krank.

Hiob trauert

Die Hiob-Erzählung überliefert, wie sich Hiob verhielt, nachdem er alles verloren hatte.

20 Da stand Hiob auf und zerriss sein Kleid und schor sein Haupt und fiel auf die Erde und neigte sich tief

21 und sprach: Ich bin nackt von meiner Mutter Leibe gekommen, nackt werde ich wieder dahinfahren. Der Herr hat's gegeben, der Herr hat's genommen; der Name des Herrn sei gelobt!

22 In diesem allen sündigte Hiob nicht und tat nichts Törichtes wider Gott.

Hiob 1,20–22

Als Hiob zuletzt von einer Krankheit befallen wurde, die seinen gesamten Körper mit Geschwüren bedeckte, geschah Folgendes:

8 Und er nahm eine Scherbe und schabte sich und saß in der Asche.

9 Und seine Frau sprach zu ihm: Hältst du noch fest an deiner Frömmigkeit? Sage Gott ab und stirb!

10 Er aber sprach zu ihr: Du redest, wie die törichten Weiber reden. Haben wir Gutes empfangen von Gott und sollten das Böse nicht auch annehmen? In diesem allen versündigte sich Hiob nicht mit seinen Lippen.

Hiob 2,8–10

Das Hiob-Buch besteht aus zwei großen Teilen: Die Hiob-Erzählung, die knappe Rahmenhandlung des Buches, ist der ältere Teil. Sie schildert Hiobs dunkles Schicksal und seine Trauer (Hiob 1–2). Aber sie erzählt auch, dass Gott Hiobs Geschick schließlich wendet und sein Wohlergehen wiederherstellt (Hiob 42,10ff.). In diesen Rahmen ist später die Hiob-Dichtung (Hiob 3,1–42,9) eingefügt worden, der umfangreichere und jüngere Teil des Buches. Sie besteht aus Dialogen zwischen Hiob und seinen Freunden und zwischen Hiob und Gott. Was mit Hiob geschah, wird hier immer wieder bedacht und gedeutet. Diese Dialoge sind mit Klagen Hiobs über sein Leid durchzogen.

Hiob klagt

24 Wenn ich essen soll, muss ich seufzen, und mein Schreien fährt heraus wie Wasser.
25 Denn was ich gefürchtet habe, ist über mich gekommen, und wovor mir graute, hat mich getroffen.
26 Ich hatte keinen Frieden, keine Rast, keine Ruhe, da kam schon wieder ein Ungemach!
Hiob 3,24–26

1 Mich ekelt mein Leben an. Ich will meiner Klage ihren Lauf lassen und reden in der Betrübnis meiner Seele
2 und zu Gott sagen: Verdamme mich nicht! Lass mich wissen, warum du mich vor Gericht ziehst.
3 Gefällt dir's, dass du Gewalt tust und verwirfst mich, den deine Hände gemacht haben, und bringst der Gottlosen Vorhaben zu Ehren?
Hiob 10,1–3

25 Aber ich weiß, dass mein Erlöser lebt, und als der Letzte wird er über dem Staub sich erheben.
26 Und ist meine Haut noch so zerschlagen und mein Fleisch dahingeschwunden, so werde ich doch Gott sehen.

27 Ich selbst werde ihn sehen, meine Augen werden ihn schauen und kein Fremder. Danach sehnt sich mein Herz in meiner Brust.
Hiob 19,25–27

2 Auch heute lehnt sich meine Klage auf; seine Hand drückt schwer, dass ich seufzen muss.
3 Ach dass ich wüsste, wie ich ihn finden und zu seinem Thron kommen könnte!
7 Dann würde ein Redlicher mit ihm rechten, und für immer würde ich entrinnen meinem Richter!
8 Aber gehe ich nun vorwärts, so ist er nicht da; gehe ich zurück, so spüre ich ihn nicht.
16 Gott ist's, der mein Herz mutlos gemacht, und der Allmächtige, der mich erschreckt hat.
Hiob 23,2–3.7–8.16

19 Man hat mich in den Dreck geworfen, dass ich gleich bin dem Staub und der Asche.
31 Mein Harfenspiel ist zur Klage geworden und mein Flötenspiel zum Trauerlied.
Hiob 30,19.31

1. Vergleicht die Texte Hiob 1 und 2 miteinander. Was verändert sich in Hiobs Rede über Gott?
2. In welchen Sätzen Hiobs könnte sich auch Tina wiederfinden? Ordnet den Fotos auf den vorangegangenen Seiten Worte Hiobs zu.
3. In Hiob 10,2–3 wird Gott direkt angeredet. In welcher Weise spricht Hiob hier mit Gott?

33

Streiten mit Gott

Zu allen Zeiten haben gläubige Menschen gehofft, dass Gott den Zusammenhang zwischen gutem Handeln und guten Folgen garantiert. Doch immer wieder geschieht es, dass guten, freundlichen Menschen Böses widerfährt. Nicht jeder, der anderen eine Grube gräbt, fällt selbst hinein. Kann man sich wirklich verlassen auf einen Zusammenhang zwischen den Taten eines Menschen und dem, was ihm im Leben geschieht? Wie steht es mit der Gerechtigkeit Gottes? Lässt er sich überhaupt in eine solche Rechnung von Belohnung und Strafe einspannen? Diese Fragen stehen im Hiob-Buch zur Debatte, auch zwischen Hiob und Gott.

Hiob fordert Gott heraus

18 Siehe, ich bin zum Rechtsstreit gerüstet; ich weiß, dass ich Recht behalten werde.
19 Wer ist, der mit mir rechten könnte?
22 Dann rufe, ich will dir antworten, oder ich will reden, dann antworte du mir!
Hiob 13,18–19a.22

19 Warum blickst du nicht einmal von mir weg und lässt mir keinen Atemzug Ruhe?
20 Hab ich gesündigt, was tue ich dir damit an, du Menschenhüter? Warum machst du mich zum Ziel deiner Anläufe, dass ich mir selbst eine Last bin?
Hiob 7,19–20

19 Wasser wäscht Steine weg, und seine Fluten schwemmen die Erde weg: So machst du die Hoffnung des Menschen zunichte.
Hiob 14,19

6 So merkt doch endlich, dass Gott mir unrecht getan hat und mich mit seinem Jagdnetz umgeben hat.
7 Siehe, ich schreie »Gewalt!« und werde doch nicht gehört; ich rufe, aber kein Recht ist da.
10 Er hat mich zerbrochen um und um, dass ich dahinfuhr, und hat meine Hoffnung ausgerissen wie einen Baum.
Hiob 19,6–7.10

20 Ich schreie zu dir, aber du antwortest mir nicht; ich stehe da, aber du achtest nicht auf mich.
21 Du hast dich mir verwandelt in einen Grausamen und streitest gegen mich mit der Stärke deiner Hand.
26 Ich wartete auf das Gute, und es kam das Böse; ich hoffte auf Licht, und es kam Finsternis.
Hiob 30,20–21.26

Zuletzt fordert Hiob Gott selbst zu einer Antwort heraus:
35 O hätte ich einen, der mich anhört – hier meine Unterschrift! der Allmächtige antworte mir! –, oder die Schrift, die mein Verkläger geschrieben!
Hiob 31,35

Hiob weigert sich anzuerkennen, dass man von seinem schweren Leid auf irgendein falsches Verhalten oder eine Schuld zurückrechnen könne. Er besteht auf seiner Unschuld. Er fordert eine schriftliche Anklage und ruft nach einer gerichtlichen Instanz, vor der er sich verteidigen kann. Bei alledem aber geht es nicht um einen Rechtsstreit zwischen Menschen. Hiob fordert Gott selbst heraus.

Graffito-Kunst am Meeraner Markt

1. Die Texte aus der Hiob-Dichtung drücken Empfindungen aus, die leidende Menschen Gott gegenüber spüren können. Beschreibt diese Gefühle mit euren Worten.

2. Sucht nach Klagen und Anklagen Jugendlicher heute, die zu dem Graffito passen.

3. Gestaltet eine Klagewand mit Bildern von leidenden Menschen aus unserer Zeit. Ordnet ihnen die Anklagen und Texte aus der Hiob-Dichtung zu.

... antwortet Gott?

Gott kommt zu Wort

1 Und der Herr antwortete Hiob aus dem Wettersturm und sprach:

4 Wo warst du, als ich die Erde gründete? Sage mir's, wenn du so klug bist!

5 Weißt du, wer ihr das Maß gesetzt hat oder wer über sie die Richtschnur gezogen hat?

16 Bist du zu den Quellen des Meeres gekommen und auf dem Grund der Tiefe gewandelt?

17 Haben sich dir des Todes Tore je aufgetan oder hast du gesehen die Tore der Finsternis?

18 Hast du erkannt, wie breit die Erde ist? [...]

28 Wer ist des Regens Vater? Wer hat die Tropfen des Taus gezeugt?

33 Weißt du des Himmels Ordnungen oder bestimmst du seine Herrschaft über die Erde?

36 Wer gibt die Weisheit in das Verborgene? Wer gibt verständige Gedanken?

Hiob 38,1.4–5.16–18.28.33.36

1 Weißt du die Zeit, wann die Gemsen gebären, oder hast du aufgemerkt, wann die Hirschkühe kreißen?

4 Ihre Jungen werden stark und groß im Freien und gehen davon und kommen nicht wieder zu ihnen.

Hiob 39,1.4

8 Willst du mein Urteil zunichte machen und mich schuldig sprechen, dass du Recht behältst?

9 Hast du einen Arm wie Gott, und kannst du mit gleicher Stimme donnern wie er?

Hiob 40,8–9

Die Gottesreden im Hiob-Buch haben Menschen immer wieder sehr unterschiedlich gedeutet. Für die Deutung der einen kann folgende Äußerung stehen:

»Ich habe den Eindruck, dass dieser Gott die Fragen Hiobs einfach abschmettert. Hier wird das Bild eines Gottes gezeichnet, der seine Macht als Schöpfer demonstrieren will. Das Schicksal des Menschen scheint ihn wenig zu interessieren. Diesem Gottesbild zufolge wird der Mensch an Ozeanen und Sternenwelten gemessen und ist eine Nebensächlichkeit im Kosmos.«

Andere Menschen jedoch stellen fest:

»Gerade durch den Hinweis auf die Weite der Schöpfung wird Hiob geholfen. Ich denke, dass das Leiden ihn in die Enge getrieben hat. Er kreist um sich selbst und um sein Schicksal und sieht keinen Ausweg mehr. Dass einem Menschen die Welt so unbegreiflich und undurchschaubar erscheinen kann, wird in den Gottesreden nicht geleugnet. Ich erkenne hier das Bild eines Gottes, der weiß, dass Leiden und Chaos zu unserer Welt gehören. Doch es wird deutlich, dass Gott die Welt geschaffen hat und dass er Leben ermöglichen kann. Auch eine Welt, in der es das Chaos gibt, ruht in Gottes Hand, und er wird das letzte Wort darüber behalten.

Ich finde, dieses Gottesbild ist ein Trost für Hiob. Er hat sich in seinem Leiden verschlossen. Jetzt soll sein Blick geöffnet werden für die Weite der Schöpfung, in der auch er eine Zukunft hat.«

Hanns H. Heidenheim, o. J.

Am Ende der Hiob-Dichtung wendet sich Hiob Gott wieder zu:

1 Und Hiob antwortete dem Herrn und sprach:

2 Ich erkenne, dass du alles vermagst, und nichts, das du dir vorgenommen, ist dir zu schwer.

3 »Wer ist der, der den Ratschluss verhüllt mit Worten ohne Verstand?« Darum hab ich unweise geredet, was mir zu hoch ist und ich nicht verstehe.

4 »So höre nun, lass mich reden, ich will dich fragen, lehre mich!«

5 Ich hatte von dir nur vom Hörensagen vernommen, aber nun hat mein Auge dich gesehen.

Hiob 42,1–5

1. Teilt eure Klasse in zwei Gruppen. Ordnet ihnen jeweils eine Deutung der Gottesreden aus der Hiob-Dichtung zu. Führt eine Diskussion »Pro und Kontra«.

2. Welches Bild von Gott hat Hanns H. Heidenheim mit seinem Holzschnitt dargestellt? Sammelt positive Erfahrungen, die für dieses Bild sprechen. Verbindet sie mit Hiob 42,5.

3. Setzt das Graffito auf S. 35 in seinem Sinn fort. Sucht entsprechende Begriffe und Slogans. Übertragt sie im Graffitistil auf DIN-A3-Plakate S. 185.

Das Fragen geht weiter

Glaubst du an Gott?

Tina und ihrem Vater Albert stellt sich in ihrer Trauer um Cilla erneut die Frage nach Gott. Mit vierzehn wurde Tina gerade selbstständiger und unabhängiger von ihrer Zwillingsschwester Cilla. Dieser normale Prozess war auch mit Streit und Auseinandersetzungen verbunden gewesen. Er hätte Zeit gebraucht, doch durch Cillas Tod wurde er abrupt unterbrochen. In ihren Träumen holt der Streit Tina jetzt in verschärfter Form ein. Sie erwacht, von Schuldgefühlen geplagt. In einer solchen Nacht kommt es zu einer Begegnung mit ihrem Vater:

Eine neue Höllenzeit hat angefangen, als ob Tina nicht schon genug zu tragen hätte. Schlimme Träume stören ihren Schlaf. Cilla erscheint fast jede Nacht, und in fast jedem Traum streiten sie miteinander. [...] Als sie in einer solchen Nacht durchs Haus irrt, stößt sie auf Albert. Seinen langsamen Worten in der Nacht entnimmt sie, dass er das gleiche Problem hat. Er streitet sich mit Cilla, schlägt sie und jagt sie fast jede Nacht aus dem Haus. Wacht mit vor Angst zugeschnürter Kehle auf und kann diese Angst nicht loswerden.

Im Morgengrauen hocken sie beide in der Küche und beweinen ihr Elend.

»Ich weiß, dass ich euch schrecklich behandelt habe«, sagt Albert. »Terrible! Jetzt kriege ich es heimgezahlt. Tagsüber sehe ich dich, und du hast Cillas Gesicht. Du weckst sie in mir auf, dein trauriges Gesicht klagt mich mit ihrer Verzweiflung an, als ich ungerecht zu ihr war, und es hilft gar nichts, wenn ich mir sage, dass du Tina bist und dein Kummer ein anderer ist. Nachts kommt sie dann selbst zu mir und klagt mich für alles Schlimme an, was ich euch angetan habe.«

»So schrecklich warst du doch gar nicht!«, tröstet Tina, ja, diese Worte trösten Albert tatsächlich, das sieht sie.

»Seltsam, dass sie dich nicht in Ruhe lässt ...«, überlegt Albert.

»Vielleicht, weil wir uns gestritten haben«, erklärt Tina. »Aber natürlich nicht so wie in diesen Träumen. Und ich hab ihr fürchterliche Sachen gesagt. Vielleicht will sie sich rächen?«

»Aber Cilla war doch herzensgut?«, fragt Albert kläglich. »Le cœur sur la main. Warum sollte sie nach dem Tod plötzlich so böse werden? Sie müsste doch begreifen, jetzt wenigstens müsste sie doch sehen und begreifen, dass wir es im Innersten nie so gemeint haben, ganz gleich, was wir taten? Das, was man im Innersten meint, ist doch das, was zählt? Das ist es doch, wonach Gott sich richtet?«

»Glaubst du an Gott, Papa?«

Albert strafft den Rücken: »Das hab ich nicht gesagt!«

Peter Pohl & Kinna Gieth

Georg Baselitz,
1982/84

In all seinem Streiten mit Gott hat Hiob doch niemals bezweifelt, dass es einen Sinn hat, von Gott zu reden. Mit Beginn der Neuzeit hat man vor allem in der Dichtung und Philosophie dagegen noch radikaler gefragt.

Warum leide ich? Das ist der Fels des Atheismus. Das leiseste Zucken des Schmerzes, und rege es sich nur in einem Atom, macht einen Riss in der Schöpfung von oben bis unten.
Georg Büchner (1813–1837)

Entweder kann [...] Gott das Übel vermeiden und will es nicht, oder aber er möchte das Übel vermeiden, kann es aber nicht [...].
Gott rechtfertigen heißt, ihn irgendwie der Logik unterwerfen [...]. Wenn Gott z. B. dem Menschen die Freiheit geben wollte, konnte er nicht umhin, ihm zu erlauben und ihn an die Stelle zu stellen, dass er sündigen konnte.
Marco M. Olivetti (geb. 1965)

1. Überlegt, weshalb Albert in der Szene plötzlich von Gott spricht, aber dennoch Tinas Nachfrage nach seinem Glauben nicht eindeutig beantwortet.
2. Diskutiert darüber, ob die moderne Vorstellung Marco M. Olivettis von Gott Tina und Albert überzeugen könnte.
3. Nehmt die Haltung der Skulptur* von Georg Baselitz ein. Zu welchem Text auf dieser Doppelseite passt sie? Findet antwortende, zustimmende, widersprechende Haltungen und stellt sie daneben auf.

Was Menschen tun können

*Der leidende Hiob blieb mit seinem schweren
Schicksal nicht allein. Als sich die Nachricht von
seinem Unglück herumgesprochen hatte, eilten
seine Freunde herbei um ihn zu trösten.
Auch bei Tina melden sich zwei Monate nach Cillas Tod Lotta und Sandra, zwei Mitschülerinnen.*

*Das Buch »Du fehlst mir, du fehlst mir!« endet
ein Jahr später, als Tina in ihr Tagebuch schreibt:
»Wenn etwas herrlich ist, dann die Tatsache, dass
man Freunde hat. Wenn etwas wunderbar ist,
dann die Möglichkeit, mit ihnen lachen zu dürfen.«*

Wie gut, wenn man Freunde hat

Lotta ist meine beste Freundin! Und Lotta
kommt; ihr Vater bringt sie mit dem Auto und
verschwindet sofort wieder, als sie ausgestiegen
ist. Gleichzeitig kommt Sandra von der Bushal-
testelle angewandert. »Ich dachte …«, sagt sie
mit dem gleichen Zögern, das Lotta zum Stot-
tern gebracht hat. »Aber wenn es nicht … nicht
passt … dann kann ich …« Doch Tina hat ein
Lächeln, das für beide reicht. Da hat sie doch
tatsächlich fast vergessen, dass es Menschen
gibt. [...]

Sie kommen immer wieder. Am einen Tag
Lotta, am anderen Sandra, manchmal beide am
selben Tag, ohne dass sie es miteinander
ausgemacht haben. Sie wollen über Cilla reden,
sie wollen, dass Tina redet, sie wollen ihre
Gedanken vergleichen, sie wollen bei Tina sein.
All das wollen sie, und obendrein sehen sie, dass
ihre Wärme Tina gut tut, und das freut sie.
Reden und reden und nochmals reden zu
dürfen, das tut Tina gut. Es tut ihr gut, nach
einer Alptraumnacht sagen zu dürfen: »Ich habe
solche Angst, dass Cilla sich für irgendwas
rächen will, das ich getan hab!«, ohne gleich den
Vorwurf hören zu müssen, sie habe miese
Gedanken.

Niemand wird jemals im Einzelnen genau
wissen, was die drei Mädchen in dieser Zeit
zueinander sagten, wie es kam, dass sie ihre
Worte so wählen konnten, dass die eine zum
Trost für die andere, zur Kraft für die dritte, zur
Freude für die erste wurde, Runde für Runde.
Niemand war anwesend, der bei ihren Treffen
Protokoll führte, und die Mädchen selbst waren
zu tief in ihre eigenen Herzen und die der
anderen versunken, als dass sie der Umwelt
hätten Einzelheiten mitteilen können.

Viel später fasst Tina ihre Eindrücke von
dieser Zeit im Juli [...] so zusammen: Zwei
Menschen haben damals wirklich etwas für
mich bedeutet. [...] Lotta, meine beste Freundin,
und Sandra, Cillas Freundin. Jetzt wurde sie
meine Freundin, neben Lotta natürlich. Sie
konnten zuhören, ja, genau das war es: Sie
hörten zu, sie ließen mich reden, sie ließen mich
einfach alles aussprechen, sie fanden immer die
richtige Antwort und konnten schweigen, wenn
es besser war, zu schweigen, sie trauerten mit
mir, und plötzlich konnten wir über irgendwas
lachen, gemeinsam lachen, oh, es tat so gut,
wieder lachen zu dürfen, kindisch zu sein! [...]
Lotta und Sandra waren die Einzigen, mit denen
ich abwechselnd trauern und dann wieder froh
sein konnte, und immer hatte ich dabei das
Gefühl, dass alles, was wir auch taten, genau
richtig war.
Peter Pohl & Kinna Gieth

Simon Pasieka, 2006

SCHLÜSSELWISSEN **Theodizeefrage**

Der Begriff »Theodizee« bedeutet Rechtfertigung Gottes. Dabei geht es um die Frage, ob wir angesichts des Leides und des Bösen in der Welt noch von einem gerechten, gütigen und allmächtigen Gott sprechen können. Seit der Antike haben sich Philosophen mit der Frage beschäftigt: Welcher Gott kann es geschehen lassen, dass guten Menschen Böses widerfährt? Kann man noch an einem liebenden Gott festhalten, wenn man das Böse und das Leid der Menschen ernst nimmt? Hat Gott überhaupt eine Beziehung zum Leid in der Welt?

1. Lies Hiob 2,11–13 und Hiob 21,34. Inwiefern waren die Freunde für Hiob eine Hilfe? Beziehe das Bild in deine Überlegungen ein.

2. Diskutiert, weshalb es oft so schwer ist, einen anderen Menschen zu trösten. Wie gelingt es zwischen Lotta, Sandra und Tina?

Hoffnung zum Ausdruck bringen

In diesem Kapitel habt ihr erfahren, wie Menschen, die von schwerem Leid betroffen sind, sich mit Gott auseinandersetzen. Ihr habt gelernt, dass der biblische Hiob vor Gott klagt und mit ihm um sein Recht streitet. Aber oft erkennen verzweifelte Menschen keinen Sinn mehr im Gottesglauben.

Ihr habt Tina kennen gelernt, die im Prozess der Trauer um ihre Schwester Cilla an Gott viel auszusetzen hat. Dieser Prozess dauert für sie noch lange und sie braucht die Unterstützung eines Psychologen. Sie möchte ihren Lebensmut zurückfinden. Kann der Gottesglaube dabei eine Hilfe sein?

Der evangelische Theologe Jürgen Moltmann (geb. 1926) schreibt im Jahr 2003 zum Thema Leid: Der Schmerz in der Trauer liegt in dem Gefühl des Verlusts und des eigenen Verlorenseins. Der Trost in der Trauer liegt darum in der Erfahrung unzerstörbarer Gemeinschaft, im Wissen, dass der Tote in Gott geborgen ist, und im Bewusstsein, selbst in Gott geborgen zu sein. Das aber ist nur möglich, wenn die Gottheit keine gefühllose, gleichgültige Himmelsmacht ist, die »Schicksal« genannt wird, sondern die ewige, mitfühlende und mitleidende Liebe. Dann wird die Erfahrung möglich, dass der eine Kummer auch ein Kummer Gottes ist und im Schmerz der eigenen Liebe auch ein göttlicher Schmerz steckt. Gott liebt mit den Liebenden. Gott weint mit den Weinenden. Gott trauert mit den Trauernden. Darum bleibt in Gott, wer mitten in der Trauer in der Liebe bleibt und nicht bitter wird. Eine der größten Verheißungen Gottes ist nach den biblischen Schriften die Seligpreisung Jesu:

»Selig sind, die da Leid tragen, denn sie sollen getröstet werden.« *(Matthäus 5,4; s. Jesaja 61,2)* […]
Wo und wie werden die getröstet, die jetzt Leid tragen? Ich glaube, die Antwort liegt in der großen Vision* jüdischer und christlicher Hoffnung, mit der wir über die Gräber und den Tod hinaus in die Zukunft Gottes blicken: »Gott wird abwischen alle Tränen von ihren Augen, und der Tod wird nicht mehr sein, noch Leid noch Geschrei noch Schmerz wird mehr sein, denn das Erste ist vergangen. Und der auf dem Thron sitzt, spricht: Siehe, ich mache alles neu«. *(Offenbarung 21,4.5; s. Jesaja 35,10)*

In diesem Bekenntnis zur Allmacht Gottes drücken gläubige Menschen aus, dass Gott der Schöpfer des Lebens ist und tut, was der Liebe zum Leben entspricht. Sie sind überzeugt, dass diese Liebe stärker ist als der Tod.

1. Diskutiert darüber, was ein solcher Glaube an Gottes Allmacht für Menschen bedeuten kann, die heute leiden müssen.

2. Suche in dem Jugendbuch »Du fehlst mir, du fehlst mir!« Anhaltspunkte für die Hoffnung, die Moltmann zum Ausdruck bringt. Bewerte die Bedeutung dieser Stellen für die Erzählung insgesamt.

Hoffnungsbilder gestalten

Am Ende der Offenbarung des Johannes findet sich die Vision von einem neuen Himmel und einer neuen Erde. Gott hat dort alles Leid überwunden. Hoffnung gibt uns diese Vision, wenn wir schon jetzt etwas von ihrer Wirklichkeit erfahren. Der Künstler Uwe Appold (geb. 1942) hat ihr mit den Mitteln moderner Malerei eine Gestalt gegeben.

Uwe Appold, 1999

3. Lest die Texte Offenbarung 1,8 und 22,1–5 und betrachtet dazu das Bild von Uwe Appold. Der Künstler sagt zu seinem Werk: »Der Wandel von Anfang und Ende zu Ende und Anfang ist ein wesentlicher Aspekt meiner Arbeit.« Deutet die Texte und das Bild vor dem Hintergrund dieser Äußerung.

4. Zur Vision* in Offenbarung 21,1–6 gehört ein neues Jerusalem, in dem Gott und die Menschen ohne Leid beieinander wohnen. Sucht nach Anfängen der Erfüllung dieser Hoffnung bei Menschen, die heute in Israel leben. ···▸ S. 184–187.

5. Gestalte ein eigenes Bild von einem heilsamen Zusammenleben in einer Stadt voller Hoffnung.

Mit Jesus waren viele Menschen unterwegs, so erzählt es der Evangelist Matthäus. Aus dem ganzen Land waren sie zu ihm gekommen, aus Galiläa und Jerusalem, aus Judäa und den Gebieten jenseits des Jordans. Viele von ihnen spürten: Dieser Rabbi Jesus muss mit Gott in Verbindung stehen. Wir wollen mehr von ihm hören. Jesus sah alle diese Menschen. Er stieg auf einen Berg und setzte sich. Die Jünger waren in seiner Nähe, aber alle sollten ihn hören und verstehen können. Die Menschen sahen ihn erwartungsvoll an. Kennt er ihre Sorgen und Nöte, ihre Wünsche und Sehnsüchte? Was wird Jesus ihnen sagen?

Nach Matthäus 4,25–5,2

3

Das Leben suchen

Wendet die beiden Fragen aus dem Text auf die Menschen auf dem Foto an. Sucht nach Antworten und haltet sie schriftlich fest.

Sehnsucht nach gelingendem Leben

Auf der Suche nach dem Glück?

Jeder Mensch wünscht sich, dass sein Leben gelingt.
Wir alle möchten glücklich sein. Aber wo ist das Glück zu finden?
Es gibt viele Antworten auf diese Frage:

Für jeden Menschen bedeutet Glück etwas anderes. Für mich ist Glück, wenn mir etwas gelingt und ich Erfolg habe. Dann bin ich stolz und glücklich. Auch wenn ich mit meiner Umwelt, meiner Situation, mit allem, was mich umgibt, zufrieden bin, dann bin ich glücklich. Wenn ich glücklich bin, kann ich mich zurücklehnen und mein Glück genießen. Glück ist aber nie von Dauer. Das finde ich gut so, weil man es so zu schätzen weiß und man sich bei jedem neuen Glück noch mehr freut. *Mirjam, Schülerin*

Glück ist für mich eine Verkettung von mehreren positiven Zufällen. Gesundheit und Freude gehören für mich dazu, Freunde zu haben, aber auch Geld und oft zu gewinnen. *Björn, Schüler*

Ich halte Jesus von Nazareth für den glücklichsten Menschen, der je gelebt hat. Ich denke, dass die Kraft seiner Fantasie aus dem Glück heraus verstanden werden muss. Alle Fantasie ist ins Gelingen verliebt, sie lässt sich etwas einfallen und sprengt immer wieder die Grenzen und befreit die Menschen. *Dorothee Sölle, Theologin*

Glück bedeutet für mich Zufriedenheit und Unabhängigkeit. Ich bin glücklich, wenn ich meine eigenen vier Wände habe und in Harmonie mit meiner Umgebung lebe. Aber es gehört für mich auch dazu, Menschen zu haben, denen man vertrauen und mit denen man Spaß haben kann. *Florian, Schüler*

SCHLÜSSELWISSEN **Die Bergpredigt**
Wie kaum ein Text der Bibel ist die Bergpredigt (Matthäus 5–7) geliebt und umstritten zugleich. Sie ist als Lehrrede Jesu von einem Berg an seine Jünger und viele andere Menschen gestaltet. Im Zentrum steht ein Gebet: das Vaterunser. Die Seligpreisungen* und Weisungen, wie z. B. der Aufruf zum Gewaltverzicht, sind bis heute Anlass zum Nachdenken und zum kritischen Blick auf unser Leben. Jesusworte aus der Bergpredigt wurden zunächst in einer selbstständigen Redenquelle Q überliefert. Matthäus hat diese Quelle um 80/90 n. Chr. für sein Evangelium aufgegriffen. Er lebte in einer Gemeinde, die sich bedroht fühlte und Verfolgungen erleiden musste. Sehnsüchtig wartete sie auf das Gottesreich. Diesen Christen wollte Matthäus die Botschaft Jesu nahebringen: Das Reich Gottes hat schon angefangen, mitten unter euch.

Was häufig gemeint ist, wenn nach »Glück« gefragt wird, ist eigentlich »Sinn«. Glück kann der Ersatzbegriff für Sinn sein. Es ist die Frage nach dem Sinn, die moderne Menschen in wachsendem Maße umtreibt. Viele bevorzugen aber die Rede vom Glück, denn das ist das Wort, das in aller Munde ist und das jeder gut zu verstehen scheint. Sinn hingegen scheint weniger greifbar, schon die bloße Frage danach macht nicht wenigen Menschen Angst, denn sie ahnen die Abgründe, die sich damit auftun können. Die Dringlichkeit des Strebens nach Glück kann als Indiz für die Verzweiflung gelten, die die Entbehrung von Sinn hervorruft.
Wilhelm Schmid, Philosoph

Die Bergpredigt beginnt mit einer Zusage. Bestimmte Menschen werden als »makarios« bezeichnet. Für dieses griechische Wort sind verschiedene Übersetzungen denkbar:

μακαριος   glücklich
glückselig
selig
heil
frei
gut drauf
lucky
happy
blessed
eins mit Gott
wohl euch

In deutschen Bibeltexten wird bis heute an der Übersetzung »selig« festgehalten. Dafür gibt es gute Gründe: In Matthäus 5,3–12 werden als »makarios« bezeichnete Menschen mit dem Reich Gottes in Verbindung gebracht. Es ist schon jetzt erfahrbar und geht doch über irdische Möglichkeiten hinaus. Den Menschen wird gesagt: »Selig seid ihr! Euer Leben gelingt. Ihr könnt das Reich Gottes erfahren.«

1. Prüft, ob das Wort »makarios« zu den verschiedenen Äußerungen über das Glück passt. Welche Übersetzung erscheint euch jeweils zutreffend(er)?
2. Schreibt kurze Geschichten oder Gedichte zu dem Foto auf dieser Seite. Lasst darin die Wörter »glücklich« und »selig« vorkommen.

Selig, die ihr alles von Gott erwartet

Der Evangelist Matthäus formuliert in der ersten Seligpreisung: »Selig, die geistlich arm sind.« Damit sind Menschen gemeint, die an den Vorschriften ihrer Glaubensgemeinschaft immer wieder scheitern. Matthäus wollte zeigen: Gott ist für alle da. Seine neue Welt will bei allen Wirklichkeit werden. Wir brauchen sie nicht selbst herzustellen. Wir brauchen nur offen zu sein für das, was Gott uns schenken will.

Immer der Erste

Meine erste Auszeichnung erhielt ich im Kindergarten. Ein Bilderbuch für das »liebste Kind«. »Der Beste bekommt ein Stipendium«, sagte dann in der Schule der Lehrer. Das bekam ich. Und wurde schon damals ein wenig nervös. Doch auch in der Lehre schlug ich mich tapfer, errang einen Preis für den »saubersten Arbeitsplatz«.

Die Eltern lobten mich sehr, nannten mich vor den Nachbarn ihren »erfolgreichen Sohn«. »Leistung, Leistung!«, forderte später mein Chef. Ich war es nunmehr gewohnt und lieferte sie.

Fand selbst dann zur Ehe die anmutigste Frau, die mir die entzückendsten Kinder gebar. Revanchierte mich durch das höchste Gehalt, das teuerste Auto. Und kaufte das familiengerechteste Haus in allerbester Lage. Die Folge war der phänomenalste Stress, wie der anerkannteste Arzt, natürlich mein Hausarzt, bescheinigte. Er empfahl Sport. Ich ging schwimmen. Durchschwamm das Becken in kürzester Zeit. Die anderen waren alle viel lahmer.

»Entspannung, keine Leistung!«, mahnte der Arzt. »Vielleicht bekommt Ihnen besser das Wandern.«

Darauf wanderte ich. Errang den Silbernen Schuh.

»Schon wieder ein Preis«, seufzte der Arzt. »Da hilft nur noch eins: ganz abschalten. Fort aus der gewohnten Umgebung, die Leistung verlangt. Weit fort, in Urlaub.«

Ich fuhr mit dem Auto. Gemächlich, wie vom Arzt empfohlen. Bei Köln überholte mich einer. Ich hielt mich zurück. Bald dann ein Zweiter, ein Dritter. Ich wurde nervös.

Der Vierte winkte mir auffordernd zu. Da gab ich Gas, überholte sie alle. »Dummkopf«, schalt ich mich dann.

»Ist das wohl Erholung?« Ich fuhr wieder langsam.

Die vier rückten auf. Ich sah ihr höhnisches Grinsen. Stets war ich der Beste gewesen. Hier aber nun nicht? Nur weil mein Arzt ...

Ich gab Gas. Ließ sie weit hinter mir. War sehr nervös. Mein Herz machte Sprünge. Doch ich war der Beste. Ich fuhr wie im Traum, war schon nicht mehr ganz da, glaubte, ich sei ein Komet.

Ein Flugzeug über mir schien mir schneller als ich. Das durfte nicht sein! Der Beste war ich! Immer und stets! Ich schoss in den Graben. War für die Straße zu schnell.

Vorbei mit dem Stress. Denn ich war tot. Die Ruhe tat gut.

Doch immer noch Streit um Rekorde. Mein Grab müsse das schönste in der Reihe sein, entschied meine Familie.

Auch der Pastor fand das verdient. »Ein ausgefülltes Leben«, sprach er am Grabe von mir. »In allem der Beste. Uns Müden ein Vorbild.« Mir war es gleich. Schon seit drei Tagen hörte ich nicht mehr zu.
Theo Schmich

Selig, die arm sind vor Gott, denn ihnen gehört das Himmelreich.
Matthäus 5,3

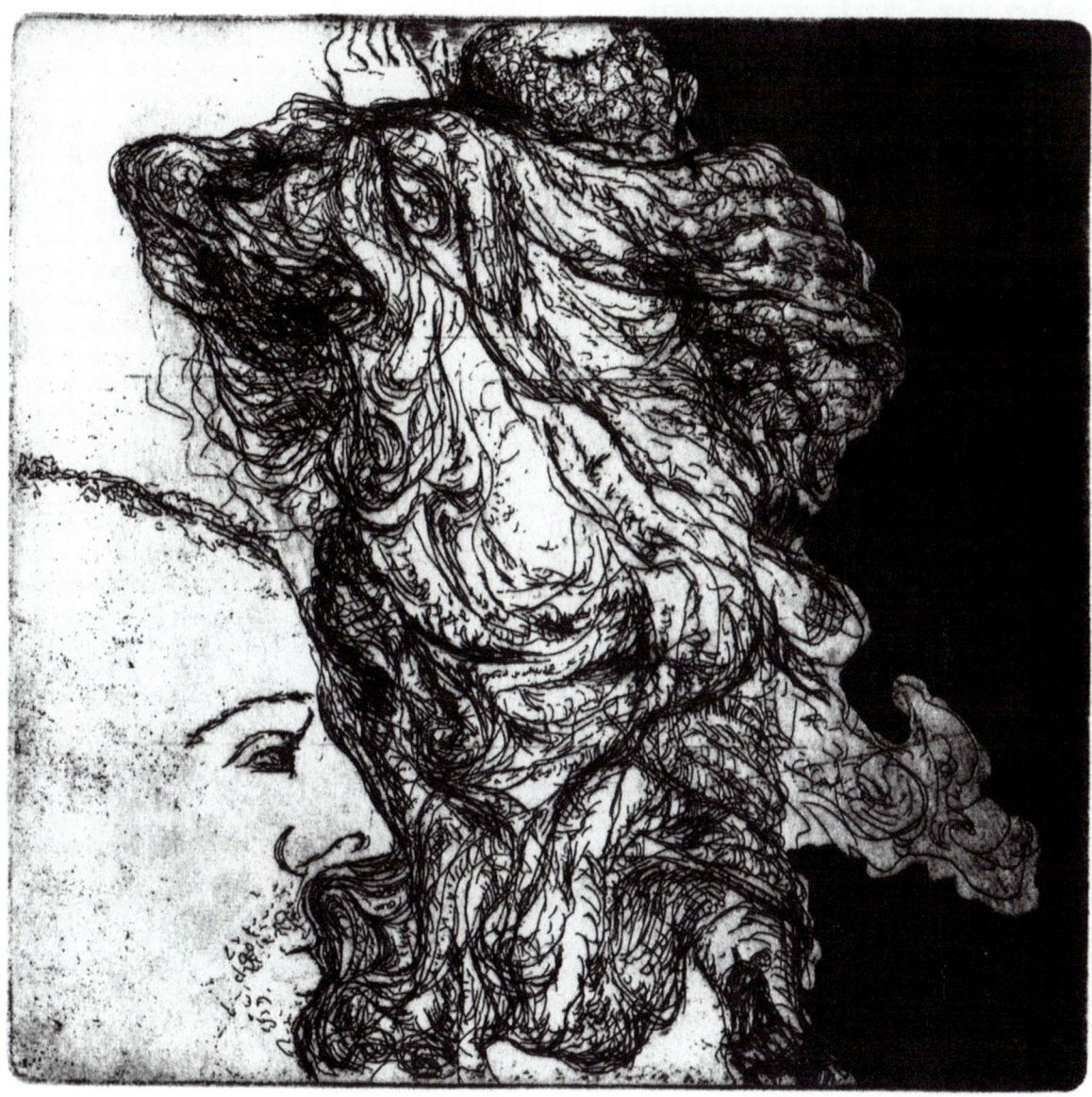

Thomas Zacharias, 1993

1. Was hätte der Pastor bei der Beerdigung des Erfolgreichen sagen können, wenn er sich auf die Seligpreisung Matthäus 5,3 bezogen hätte? Wozu ermutigt die Bergpredigt die Menschen? Lest dazu auch Matthäus 7,7–11.

2. Lest die Geschichte Lukas 18,9–14 und vergleicht die handelnden Personen mit der Darstellung von Thomas Zacharias. Welche Bedeutung haben Dank und Bitte, Reichtum und Armut in diesem Gleichnis Jesu?

Selig ihr Sanftmütigen

Sowohl Jesus als auch später Matthäus hatten es hauptsächlich mit Menschen zu tun, die keine Macht besaßen. Sie hatten wenig Möglichkeiten, für ihre Rechte zu kämpfen. In dieser Situation wird ihnen geraten, auf Aggressivität und Gewalt zu verzichten. Sanftmut wird als die klügere Lösung dargestellt, die weiterführt.

Selig sind die Sanftmütigen, denn ihnen wird die Welt gehören.
Matthäus 5,5

Ein alltäglicher Vorfall?

1. Vergleicht das Verhalten der jungen Frau in der Bildergeschichte, die sich einmischt, mit der Seligpreisung der Sanftmütigen. Warum schauen die anderen Personen zu? Wie könnten die Zuschauer zum Eingreifen motiviert werden? Spielt die Szene mit verschiedenen Lösungen nach.
2. Ersetzt die Worte vom Salz und vom Licht durch andere Bildworte, z. B. »Honig der Welt« u. a. Wie wird dadurch jeweils die Rolle der Christinnen und Christen in der Welt beschrieben?
3. Zeichnet eine Skizze des Wohngebiets um eure Schule. Markiert darin Problembereiche, Orte, die ihr meidet. Was sollte dort geschehen, damit Probleme behoben werden? Führt dazu Expertengespräche z. B. mit Personen aus der Kommunalpolitik, dem Einzelhandel, der Kirchengemeinde.

Die Sanftmütigen im Sinn der Bergpredigt sind aber nicht einfach zaghafte und zurückhaltende Menschen. Ihnen wird im Gegenteil viel zugetraut:

13 Ihr seid das Salz der Erde. [...]
14 Ihr seid das Licht der Welt. [...]
15 Man zündet auch nicht ein Licht an und setzt es unter einen Scheffel, sondern auf einen Leuchter, so leuchtet es allen, die im Hause sind.
16 So lasst euer Licht leuchten vor den Leuten.
Matthäus 5,13–16

METHODE **Ein Expertengespräch führen**

Wenn ihr ein Problem vertieft erkunden und realistische Lösungen präsentieren wollt, ist die Befragung von sachkundigen Expertinnen und Experten hilfreich. Beachtet dabei folgende Schritte:

• Formuliert euer Problem genau und legt dazu eine Liste mit wichtigen Fragen an.
• Sucht Name, Adresse, E-Mail-Adresse und Telefonnummer von Experten.
• Wählt ein oder zwei Personen aus. Ladet sie in eure Klasse ein. Oder: Eine kleine Gruppe besucht sie für ein Interview.
• Wählt die wichtigsten Fragen aus und führt das Expertengespräch. Nehmt es mit einem Recorder auf oder schreibt die Antworten stichwortartig mit.
• Dokumentiert das Gespräch schriftlich als Interview. Notiert dabei genau, wann ihr mit wem gesprochen habt. Fasst abschließend die Ergebnisse zusammen.

Selig, die ihr hungert und dürstet nach der Gerechtigkeit

Selig sind, die da hungert und dürstet nach der Gerechtigkeit, denn sie sollen satt werden.
Matthäus 5,6

Der Städtebauer

Als sie nun die Stadt gebaut hatten, kamen sie zusammen und führten einander vor ihre Häuser und zeigten einander die Werke ihrer Hände. – Und der Freundliche ging mit ihnen, von Haus zu Haus, den ganzen Tag über, und lobte sie alle.

Aber er selber sprach nicht vom Werk seiner Hände und zeigte keinem ein Haus. – Und es ging gegen Abend, da, auf dem Marktplatz, trafen sie sich wieder alle, und auf einem erhöhten Brettergerüst trat jeder hervor und erstattete Bericht über die Art und Größe seines Hauses und die Baudauer, damit man ausfinden konnte, welcher von ihnen das größte Haus gebaut hatte, oder das schönste und in wie viel Zeit. – Und nach seiner Stelle im Alphabet wurde auch der Freundliche aufgerufen. – Er erschien unten, vor dem Podium, und einen großen Türstock schleppend. – Er erstattete seinen Bericht. – Dies hier, der Türstock, war, was er von seinem Haus gebaut hatte. –

Es entstand ein Schweigen. – Dann stand der Versammlungsleiter auf. – »Ich bin erstaunt«, sagte er und ein Gelächter wollte sich erheben. Aber der Versammlungsleiter fuhr fort: »Ich bin erstaunt, dass erst jetzt die Rede darauf kommt. Dieser da war während der ganzen Zeit des Bauens überall, über dem ganzen Grund und half überall mit. Für das Haus dort baute er den Giebel, dort setzte er ein Fenster ein, ich weiß nicht mehr, welches, für das Haus gegenüber zeichnete er den Grundplan. Kein Wunder weiter, dass er hier mit einem Türstock erscheint, der übrigens schön ist, dass er aber selber kein Haus besitzt.

In Anbetracht der vielen Zeit, die er für den Bau unserer Häuser aufgewendet hat, ist der Bau dieses schönen Türstocks ein wahres Wunderwerk, und so schlage ich vor, den Preis für gutes Bauen ihm zuzuerteilen.«

Bertolt Brecht

Herbert Wentscher, 1989

Alles nun, was ihr wollt, dass euch die Leute tun
sollen, das tut ihnen auch! Das ist das Gesetz
und die Propheten.
Matthäus 7,12

1. Erläutert, weshalb Gerechtigkeit so schwer zu
verwirklichen ist. Zieht dazu auch das Bild
von Herbert Wentscher heran. Gestaltet eigene Zeichnungen, die Ähnliches ausdrücken.
2. Deutet die Seligpreisung mithilfe des Gleichnisses von den Arbeitern im Weinberg (Mt
20,1–13). Charakterisiert die Form der Gerechtigkeit, von der Jesus hier spricht. Welchen
Akzent setzt Matthäus mit seiner Formulie-
rung der Goldenen Regel hinzu?

3. Setzt die Geschichte »Der Städtebauer« von
Bertolt Brecht in ein Rollenspiel um. Spielt
auch noch andere Konflikte. Überlegt anschließend, welche Formen von Gerechtigkeit
ihr dargestellt habt. Vergleicht sie mit der
Goldenen Regel und mit der Gerechtigkeit,
von der Jesus in dem Gleichnis spricht.

Selig, die ihr Barmherzigkeit übt

Barmherzigkeit bedeutet, sich z. B. einer Person, die sich in einer Notlage befindet, einfühlsam zuzuwenden. Sie wirkt nicht gönnerhaft oder herablassend. Vollkommene Barmherzigkeit findet sich der Bibel zufolge bei Gott. In Matthäus 25,31– *46 fordert Christus die Gläubigen zur Barmherzigkeit auf. Gott ist barmherzig, wenn es z. B. um elementare Bedürfnisse des Menschen geht: Nahrung, Kleidung, Heimat, Gemeinschaft. Wie lassen sie sich durch konkretes Handeln erfüllen?*

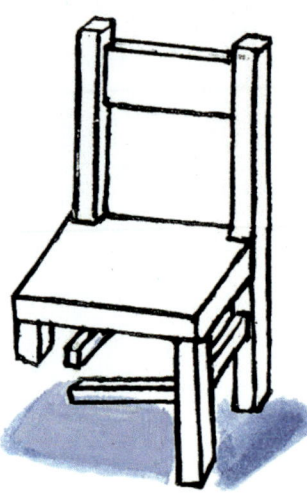

Für eine Kultur, in der jeder Mensch Platz hat

Unter diesem Motto sind Menschen mit und ohne Behinderung zu einem integrativen Workshop in einer Einrichtung der Evangelischen Kirche* im Rheinland zusammen gekommen. Sie haben gemeinsam 40 Holzstühle bemalt und gestaltet. Dabei haben sie voneinander gelernt, sich unterstützt und miteinander gelebt. Später zogen die Stühle als Wanderausstellung in Kirchengemeinden und an viele andere Orte. Sie regten zu Folgeprojekten und sozialer Kreativität an.

40 Stühle, die sich gegen Ausgrenzung und Hoffnungslosigkeit stellen. 40 Stühle für eine lebendige Kultur des Zusammenlebens von Menschen mit sehr unterschiedlichen Bedürfnissen. Jeder und jede soll mit den eigenen Fähigkeiten und Grenzen voll dabei sein, einen festen Platz in der Gesellschaft haben. Was sehen wir noch, wenn wir uns auf diese Stühle setzen?

Die Stühle sagen: Wir sind eine Ergänzungsgemeinschaft. Wir sind eingebunden in lokale und globale Zusammenhänge, in ein Netz, das uns tragen kann, das uns aber auch verwundbar macht. Nicht aus den Fähigkeiten des Menschen resultiert seine Würde, sondern aus der Bejahung, die von Anfang an für jedes Leben gilt. Begrenzungen und Behinderungen gehören zu unserem Leben. So unterschiedlich Menschen sind – jeder hat einen Platz.

Die Stühle sagen: Die Kirche ist bunt. In der Kirche soll man etwas spüren von der Liebe Gottes, die in die Welt gekommen ist. Die Sehnsucht nach Geborgenheit, nach Halt, nach Vergebung, nach Neuanfang ist groß. Für die Kirche wären viele Stühle denkbar. Wie kann die Kirche dazu beitragen, dass Menschen aufat- men, ihren Platz erkennen, Gemeinschaft wagen? Menschen mit und ohne Behinderung haben spielerisch nicht nur 40 Stühle in Bewegung gebracht, sondern auch die Kirche.

Die Stühle sagen: Gott ist dabei. Wo sitzt eigentlich Gott? Er kommt in die Welt. Er nimmt seinen Platz ein. Doch die Künstler haben keinen Thron gemalt. Denn Gott braucht keinen Stuhl. Ich vermute: Gott sitzt zwischen allen Stühlen, ganz unten auf dem Boden. Er ist gegenüber allen Rollen, die wir ihm zuweisen, souverän. Er sitzt bei denen, die keinen Platz haben, die immer wieder hören: Dich brauchen wir nicht, du kannst nichts, du bist nur ein Kostenfaktor.

Wer Gottes Menschenfreundlichkeit im Angesicht Christi sehen will, muss auch zwischen die Stühle schauen und den einen oder die andere emporheben. Denn Platz ist für alle da. Wir müssen diesen Platz nur entdecken, verstehen, gestalten und teilen, so wie es uns die Künstlergruppe mit ihren 40 Stühlen gezeigt hat.
Klaus Eberl, Oberkirchenrat

Selig sind die Barmherzigen, denn sie werden Barmherzigkeit erlangen.
Matthäus 5,7

1. Klärt die Bedeutung der Begriffe »Barmherzigkeit«, »Herablassung«, »Integration«, »Inklusion«. Jeweils eine Gruppe stellt einen Begriff als Standbild dar. Vergleicht eure Gruppenergebnisse miteinander.

2. Erinnert euch an verschiedene Spiele mit Stühlen und führt sie durch. Erkundet eure Schule oder euren Stadtteil in einem Rollstuhl sitzend. Wann habt ihr Exklusion und wann Inklusion erlebt? In welcher Situation war Barmherzigkeit nötig? Haltet eure Erfahrungen schriftlich und durch Fotos fest.

3. »Wo jeder Mensch Platz hat« – schreibe zu diesem Thema deine Zukunftsgeschichte. Beziehe dabei die Gedanken von Klaus Eberl zur Kirche ein.

Selig, die ihr den Frieden wollt ...

In Mazedonien gibt es starke Spannungen zwischen verschiedenen Volksgruppen. Nach der Unabhängigkeit des Landes im September 1991 war die albanische Minderheit in der Region vielen Diskriminierungen ausgesetzt. Nach wie vor werden mazedonische und albanische Kinder und Jugendliche getrennt unterrichtet und haben auch sonst kaum Kontakt zueinander. Der Prozess der Versöhnung kommt so nicht voran.

LOJA ist ein Jugendprojekt in der mazedonischen Stadt Tetovo. Der deutsche Zivile Friedensdienst unterstützt es durch Fachkräfte.

Das Spiel heißt Versöhnung

LOJA bedeutet auf Albanisch »Spiel«, und der Name ist Programm für die 1999 gegründete Nichtregierungsorganisation: Versöhnung und Friedensarbeit sollen spielerisch stattfinden, über Freizeitangebote für Kinder und Jugendliche. Die Arbeit begann mit einem Theaterprojekt, in dem so brisante Themen wie Vergewaltigung und Folter im Zuge der Balkankriege zur Sprache kamen. Zugleich produzierte die Organisation eigene Stücke und Filme zur Unterhaltung von Kindern, die in Flüchtlingslagern lebten. [...] Allmählich wurden die Räumlichkeiten von LOJA zum Treffpunkt von jungen Mazedoniern und Albanern sowie von Türken und Roma, zwei weiteren Minderheiten, die jeweils bis zu fünf Prozent der Bevölkerung ausmachen. Viele kamen und kommen auch heute noch wegen des interessanten Freizeitangebots – Theater, Tanz, Film, Fotografie oder Computerkurse sind nur einige Aktivitäten. Die Gruppen sind immer ethnisch gemischt, und es stehen Übersetzer zur Verfügung. [...]

Eine begeisterte Teilnehmerin war schon damals Biljana Alampioska, die von allen Bibi genannt wird. Die heute 22-jährige Mazedonierin: »Ich wollte die andere Seite kennen lernen, und ich wollte auch meine eigenen Vorurteile überwinden.« [...] Bei vielen ihrer mazedonischen Freunde stieß Bibi zunächst auf Unverständnis. »Sie haben mich gefragt, was ich denn bloß bei den Albanern wolle. Aber ich habe mich nicht beirren lassen. Manche habe ich einfach zu meinen Aktivitäten mitgenommen, oder ich habe ihnen meine neuen albanischen Freunde vorgestellt. So konnte ich einige von der Idee der Kooperation überzeugen – wenn auch leider nicht alle.«

Annedore Smith

Selig sind die Friedensstifter, denn sie werden
Gottes Kinder heißen.
Matthäus 5, 9

Der Zankapfel

Die griechische Mythologie erzählt von Herakles
als einem im Kampf bewährten Helden, den die
Götter selbst mit Waffen ausgerüstet hatten.
Eines Tages kam er durch eine Bergenge und
stolperte auf dem Weg fast über ein Gebilde, das
wie ein Apfel aussah. Herakles versuchte, den
Apfel zu zertreten, aber da verdoppelte er sich.
Er trat noch einmal darauf, und er vergrößerte
sich wieder.

Herakles schlug mit der Keule auf das Gebilde
ein. Doch es blähte sich zu etwas Riesigem auf
und versperrte ihm den Weg. Da hielt er erschro-
cken inne und warf seine Keule fort. Die Göttin
Athene erschien ihm und sprach: »Lass ab! Was
du siehst, ist Zanksucht und Streit. Wenn du es
liegen lässt, bleibt es klein. Wenn du es aber
aufnimmst, schwillt es immer mehr an.«

SCHLÜSSELWISSEN
Gewaltverzicht in der Bergpredigt

»Auge um Auge, Zahn um Zahn«, dieser
Grundsatz der angemessenen Vergeltung aus
dem Alten Testament wollte bereits unkon-
trollierte Racheakte verhindern. Die Worte der
Bergpredigt gehen deutlich darüber hinaus.
Hier steht die Situation von Menschen vor
Augen, die unter römischer Besatzung lebten:
Tagelöhner konnten während der Arbeit mit
dem Handrücken geschlagen werden. Von
verschuldeten Menschen konnte das letzte
Hemd gepfändet werden, nicht aber das
Obergewand. Es sollte noch als Schlafdecke
dienen können. Römische Soldaten konnten
Menschen zwingen, sie auf ihrem Weg als
Lastenträger zu begleiten. Viele Menschen
waren so verarmt, dass sie sich Geld leihen
mussten, um das Saatgut für ihre Felder zu
kaufen.

38 Ihr habt gehört, dass gesagt ist: »Auge um
Auge, Zahn um Zahn.«
39 Ich aber sage euch, dass ihr nicht widerstre-
ben sollt dem Übel, sondern: Wenn dich jemand
auf deine rechte Backe schlägt, dann biete die
andere auch dar.
40 Und wenn jemand mit dir rechten will und
dir deinen Rock nehmen, dem lass auch den
Mantel.
41 Und wenn dich jemand nötigt, eine Meile
mitzugehen, so geh mit ihm zwei.
42 Gib dem, der dich bittet, und wende dich
nicht ab von dem, der etwas von dir borgen will.
Matthäus 5,38–42

1. Vergleicht die Worte der Bergpredigt mit der
   Herakles-Sage. Erläutert die empfohlenen
   Handlungen und die erwarteten Reaktionen.
2. Führt in Kleingruppen ein Schreibgespräch
   durch zum Thema »Frieden ist wie …«. Fasst
   euer Gruppenergebnis in einem Satz zusammen.
3. Stellt die verschiedenen Sätze in der Klasse
   vor. Zeigen sich Ähnlichkeiten zu Bibis Handeln im Projekt LOJA?

... und auch danach handelt

Die ethnischen Spannungen in Mazedonien verschärften sich, als nach dem Kosovo-Krieg von 1999 rund 380 000 albanische Flüchtlinge ins Land strömten. Anfang 2001 kam es zum Aufstand albanischer Nationalisten, dem blutige Auseinandersetzungen folgten. Nur mit internationalem Druck konnte ein Bürgerkrieg verhindert werden.

Keine Sprache soll dominieren

Bibis neustes LOJA-Projekt ist die Arbeit mit den zwölf Siebtklässlern. In ethnisch gemischten Arbeitsgruppen sollen sie eine Geschichte erfinden und dazu eine Wandtafel erstellen – mit Texten auf Mazedonisch und Albanisch und vielen selbst aufgenommenen Fotos. Der Austausch zwischen den Arbeitsgruppen erfolgt über Rollenspiele wie das Fernsehinterview. Dass Übersetzer zur Stelle sind, stieß anfangs vor allem bei den Mazedoniern auf Widerstand, wie Bibi berichtet. Sie meinten, dass die albanischen Kinder gefälligst die Sprache der Mehrheitsbevölkerung zu sprechen hätten. [...] Aber würde man sich nur für die mazedonische Sprache entscheiden, dann würde automatisch deren Dominanz unterstrichen. Denn die albanischen Kinder müssen Mazedonisch lernen, während Albanisch für mazedonische Kinder ein freiwilliges Schulfach ist. Die Zweisprachigkeit des Kurses ist ein wichtiges Mittel, um bei den Teilnehmenden gegenseitige Rücksichtnahme einzuüben. [...]

Die Leitung der Schülergruppe ist nicht die einzige ehrenamtliche Tätigkeit der rührigen Bibi.

Sie hat auch bei der Vorbereitung der Internationalen Aktionswoche für Bildung geholfen. [...]

Höhepunkt der Aktionswoche ist der 22. April 2009: Schüler aus ganz Mazedonien kommen in der Hauptstadt Skopje zu einer Demonstration zusammen. Sie fordern gleiche Bildungschancen für alle und rufen die Regierung auf, etwas dagegen zu tun, dass in Mazedonien rund 18 500 Kinder keine Schule besuchen. [...]

»Ich liebe diese Arbeit mit Kindern und Jugendlichen. Wenn sie begeistert bei der Sache sind, dann bin ich es auch«, sagt Bibi. Und sie vertritt entschieden die Botschaft der Aktionswoche, wonach ein Engagement für die Rechte der Kinder automatisch eine Arbeit für den Frieden ist – besonders in einem so gespaltenen Land wie Mazedonien. Dennoch ist man bei Organisationen wie LOJA sehr vorsichtig, den ethnischen Konflikt allzu direkt anzusprechen. Zu frisch sind die Narben, die die blutigen Auseinandersetzungen vom Frühjahr 2001 hinterlassen haben, und zu tief sitzt noch das gegenseitige Misstrauen. Zwar wird zurzeit nicht unbedingt mit neuer Gewalt gerechnet, doch die Kluft zwischen den Volksgruppen ist damit noch lange nicht überwunden – schon gar nicht in Tetovo, wo heute immer noch die Ruinen von damals niedergebrannten Häusern stehen.

Annedore Smith

Spätestens zur Zeit der römischen Fremdherrschaft in Israel rieten die Pharisäer dazu, die im Land stationierten Soldaten im alltäglichen Miteinander als Menschen zu akzeptieren. Sie vertraten die Auffassung, man solle auch den politischen Feind als Mensch und Mitmensch wahrnehmen.

Jesus steht deutlich in dieser pharisäischen Tradition.

43 Ihr habt gehört, dass gesagt ist: »Du sollst deinen Nächsten lieben und deinen Feind hassen.«

44 Ich aber sage euch: Liebt eure Feinde und bittet für die, die euch verfolgen,

45 damit ihr Kinder seid eures Vaters im Himmel. Denn er lässt seine Sonne aufgehen über Böse und Gute und lässt regnen über Gerechte und Ungerechte.

46 Denn wenn ihr liebt, die euch lieben, was werdet ihr für Lohn haben? [...]

47 Und wenn ihr nur zu euren Brüdern freundlich seid, was tut ihr Besonderes? [...]

48 Darum sollt ihr vollkommen sein, wie euer Vater im Himmel vollkommen ist.
Matthäus 5,43–48

In die Mitte der Bergpredigt hat der Evangelist Matthäus ein Gebet gestellt, das Vaterunser. Dort heißt es am Schluss:

12 Und vergib uns unsere Schuld, wie auch wir vergeben unseren Schuldigern.

13 Und führe uns nicht in Versuchung, sondern erlöse uns von dem Bösen. Denn dein ist das Reich und die Kraft und die Herrlichkeit in Ewigkeit. Amen.
Matthäus 6,12–13

1. Schreibt einen Kommentar zu dem Bild auf dieser Seite.
2. Schildert Erfahrungen von Feindschaft aus eurer Umgebung. Stellt ein solches Ereignis in seinem Ablauf genauer dar. Was hätte sich verändert, wenn eine der beteiligten Personen das Gebot der Feindesliebe befolgt hätte?
3. Leitet aus dem Projekt LOJA Regeln für gewaltfreies Handeln ab.
4. Begründet, warum Matthäus das Vaterunser bei seinem Aufbau der Bergpredigt ins Zentrum gestellt hat.

Über die Bergpredigt streiten

In diesem Kapitel habt ihr gelernt, wie die Bergpredigt ein Leben schildert, das vom Reich Gottes erfüllt ist. Es geht um Gerechtigkeit und Glück, Sanftmut und Barmherzigkeit, um Gewaltverzicht und Versöhnung. Ihr wisst, welche Haltung Jesus von Menschen erwartet, die ihm nachfolgen. Was die Bergpredigt für unseren Alltag bedeutet, darüber wird bis heute gestritten. Die Frage nach dem Verhalten einzelner Christinnen und Christen spielt dabei ebenso eine Rolle wie das Verhältnis von Kirche, Staat und Gesellschaft.

Das Gebot (der Nächsten- und Feindesliebe) ist undurchführbar; eine so großartige Inflation der Liebe kann nur deren Wert herabsetzen, nicht die Not beseitigen.
Sigmund Freud, 1930

Die Überwindung des Anderen erfolgt nun dadurch, dass sein Böses sich totlaufen muss [...]. Das Böse wird darin ohnmächtig, dass es keinen Gegenstand, keinen Widerstand findet, sondern willig getragen und erlitten wird. Hier stößt das Böse auf einen Gegner, dem es nicht mehr gewachsen ist. Freilich nur dort, wo auch der letzte Rest von Widerstand aufgehoben ist, wo der Verzicht, Böses mit Bösem zu vergelten, restlos ist.
Dietrich Bonhoeffer, 1935

Ich war und bin der Meinung, dass es ein Irrtum wäre, die Bergpredigt als einen Kanon für staatliches Handeln aufzufassen. So ist sie nicht gemeint gewesen; sie war in einer anderen Zeit für eine andere Gemeinde in einer anderen Lage gesprochen.
Helmut Schmidt, 1981

Die durch den Bereich der Feindesliebe Gottes erschaffene Liebe tut nicht das Unvernünftige, sondern das mehr als Vernünftige.
Hans Weder, 1985

Ich wehre mich dagegen, dass religiöse Sprache für politische Ziele missbraucht wird, dass Politiker Gott für Kriege, für ihre Seite, für Nationen in Anspruch nehmen. Wir müssen dagegen Einspruch erheben, dass Kriege als »heilig« oder gar als »Kreuzzüge« bezeichnet werden. Soll Gott denn nicht alle Menschen und Nationen schützen? Steht nicht in der Bibel »Selig sind die Friedfertigen«?
Margot Käßmann, 2010

1. Prüft mithilfe der Ausführungen dieses Kapitels zur Bergpredigt, ob die Einwände von Sigmund Freud und Helmut Schmidt berechtigt sind.

2. Bringt die hier aufgeführten Positionen zur Bergpredigt ins Gespräch miteinander. Führt dazu eine Podiumsdiskussion durch.

Freiwillige Friedensdienste erkunden

Am Ende von Schule und Ausbildung gewinnen junge Menschen mehr Freiheit für die Lebensplanung. Manche möchten in dieser Zeit ein persönliches Friedenszeugnis ablegen. Für dieses Engagement gibt es viele Möglichkeiten. Vor dem internationalen Gerichtshof in Den Haag hat eine Friedensorganisation das Monument »World Peace Flame« errichtet, das auf dem Foto zu sehen ist. Für die Flamme in der Säule im Zentrum wurden Friedensflammen aus fünf Kontinenten zusammengetragen. Inzwischen gibt es Flammendenkmäler in größeren Städten weltweit.

3. Erkundet unter http://www.worldpeaceflame.org, was es mit dem Projekt »World Peace Flame« auf sich hat.
4. Führt ein Expertengespräch mit Beauftragten eures Kirchenkreises für freiwillige Friedensdienste junger Erwachsener. Zur Vorbereitung des Gesprächs und zur Entwicklung von Leitfragen recherchiert unter www.aktiv-zivil.de, www.weltwärts.de, www.friedensdienst.de. Lest auf diesen Homepages einige Rundbriefe von Freiwilligen.

4

1. Sammelt Fragen, die sich die Schüler auf diesem Bild stellen könnten.
2. Interviewt euch gegenseitig, indem ihr euch an den aufgestellten Fragen orientiert.

Streitfall Schöpfung – ein Bild von der Welt gewinnen

Menschen machen Entdeckungen

Der scheinbare Gegensatz zwischen Gottesglauben und Naturwissenschaft, den wir heute empfinden, ist erst im 16. Jahrhundert entstanden. Eine der berühmtesten Auseinandersetzungen thematisiert der Dichter Bertolt Brecht (1898–1956) in seinem Drama »Das Leben des Galilei«. Galileo Galilei (1564–1642), der mithilfe seines Fernrohrs erkannte, dass sich die Erde um die Sonne dreht, ist vor dieser Szene durch ein offizielles päpstliches Dekret die Verbreitung seiner Schriften untersagt worden. Er befindet sich im Gespräch mit dem »kleinen Mönch«, einem Mitglied der kirchlichen Untersuchungskommission, der aber auch an Galileis Forschungen interessiert ist.

Der Kleine Mönch Herr Galilei, seit drei Nächten kann ich keinen Schlaf mehr finden. Ich wusste nicht, wie ich das Dekret, das ich gelesen habe, und die Trabanten des Jupiter, die ich gesehen habe, in Einklang bringen sollte. Ich beschloss, heute früh die Messe zu lesen und zu Ihnen zu gehen.

Galilei Um mir mitzuteilen, daß der Jupiter keine Trabanten hat?

Der Kleine Mönch Nein. Mir ist es gelungen, in die Weisheit des Dekrets einzudringen. Es hat mir die Gefahren aufgedeckt, die ein allzu hemmungsloses Forschen für die Menschheit in sich birgt, und ich habe beschlossen, der Astronomie zu entsagen. Jedoch ist mir noch daran gelegen, Ihnen die Beweggründe zu unterbreiten, die auch einen Astronomen dazu bringen können, von einem weiteren Ausbau der gewissen Lehre abzusehen. [...]
Ich bin als Sohn von Bauern in der Campagna aufgewachsen. Es sind einfache Leute. Sie wissen alles über den Ölbaum, aber sonst recht wenig. [...] Es geht ihnen nicht gut, aber selbst in ihrem Unglück liegt eine gewisse Ordnung verborgen. [...] Sie schöpfen die Kraft, ihre Körbe schweißtriefend den steinigen Pfad hinaufzuschleppen, Kinder zu gebären, ja zu essen aus dem Gefühl der Stetigkeit und Notwendigkeit, das der Anblick des Bodens, der jedes Jahr von neuem grünenden Bäume, der kleinen Kirche und das Anhören der sonntäglichen Bibeltexte ihnen verleihen können. Es ist ihnen versichert worden, daß das Auge der Gottheit auf ihnen liegt, forschend, ja beinahe angstvoll, daß das ganze Welttheater um sie aufgebaut ist, damit sie, die Agierenden, in ihren großen oder kleinen Rollen sich bewähren können. Was würden meine Leute sagen, wenn sie von mir erführen, dass sie sich auf einem kleinen Steinklumpen befinden, der sich unaufhörlich drehend im leeren Raum um ein anderes Gestirn bewegt, einer unter sehr vielen, ein ziemlich unbedeutender? Wozu ist jetzt noch solche Geduld, solches Einverständnis in ihr Elend nötig oder gut? Wozu ist die Heilige Schrift noch gut, die alles erklärt und als notwendig begründet hat, den Schweiß, die Geduld, den Hunger, die Unterwerfung, und die jetzt voll von Irrtümern befunden wird? [...] Es liegt also kein Auge auf uns, sagen sie. [...] Kein Sinn liegt in unserm Elend, Hunger ist eben Nichtgegessenhaben, keine Kraftprobe; Anstrengung ist eben Sichbücken und Schleppen, kein Verdienst. Verstehen Sie da, dass ich aus dem Dekret der Heiligen Kongregation ein edles mütterliches Mitleid, eine große Seelengüte herauslese?

Galilei Seelengüte! Wahrscheinlich meinen Sie nur, es ist nichts da, der Wein ist weggetrunken, ihre Lippen vertrocknen, mögen sie die Soutane küssen! Warum ist denn nichts da? Warum ist die Ordnung in diesem Land nur die Ordnung einer leeren Lade und die Notwendigkeit nur die, sich zu Tode zu arbeiten? Zwischen strotzenden Weinbergen, am Rand der Weizenfelder! Ihre Campagnabauern bezahlen die Kriege, die der Stellvertreter des milden Jesus in Spanien und Deutschland führt. Warum stellt er die Erde

in den Mittelpunkt des Universums? Damit der Stuhl Petri im Mittelpunkt der Erde stehen kann! Um das letztere handelt es sich. Sie haben recht, es handelt sich nicht um die Planeten, sondern um die Campagnabauern. [...] Tugenden sind nicht an Elend geknüpft, mein Lieber. [...] Soll ich Ihre Leute anlügen?

Der Kleine Mönch *in großer Bewegung:* Es sind die allerhöchsten Beweggründe, die uns schweigen machen müssen, es ist der Seelenfrieden Unglücklicher!

Galilei Wollen Sie eine Cellini-Uhr sehen, die Kardinal Bellarmins Kutscher heute morgen hier abgegeben hat? Mein Lieber, als Belohnung dafür, dass ich zum Beispiel Ihren guten Eltern den Seelenfrieden lasse, offeriert mir die Behörde den Wein, den sie keltern im Schweiße ihres Antlitzes, das bekanntlich nach Gottes Ebenbild geschaffen ist. Würde ich mich zum Schweigen bereit finden, wären es zweifellos recht niedrige Beweggründe; Wohlleben, keine Verfolgung etc. [...]

Der Kleine Mönch Und Sie meinen nicht, dass die Wahrheit, wenn es Wahrheit ist, sich durchsetzt, auch ohne uns?

Galilei Nein, nein, nein. Es setzt sich nur so viel Wahrheit durch, als wir durchsetzen; der Sieg der Vernunft kann nur der Sieg der Vernünftigen sein. Eure Campagnabauern schildert Ihr ja schon wie das Moos auf ihren Hütten! [...] Aber wenn sie nicht in Bewegung kommen und denken lernen, werden ihnen auch die schönsten Bewässerungsanlagen nichts nützen. Zum Teufel, ich sehe die göttliche Geduld Ihrer Leute, aber wo ist ihr göttlicher Zorn?

Der Kleine Mönch Sie sind müde!

Galilei *wirft ihm einen Packen Manuskripte hin:* Bist du ein Physiker, mein Sohn? Hier stehen die Gründe, warum das Weltmeer sich in Ebbe und Flut bewegt. Aber du sollst es nicht lesen, hörst du? Ach, du liest schon? Du bist also ein Physiker?

Der Kleine Mönch *hat sich in die Papiere vertieft.*

Die Szene endet damit, dass sich der kleine Mönch von Galilei die Manuskripte erläutern lässt.

1. Galileis Forschungen haben ein anderes Weltbild zur Folge. Erklärt den Unterschied zum alten Weltbild.

2. Versetzt euch in die Perspektive des kleinen Mönchs. Erklärt, welche Probleme er mit Galileis neuem Weltbild hat. Wo liegen die Gründe für seine Kritik?

3. Erläutert aus Galileis Sicht, warum er das neue Weltbild unbedingt lehren möchte. Erklärt auch, welche (politischen) Veränderungen für ihn damit verbunden sind.

Chancen und Grenzen naturwissenschaftlichen Erkennens

Der Physiker Stephen Hawking (*1942) ist wegen einer Erkrankung des Nervensystems inzwischen fast vollständig gelähmt. Er kommuniziert mithilfe eines Sprachcomputers, den er mit seinen Pupillen steuert. Obwohl er nur 15 Wörter pro Minute damit schreiben kann, schreibt er neben seinen Forschungen Bücher und hält Vorträge. In seinem Buch »Die kürzeste Geschichte der Zeit« erläutert er neben physikalischen Theorien auch die Vorgehensweise, die Naturwissenschaftler für ihren Erkenntnisgewinn anwenden, und was eine wissenschaftliche Theorie überhaupt ist.

Stephen Hawking

Ich werde hier von der einfachen Auffassung ausgehen, dass eine Theorie aus einem Modell des Universums oder eines seiner Teile sowie aus einer Reihe von Regeln besteht, die Größen innerhalb des Modells in Beziehung zu unseren Beobachtungen setzen. Eine Theorie existiert nur in unserer Vorstellung und besitzt keine andere Wirklichkeit. [...]

Gut ist eine Theorie, wenn sie zwei Voraussetzungen erfüllt: Sie muss eine große Klasse von Beobachtungen auf der Grundlage eines Modells beschreiben, das nur einige wenige willkürliche Elemente enthält, und sie muss eindeutige Voraussagen über die Ergebnisse künftiger Beobachtungen ermöglichen. [...]

Jede physikalische Theorie ist insofern vorläufig, als sie nur eine Hypothese darstellt: Man kann sie nie beweisen. Wie häufig auch immer die Ergebnisse von Experimenten mit einer Theorie übereinstimmen, man kann nie sicher sein, dass das Ergebnis nicht beim nächsten Mal der Theorie widersprechen wird. Dagegen ist eine Theorie widerlegt, wenn man nur eine einzige Beobachtung findet, die nicht mit den aus ihr abgeleiteten Voraussagen übereinstimmt. [...] Immer wenn die Beobachtungen aus neuen Experimenten mit den Vorhersagen übereinstimmen, überlebt die Theorie, und man fasst ein bisschen mehr Vertrauen zu ihr; doch sobald man auch nur auf eine Beobachtung stößt, die von den Vorhersagen abweicht, muss man die Theorie aufgeben oder modifizieren. [...]

Letztlich ist es das Ziel der Wissenschaft, eine einzige Theorie zu finden, die das gesamte Universum beschreibt. In der Praxis aber zerlegen die meisten Wissenschaftler das Problem in zwei Teile: Erstens gibt es die Gesetze, die uns mitteilen, wie sich das Universum im Laufe der Zeit verändert. [...] Zweitens gibt es die Frage nach dem Anfangszustand des Universums. Manche Menschen finden, dass sich die Wissenschaft nur mit dem ersten Teil des Problems befassen sollte; sie halten die Frage nach der Anfangssituation für eine Angelegenheit der Metaphysik oder Religion. Sie würden vorbringen, Gott in seiner Allmacht hätte die Welt in jeder von ihm gewünschten Weise beginnen lassen können. Das mag zutreffen, doch dann hätte er auch ihre Entwicklung in völlig beliebiger Weise gestalten können. Aber anscheinend hat er sich für eine sehr regelmäßige Entwicklung des Universums, für eine Entwicklung in Übereinstimmung mit bestimmten Gesetzen entschieden. [...]

Es hat sich als eine sehr schwierige Aufgabe erwiesen, eine Theorie zu entwickeln, die in einem einzigen Entwurf das ganze Universum beschreibt. Stattdessen zerlegen wir das Problem in einzelne Segmente und arbeiten Teiltheorien aus. [...]

Heute beschreibt die Physik das Universum anhand zweier grundlegender Teiltheorien: der allgemeinen Relativitätstheorie und der Quantenmechanik. [...] Die allgemeine Relativitätstheorie beschreibt die Schwerkraft und den Aufbau des Universums im Großen, das heißt in der Größenordnung von ein paar Kilometern bis hin zu einer Million Million Million Million (einer 1 mit 24 Nullen) Kilometern, der Größe des beobachtbaren Universums. Die Quantenmechanik dagegen beschäftigt sich mit Erscheinungen in Bereichen von außerordentlich geringer Ausdehnung wie etwa einem millionstel millionstel Zentimeter. Leider sind diese beiden Theorien nicht miteinander in Einklang zu bringen – sie können nicht beide richtig sein. Eine der Hauptanstrengungen in der heutigen Physik [...] ist die Suche nach einer neuen Theorie, die beide Teiltheorien einschließt – nach einer Quantentheorie der Gravitation. [...]

Möglicherweise wird also die Entdeckung einer vollständigen vereinheitlichten Theorie keinen Beitrag zum Überleben der Menschheit liefern, ja sie wird sich noch nicht einmal auf unsere Lebensweise auswirken. Doch seit den Anfängen waren die Menschen nie damit zufrieden, die Welt bloß als unverbundenes und unerklärliches Nebeneinander von Ereignissen zu betrachten. Stets waren sie bemüht, die der Welt zugrunde liegende Ordnung zu verstehen. Nach wie vor haben wir ein unstillbares Bedürfnis zu wissen, warum wir hier sind und woher wir kommen. Das tief verwurzelte Verlangen der Menschheit nach Erkenntnis ist Rechtfertigung für unsere fortwährende Suche. Und wir haben dabei kein geringeres Ziel vor Augen als die vollständige Beschreibung des Universums, in dem wir leben.

Stephen Hawking

METHODE Quellentexte untersuchen

Häufig wirst du mit schwierigen Texten in Berührung kommen. Um dir einen guten Überblick über Inhalt und Aufbau zu verschaffen, kannst du so vorgehen:

- Lies den Text zunächst einmal durch und schreibe dir Begriffe auf, die du nicht verstehst, oder markiere sie. Versuche anschließend ihre Bedeutung zu klären.
- Gliedere den Text bei einem weiteren Lesegang in Abschnitte und gib diesen passende Überschriften.
- Versuche nun für dich knapp die Hauptgedanken des Textes und die Mitteilungsabsicht des Autors festzuhalten.
- Halte in einem letzten Schritt fest, wie der Autor vorgeht: Wie leitet er den Text ein? Welche Voraussetzungen, Gedankengänge, Argumente, Begründungen, Definitionen und Schlussfolgerungen zieht er? Wie beendet er den Text?

1. Versucht mithilfe des Textes in einem Schaubild die Vorgehensweise beim Erstellen von naturwissenschaftlichen Theorien darzustellen.
2. Inwiefern hat sich die Physik seit Galileo Galilei weiterentwickelt? Welche Fragestellungen stehen nach Hawking heute im Vordergrund der Forschung?
3. Welche Fragestellungen, die Galilei noch mit dem kleinen Mönch diskutiert, werden durch den naturwissenschaftlichen Erkenntnisprozess nicht beantwortet? Auf welche Fragen eures Lebens können die Naturwissenschaften keine Antworten geben?

Menschen machen sich Bilder

Die Menschen haben sich zu allen Zeiten Gedanken über die Welt gemacht. Dabei wird durch die Weltbilder nicht nur ausgedrückt, was die Menschen über die Natur wissen, sondern auch, welche Stellung sie sich selbst im Ganzen der Welt einräumen. Ein Weltbild gibt Orientierung und Sicherheit. Wenn man weiß, was »oben« und »unten«, »links« und »rechts ist«, kann man sich in der Welt besser einrichten. Folgende Unterteilung kann man bei den Weltbildern vornehmen:

Das altorientalische Weltbild, das auch den biblischen Schöpfungserzählungen zugrunde liegt, geht von dem aus, was die damaligen Menschen von der Welt sehen, wahrnehmen konnten. Wie eine halbkugelförmige Glocke scheint sich der Himmel über der Erde zu wölben. Über dieser Feste des Himmels befindet sich die Urflut. Sie umspült auch die Erde, die als Scheibe dargestellt ist. Wenn es regnet, öffnen sich die »Fenster des Himmels«. Die Gestirne, Sonne, Mond und Sterne, sind am »Firmament« (lat.: Feste) angeheftet. Die Erde ruht auf Säulen und wird so gehalten.

Das ptolemäische Weltbild geht auf den berühmtesten Astronomen (Sternforscher) des Altertums Ptolemäus zurück, der von 70–147 n. Chr. lebte. Er erkannte, dass die Erde nicht flach sein konnte, sondern eine Kugel sein musste. Dies ließ sich anhand der Beobachtung der fünf anderen Planeten unseres Sonnensystems, die man mit bloßem Auge sehen kann, beweisen. Die Erde steht für ihn im Mittelpunkt des Weltsystems, um sie herum kreisen die Planeten Merkur, Venus, Mars, Jupiter und Saturn, der Mond und die Sonne. Diese Vorstellung von der Erde als Mittelpunkt der Schöpfung hatte bis ins hohe Mittelalter Geltung. Man nennt sie auch das geozentrische (die Erde als Mittelpunkt betrachtende) Weltbild.

Das kopernikanische Weltbild rüttelte an diesem jahrhundertealten Glauben. 1513 entdeckte der Domherr Nikolaus Kopernikus nämlich, dass nicht die Erde, sondern die Sonne im Mittelpunkt unseres Sternensystems steht. Diese Auffassung führte zu heftigsten Auseinandersetzungen mit der Kirche, die von der zentralen Stellung der Erde und des Menschen in der Schöpfung nicht abrückte. Die Beobachtungen Galileo Galileis bestätigten etwa einhundert Jahre später die Entdeckungen des Kopernikus. Man nennt dieses Weltbild auch das heliozentrische (die Sonne als Mittelpunkt betrachtende) Weltbild.

Das naturwissenschaftliche Weltbild der Gegenwart ist nicht einheitlich und wird immer komplizierter. Sicher ist die Vorstellung, dass unsere Erde nur einer von mehreren Planeten ist, die sich in elliptischen Bahnen um die Sonne bewegen. Die Sonne wiederum bildet mit Milliarden anderer Sonnen unser Milchstraßensystem. Dessen Ausdehnung können wir uns gar nicht mehr vorstellen. Man geht von einhunderttausend Lichtjahren Durchmesser aus. Milchstraßensysteme nennt man auch Galaxien. Man nimmt an, dass es viele Milliarden solcher Galaxien (Weltinseln) gibt. Die Zahl der Galaxien und die Größe des Universums werfen zudem die Frage auf, ob es noch andere Planeten gibt, auf denen intelligente Lebewesen existieren, und die Menschheit somit nicht einzigartig ist.

1

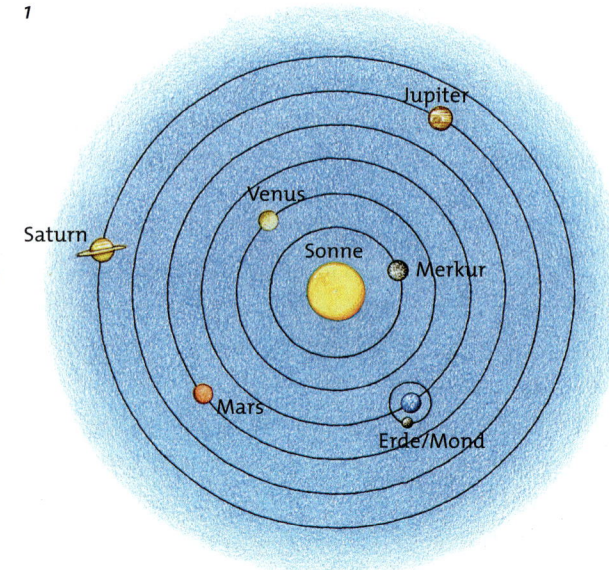

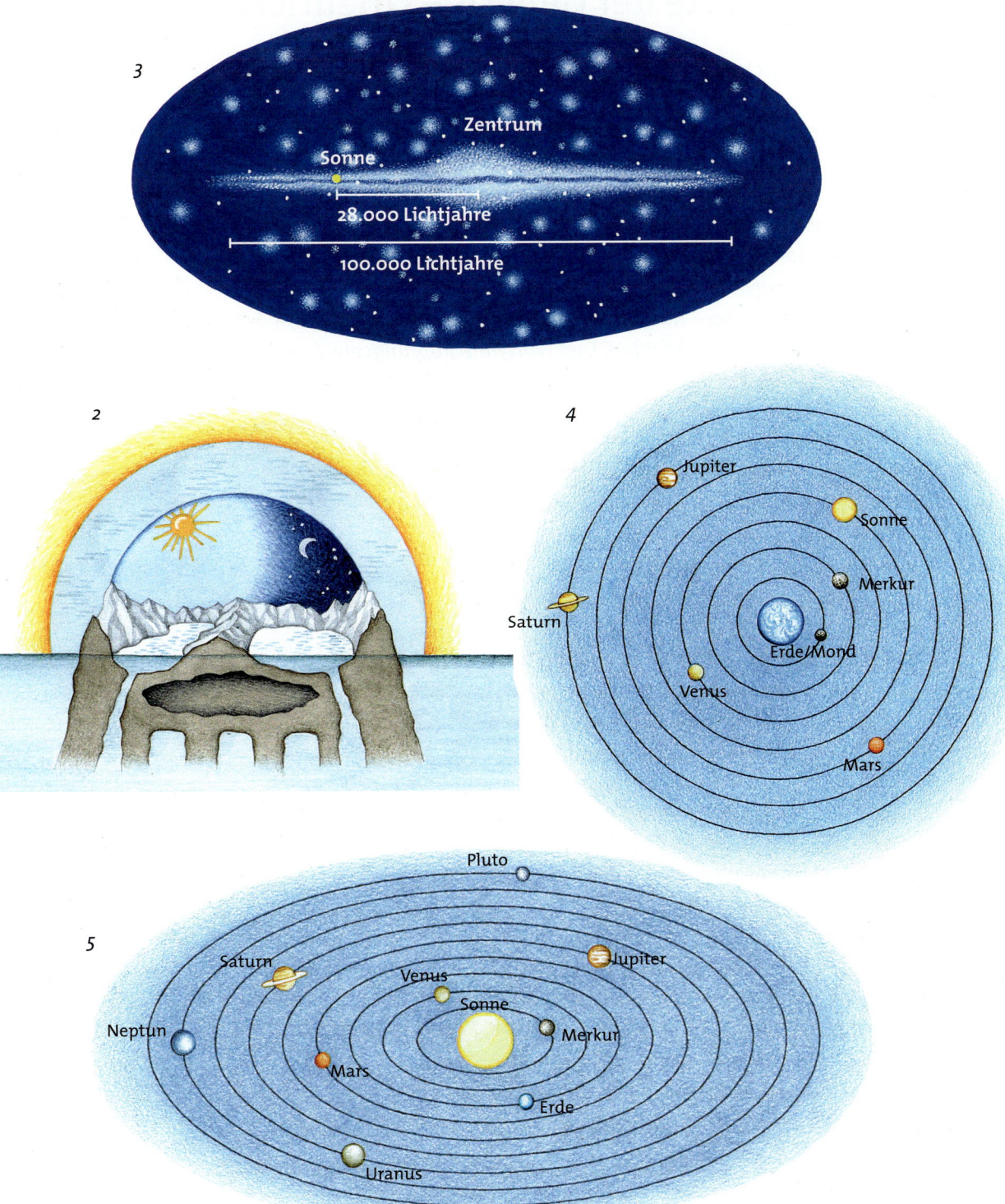

3

Zentrum

Sonne

28.000 Lichtjahre

100.000 Lichtjahre

2

4

Jupiter

Sonne

Merkur

Saturn

Erde/Mond

Venus

Mars

5

Pluto

Saturn

Venus

Jupiter

Sonne

Neptun

Merkur

Mars

Erde

Uranus

1. Ordnet die Texte den einzelnen Abbildungen zu.
2. Legt in eurem Heft eine Tabelle an, in die ihr folgende Jahreszahlen untereinanderschreibt und dahinter das jeweils gültige Weltbild notiert: bis 600 v. Chr.; bis 140 n. Chr.; bis 1513 n. Chr.; bis heute.

3. Was lehrt die Physik über die Entstehung des Kosmos? Sucht im Internet oder in Fachbüchern nach dem Begriff des Urknalls und versucht herauszufinden, was damit gemeint ist.

Die Schöpfungstexte der Genesis – Orientierung in der Welt

Wenn nun die Naturwissenschaften mit dem Urknall und der Evolution glaubwürdige Theorien zur Entstehung des Kosmos und der Entwicklung des Lebens auf der Erde aufgestellt haben, wie passen dann die Worte der Bibel aus Genesis 1,1–2,25 dazu? Sind diese Aussagen nicht schlicht veraltet? Die folgende Doppelseite soll euch als Hilfestellung zur Untersuchung für ein besseres Verständnis dienen.

Im Folgenden soll der erste Schöpfungstext genauer untersucht werden. Es gibt Hinweise, dass er im babylonischen Exil verfasst wurde. Die Babylonier glaubten an den Gott Marduk, der – nach ihrem Glauben – aus der erschlagenen Urgöttin Tiamat die Welt errichtet hat. Dies wird im Schöpfungsmythos* Enuma Elisch berichtet, den die Babylonier an jedem Neujahrsfest im Frühjahr vortrugen. Mit ihm orientierten sie sich in der Welt, in der sie lebten.

Klage der Gefangenen zu Babel

An den Wassern zu Babel
saßen wir und weinten,
wenn wir an Zion* gedachten.

Unsere Harfen hängten wir
an die Weiden dort im Lande.
Denn die uns gefangen hielten,
hießen uns dort singen
und in unserm Heulen fröhlich sein:
»Singet uns ein Lied von Zion!«

Wie könnten wir des Herrn Lied singen
in fremdem Lande?

Vergesse ich dich, Jerusalem,
so verdorre meine Rechte.
Meine Zunge soll an meinem Gaumen kleben,
wenn ich deiner nicht gedenke,
wenn ich nicht lasse Jerusalem
meine höchste Freude sein.
Psalm 137,1–6

SCHLÜSSELWISSEN **Babylonisches Exil**
587 v. Chr. eroberten die Babylonier Jerusalem und zerstörten den Tempel. Die Israeliten wurden nach Babylon verschleppt und mussten dort Zwangsarbeit leisten. Sie mussten aber nicht nur die Situation in der Fremde bewältigen, sondern zweifelten auch an ihrem Gott. In dieser Situation verfassten die Priester Israels den ersten Schöpfungstext, der den Gläubigen Orientierung geben sollte. Das babylonische Exil endete 538 v. Chr., nachdem der persische König Kyrus Babylon eroberte und die Israeliten wieder zurück in ihre Heimat ziehen durften.

Der babylonische Gott Marduk, der die Urgöttin, den Drachen Tiamat, besiegt hat, gleitet auf dem Urmeer. Mit den Herrschaftssymbolen Zepter und Ring in den Händen wird er als König dargestellt. Der babylonische König galt als Ebenbild Gottes.

1. Eine These eines Theologen: »Viele Menschen haben die ersten Bibelkapitel lange Zeit wie einen fortlaufenden Bericht über die Entstehung der Welt gelesen. Dabei lässt sich zeigen, dass es sich nicht um einen, sondern um zwei Texte aus verschiedenen Quellen und Zeiten handelt.« Versucht Beweise für diese These im Text der Bibel (Genesis 1,1–2,25) zu finden und stellt fest, wo der zweite Schöpfungstext beginnt. Achtet dabei aufmerksam auf folgende Aspekte und macht euch dazu stichpunktartig Notizen:
Wie erschafft Gott die Welt und den Menschen?
In welcher Reihenfolge findet die Schöpfung statt?
Wie wird der Schöpfer genannt?

2. Stellt euch vor, ihr gehört zu den Israeliten, die nach Babylon verschleppt wurden. Nutzt dazu auch den Auszug aus Psalm 137. In welchen Konflikten würdet ihr euch befinden? Schreibt einen Tagebucheintrag darüber.

3. Vergleicht den ersten Schöpfungstext der Bibel mit dem Schöpfungsmythos* der Babylonier »Enuma Elisch«, den ihr im Internet findet. Achtet darauf, wie jeweils die Welt erschaffen wird, welche Funktion der Mensch hat und wie die Beziehung der Menschen zu Gott ist.

4. Erläutert, inwiefern der biblische Schöpfungstext eine Glaubenshilfe für die Israeliten sein kann. Achtet dazu auch auf die Bewertung der Schöpfung durch den Schöpfer und bezieht eure Ergebnisse aus den vorigen Aufgaben ein.

Schöpfungsglaube und Theologie

Arnold Benz

Arnold Benz ist Professor für Astrophysik in Zürich und gläubiger Christ. Neben seiner Forschungstätigkeit zur Entstehung von Sternen befasst er sich auch mit Fragen der Vermittlung zwischen Religion und Naturwissenschaft. Im folgenden Ausschnitt aus seinem Buch »Die Zukunft des Universums – Zufall, Chaos, Gott?« versucht Benz die Unterschiede in Leistung und Vorgehensweise von Schöpfungsglauben und Naturwissenschaft darzustellen.

Nicht nur die modernen Naturwissenschaften, auch Religionen beschreiben, wie die Welt beschaffen und entstanden ist. Um diese Berichte angesichts unseres naturwissenschaftlichen Weltbilds überhaupt ernsthaft aufnehmen zu können, müssen wir zunächst ihre ganz andere Botschaft beachten. In biblischen und anderen Schöpfungsgeschichten wird auf anschauliche Weise erzählt, dass Gott oder die Götter am Anfang der Welt die Natur, vom Licht bis zu den Menschen, erschaffen haben. Auch wenn das Rohmaterial der Schöpfungstat, sei es Chaos, Lehm oder das Nichts, zuweilen erwähnt wird, über den eigentlichen Schöpfungsvorgang wird wenig berichtet. Besonders konsequent ist der erste Schöpfungsbericht der Bibel (Genesis 1), der überhaupt darauf verzichtet, den Schöpfungshergang näher zu beschreiben oder spekulativ und fantasievoll auszuschmücken. Das Wie ist wie in allen Schöpfungsgeschichten unwichtig und bleibt weit hinter der Frage nach dem Warum der Ordnungen und Dinge des Kosmos zurück. [...]

Schöpfungsgeschichten sind keine naturwissenschaftlichen Reportagen unbeteiligter Beobachter, sondern Botschaften über unsere persönliche Bedeutung, Aufgabe und Verantwortung in dieser Welt. Es geht nicht um den Naturvorgang an sich, vielmehr um den Sinn der Dinge, ihre Beziehung zueinander und zu uns. Schöpfungsgeschichten sind auch kein »Infotainment«. Sie wollen nicht einfach objektive Tatsachen mitteilen wie die Nachrichten im Fernsehen, die man bei einem Bier zur Kenntnis nehmen und wieder vergessen kann.

Ohne Menschen, die sich subjektiv ansprechen lassen, machen Schöpfungsgeschichten keinen Sinn.

Schöpfungsgeschichten berichten von einem Plan oder einem Ziel, nach dem der Schöpfer handelte. Nicht das Handeln selbst, sondern seine Gründe interessieren. Sie werden in Form einer bildhaften Geschichte erzählt, die dann begründet, warum Gott die Dinge in freier Entscheidung so gemacht habe und was ihr eigentliches Wesen sei. Die Geschichten vom göttlichen Handeln vermitteln die ethischen Grundgesetze der Welt und liefern Vorbilder für das menschliche Handeln. Schöpfungsgeschichten wollen die Stellung des Menschen in seiner Welt und seine Aufgaben darin – also ethische Werte – aufzeigen. Das ist ihr tiefster Sinn. [...]

Schöpfungstheologie soll heute Orientierung geben bei den scheinbar grenzenlosen technischen Anwendungen der Naturwissenschaft und Grenzen setzen, wie weit menschlicher Eigennutz über die Natur verfügen darf. Je nach Schöpfungsgeschichte sind diese Werte natürlich verschieden. So ist im ersten biblischen Schöpfungsbericht unschwer eine Ordnung vom Licht und der unbelebten Materie bis zum Menschen, übrigens mit Gleichstellung von Mann und Frau, herauszulesen. Die wissenschaftlich bekannte Natur wird nicht zur Schöpfung, indem einfach noch ein Urheber und Planer, also ein Schöpfer, hinzugedacht wird. Entscheidend ist vielmehr, dass das rechte Verhältnis des Menschen zur Natur, seine Aufgaben und Ziele sowie Wesen und Sinn des Universums inhaltlich festgelegt werden.

Benz versucht später im Buch die naturwissenschaftlich erklärbare Welt auf der Sprachebene des Schöpfungsglaubens wahrzunehmen. Dazu verfasst er einen neuen Psalm nach dem Vorbild von Psalm 19.

Der Kosmos rühmt Gottes Größe
und die Geschöpfe loben den Meister.
Von Galaxie zu Galaxie
breitet sich das Wissen aus,
eine Generation raunt es der nächsten zu
verständlich für alle Ohren.
[...]
Der Sonne Glanz,
pro Sekunde das Millionenfache
des jährlichen Energiebedarfs der Menschen,
und die Fülle der Erde haben
Millionen Arten von Lebewesen hervorgebracht,
jedes Einzelne ein Wunder an Zweckmäßigkeit
                    und Schönheit.
Hochmolekulare chemische Vorgänge in den
                    Zellen
ermöglichen das Leben.
[...]
Sie alle künden von seiner Weisheit.
Ihre Sprache sind nicht die Wissenslücken,
sondern die Vollkommenheit der Symmetrien
                    und Gesetze,
von denen wir viele noch nicht kennen.
Ihre Beständigkeit lässt uns
die zeitlose Treue Gottes erahnen.
[...]
Der Tod scheint die Welt zu beherrschen.
Aber auch völlig Neues ist entstanden,
das noch nie zuvor war.
Unerwartet konnten sich neue Dimensionen
                    und Formen entwickeln.
Aus Karfreitag hat Gottes Güte Ostern werden
                    lassen,
in der Verzweiflung einer großen Katastrophe
entstand Neues nach seinem Willen.

Das gibt uns Hoffnung in unserem eigenen Tod
und für die Zukunft des Alls.
Jede Sekunde, die durch unser Herz und
das ganze Universum tickt,
ist eine neue Schöpfung.
Sie lässt uns die Nähe des Schöpfers
und seines Wirkens spüren.
In jedem Augenblick stirbt Altes,
entsteht Neues, entwickelt sich die Welt.

In der Zeit ist die Gegenwart Gottes eingeprägt.
Wir können sie nachlesen im Buch der Evolution,
in dem wir selber einen Abschnitt bilden.
Gottes Wirken übersteigt das Wissen
in unseren Datenbanken.
Nähern wir uns ihm mit Ehrfurcht,
so werden wir empfänglich
für die Vollkommenheit der Gesetze,
offen für das Neue, das uns in Jesus entgegen
                    tritt,
dann wird uns die Nähe Gottes bewusst in
                    Raum und Zeit.

Mögen dir meine Bilder und Formeln gefallen
und meine innersten Gedanken zu dir gelangen,
Gott, Du mein Zentrum und Ursprung des Alls!

1. Welche Bedeutung haben die Schöpfungstexte nach Benz für uns heute? Erklärt, welche Verantwortung der Mensch für die Schöpfung trägt und bezieht euer Wissen über die Schöpfungsgeschichte in Genesis 1,1–1,24a ein.
2. Erläutert, welche Unterschiede es zwischen der naturwissenschaftlichen Erklärung der Weltentstehung und dem Schöpfungsglauben für das menschliche Leben gibt.

Die eigene Perspektive finden

Der Mensch heißt Mensch,
Weil er irrt und weil er kämpft,
Und weil er hofft und liebt,
Und weil er mitfühlt und vergibt,
weil er lacht,
weil er lebt ...
Herbert Grönemeyer

Den Menschen zeichnet der Besitz einer Reihe
anatomischer und physiologischer Besonderheiten aus [...]. Das für den Menschen hervorstechendste, spezifische Merkmal ist der aufrechte
Gang. [...] Der Schädel des Menschen zeigt im
Vergleich mit allen anderen Primaten einen
deutlich größeren Hirnschädel, wobei [...] das
stärker wachsende Gehirn, bevor es knöchern
umschalt wird, den Gesichtsschädel überwuchert.
Brockhaus Enzyklopädie

In den Sozialwissenschaften wird übereinstimmend [...] anerkannt, dass der Mensch nur als
Gesellschaftswesen existieren kann: zur soziokulturellen Persönlichkeit wird der Mensch
danach erst infolge seiner Sozialisation.
Brockhaus Enzyklopädie

Edel sei der Mensch,
Hilfreich und gut!
Denn das allein
Unterscheidet ihn
Von allen Wesen
Die wir kennen.
[...]
Nur allein der Mensch
Vermag das Unmögliche:
Er unterscheidet,
Wählet und richtet;
Er kann dem Augenblick
Dauer verleihen.

Er allein darf
Den Guten lohnen,
Den Bösen strafen,
Heilen und retten,
Alles Irrende Schweifende
Nützlich verbinden.
Johann Wolfgang von Goethe

Was ist der Mensch, dass du seiner gedenkst, und des Menschen Kind,
dass du dich seiner annimmst?
Du hast ihn wenig niedriger gemacht als Gott, mit Ehre und Herrlichkeit
hast du ihn gekrönt.
Du hast ihn zum Herrn gemacht über deiner Hände Werk, alles hast du
unter seine Füße getan.
Psalm 8, 5–7

Ein Mensch (70 kg) besteht aus:

50,4 KG WASSER
11,2 KG FETT
2,4 KG STICKSTOFF
1,6 KG CALCIUM
0,8 KG PHOSPHOR
190 G KALIUM
130 G NATRIUM
120 G CHLOR
33 G MAGNESIUM
5,2 G EISEN
2 G ZINK
0,1 G KUPFER
26 MG BOR
1,4 MG KOBALT

Naturwissenschaftliches Lexikon

1. Erläutert euch gegenseitig den Comic ⤳ S. 74. Warum sind mehrere Antworten möglich?
2. Welche Aussagen finden sich in den verschiedenen Texten zum Begriff »Mensch«? Wie kommen die unterschiedlichen Aussagen zustande?
3. Erprobt die Wahrnehmung einer Rose aus verschiedenen Perspektiven. Sucht euch einen Partner oder eine Partnerin und wählt eine der folgenden Beschreibungsmöglichkeiten für eine Rose:
– Schreibt die Gedanken eines Jungen auf, der die Rose seiner Freundin schenken will.
– Formuliert die Gedanken der Gärtnerin, die sie gepflanzt hat und wachsen ließ.
– Stellt euch vor, ihr wäret ein Dichter. Schreibt ein Gedicht über die Rose.
– Erfindet als Werbetexter einen Werbetext, weil ihr sie verkaufen wollt.
– Als Pflanzenkundler sollt ihr die Rose beschreiben und einordnen.
– Versucht sie als Maler künstlerisch abzubilden.
Wer von euch hat die Rose richtig dargestellt?

Kreationismus – Schöpfung statt Evolution

Vor allem in den Vereinigten Staaten von Amerika, aber auch in Deutschland gibt es Menschen, die an der Theorie des Urknalls oder an Darwins* Theorie der Evolution zweifeln.

Die folgenden Texte stammen von der Internetseite www.genesisnet.info, auf der die kreationistische Argumentation vertreten wird.

Die biblische Urgeschichte – wirkliche Geschichte

Heute wird vielfach bestritten, dass es die Absicht der Urgeschichte sei, wirkliche Geschichte zu berichten. Doch stellen viele Ausleger ausdrücklich fest, dass der biblische Bericht den wirklichen Hergang der Entstehung der Welt erzählen will. Es ist die Absicht der Urgeschichtstexte, wirkliche Geschichte zu berichten. Die Ablehnung der biblischen Urgeschichte als reales Geschehen wird gewöhnlich nicht durch die Auslegung der biblischen Texte begründet, sondern hat oft erkennbar weltanschauliche Gründe: Die biblische Urgeschichte steht im Widerspruch zu evolutionstheoretischen Vorstellungen von der Geschichte des Menschen.

Der Schöpfungsbericht: ein Gedicht?

Manchmal wird behauptet, der Schöpfungsbericht (Genesis 1) sei lediglich so etwas wie ein Gedicht. Er wolle schon deshalb keine wirkliche Geschichte berichten. Jedoch: Der Schöpfungsbericht ist nach seiner literarischen Gattung (Textsorte) kein Gedicht. Vielmehr handelt es sich um eine Erzählung, die vom Urgeschehen berichtet, genauer um einen Bericht (engl. report).

Dieses wörtliche Bibelverständnis führt die Vertreter der Theorie zu weitreichenden Schlüssen in Bezug auf die gängigen naturwissenschaftlichen Erkenntnisse. Ein Beispiel ist das sogenannte Grundtypenmodell, das Darwins Aussagen in anderer Form erklärt.

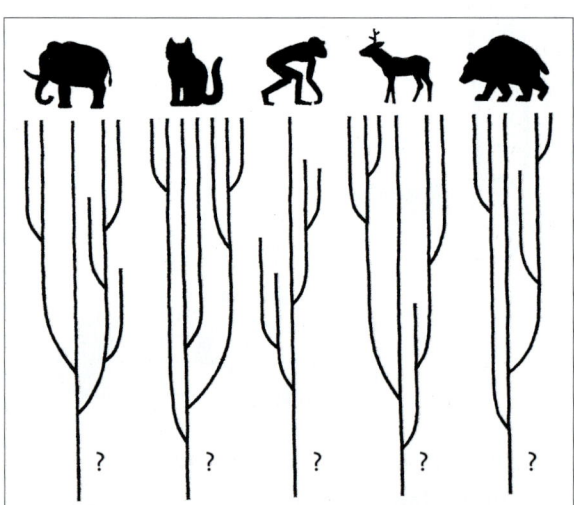
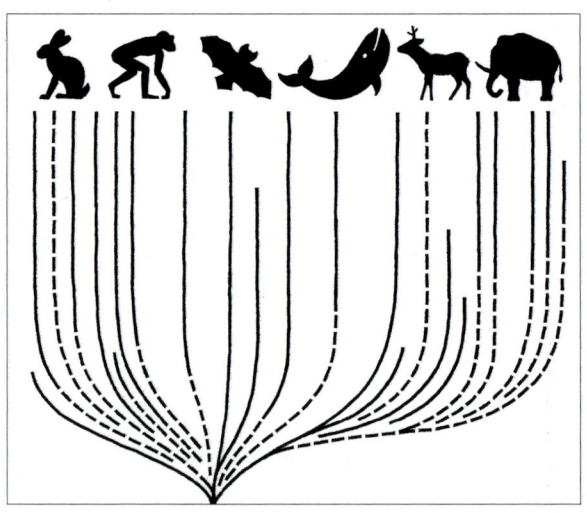

Grundtypenmodell und Evolutionsmodell im Vergleich

Seit dem Jahr 1992 wird die Lehre vom »Intelligent Design« vertreten. Sie geht davon aus, dass man in der Natur mit naturwissenschaftlichen Methoden Signale von Design (Plan) erkennen könne und zwingend von einem Designer, nämlich Gott, ausgehen müsse. Der Rat der Evangelischen Kirche* in Deutschland (EKD) äußerte sich 2008 in folgender Weise zu kreationistischen Aussagen.

Wie jede ernstzunehmende wissenschaftliche Hypothese muss natürlich auch die Evolutionstheorie* der Kritik zugänglich bleiben. Viele ihrer Annahmen sind auch nach den Maßstäben der Biologie weniger gesichert, als es in populärwissenschaftlichen Darstellungen zum Ausdruck kommt. Die Evolutionstheorie ist freilich nicht dadurch widerlegt, dass man ihre offenen Stellen aufzeigt. Es gibt starke Argumente, die für sie sprechen. Als wissenschaftlicher Erklärungsversuch zur Entstehung des Lebens, der Arten und der Artenvielfalt besitzt sie die höchste Wahrscheinlichkeit und Erschließungskapazität. Angesichts des heutigen Wissens über die Geschichte der Natur erzeugt das Festhalten an der naturkundlichen Vorstellungswelt der biblischen Schöpfungsberichte mehr Ungereimtheiten als die Annahme, dass die uns bekannte Natur Ausdruck eines sich über Milliarden Jahre hinziehenden Entwicklungsprozesses ist. Ein solches Festhalten wird auch der Bibel selbst nicht gerecht.

Darüber hinaus muss klar gesagt werden: Gerade aus theologischen Gründen ist der Kreationismus abzulehnen. Er setzt sich über die bibelwissenschaftlichen und systematisch-theologischen Einsichten in die Entstehung, Ausformung und Bedeutung des biblischen Schöpfungszeugnisses hinweg und missachtet die geschichtlichen Kontexte seiner Entstehung. Damit bringt er sich um die Möglichkeit einer angemessenen Erschließung des biblischen Schöpfungszeugnisses. Und er ignoriert die Unterscheidung der Erkenntnisebenen. Der entscheidende Denkfehler besteht darin, mithilfe naturwissenschaftlicher Methoden das Eingreifen Gottes in die Evolution von Kosmos und Biosphäre beweisbar und insofern darstellbar machen zu wollen. Auf diese Weise gerät Gott in die zweifelhafte Rolle eines Lückenbüßers. Wenn man die Lücken im Bereich der Evolution aufspürt, um an ihnen das direkte Eingreifen Gottes zu belegen, wird dem Gottesverständnis ein schlechter Dienst erwiesen. Denn man schiebt Gott gedanklich mit jeder durch neue Erkenntnis geschlossenen Lücke unweigerlich aus der Welt hinaus, in die man ihn doch gerade hineinholen wollte.

1. Erläutert, welches biblische Grundverständnis der kreationistischen Ansicht zugrunde liegt. Verwendet dazu auch den Vergleich der beiden Modelle zur Entwicklung der Arten.
2. Vergleicht die Aussagen der Kreationisten mit dem Verständnis des EKD-Textes.
3. Recherchiert im Internet über die Entwicklung des Kreationismus und deren Argumentation. Eine Darstellung der Entwicklung findet ihr im Text »Wie entstand die Welt wirklich« von Günther Mack auf der Seite www.geo.de. Wenn ihr euch mit den Argumenten beschäftigen möchtet, könnt ihr dazu die kreationistischen Seiten www.genesisnet. info oder die Flyer auf der Seite www.wort-und-wissen.de benutzen. Befragt zu einzelnen Argumenten auch eure Biologie- oder Physiklehrer, um die Argumentation zu prüfen.
4. Im Jahr 2006 wollte die hessische Kultusministerin Karin Wolff die Schöpfungslehre im Biologieunterricht behandeln lassen. Verfasse einen Brief an die Politikerin, in dem du deine Ansicht zu ihrer Aussage begründet darstellst.

Glaube und Naturwissenschaft im Dialog

Muss ich mich als Christ nun entscheiden, ob ich Christ oder Wissenschaftler sein will? Wie können Glaube und Naturwissenschaft miteinander umgehen? Der Theologe Heinz Zahrnt versucht im folgenden Artikel dieser Frage nach-zugehen. Er geht davon aus, dass eine Trennung der beiden Aspekte unerträg-lich sei.

[...] Daher wende ich mich sowohl gegen die einen, die den Glauben hart gegen die Vernunft stellen und alle religiösen Aussagen ängstlich aus dem Bereich des vernünftigen Denkens heraushalten wollen, als auch gegen die ande-ren, die den Glauben rigoros der Vernunft unterwerfen und nichts durchgehen lassen, was nicht dem Kanon wissenschaftlicher Rationali-tät entspricht. Weder darf er [der Glaube] sich dem Wissen gegenüber absolut setzen noch sich ihm einfach unterordnen. Vielmehr muss gerade der Glaube beide Zugangswege zur Wirklichkeit offenhalten.

Diese Wegegabelung ist heute durch das weltanschauliche Vorurteil bedroht, dass es nur einen einzigen verlässlichen Weg zur Erkenntnis der Wirklichkeit gebe: das Wissen, wie es die Wissenschaft ermittelt, wobei genaugenommen nur die sogenannten »exakten Wissenschaften« gemeint sind, deren Methode aus der naturwis-senschaftlich-technischen Forschung stammt. [...] Wissenschaft ist, wenn sie wirklich »exakt« bleibt, sich selbst nicht genug – das weiß sie heute [...] selbst. Dies [...] gilt in dreifacher Hinsicht:

1. Das Wissen, wie es die rationale Wissen-schaft ermittelt, reicht nicht aus, um die Wirk-lichkeit der Welt in ihrer Vielfalt und Ganzheit zu erfassen.

Die Wirklichkeit ist umfangreicher und vielfältiger, als es die Wissenschaft durch objektive Beobachtung und kritische Analyse ermitteln kann. [...] Fraglos bildet die Wirklich-keit eine Einheit, aber es ist eine Einheit in der Vielfalt. Deshalb darf man sie auch nicht nur auf eine einzige Weise, sondern muss sie auf verschiedene Weisen angehen, wenn man sie in den Blick bekommen will. [...] Den besten Beweis dafür bietet die Wissenschaft selbst. Sie kann mit der Methode, mit der sie die Welt zu begrei-

fen sucht, sich selbst nicht begreifen, weder ihr Tun im einzelnen noch ihre Stellung im Ganzen der Welt.

2. Das Wissen, wie es die rationale Wissenschaft ermittelt, trägt in sich selbst kein Steuerungs-vermögen.

Die Wissenschaft liefert dem Menschen Wissen, aber sie gibt ihm kein Gewissen. Sie kann nur sagen, was richtig und falsch, aber nicht, was gut und böse ist. Selbst das wissenschaftliche Ideal der reinen Wahrheitssuche ist in außerwis-senschaftlichen Motiven verankert. Wohl kann die rationale Wissenschaft das Material herbei-schaffen, das einer braucht, um eine sittliche Entscheidung zu treffen, Norm und Motiv seiner Entscheidung aber muss er aus anderen Berei-chen beziehen. [...] Wissenschaft kann den Kopf zurechtsetzen, aber keine neuen Herzen schaf-fen. Darum kann sie ebenso der Freiheit wie der Unterdrückung, dem Frieden wie dem Kriege, dem Fortschritt wie dem Wahnsinn, sowohl Gott als auch dem Teufel dienen.

3. Das Wissen, wie es die rationale Wissenschaft ermittelt, verleiht keine existentielle Gewiss-heit.

Zur Herstellung existentieller Gewissheit reicht die Feststellung von Tatsachen noch nicht aus. Ich nenne dafür ein Beispiel [...]. Angenom-men, eine Frau verdächtigt ihren Mann, dass er ihr nicht treu sei. Sie unternimmt alles, um sich Gewissheit zu verschaffen. Sie fragt ihn aus, kon-trolliert seine Post, durchstöbert seine Anzüge und lässt ihn sogar durch eine Detektei überwa-chen. Was tut diese Frau anderes, als dass sie durch Forschung Wissen zu ermitteln sucht, leidenschaftlich daran beteiligt, aber streng nach rationaler Methode? Angenommen nun, das Ergebnis ihrer Beobachtungen ist, dass keinerlei Anlass zum Verdacht besteht: die Treue des Mannes ist hundertprozentig öffentlichsichtbar bewiesen. Dennoch gibt dieses sichere Wissen der Frau noch keine Gewissheit. Mag die Beweiskette der Tatsachen auch lückenlos geschlossen sein, so begründet sie aus sich heraus doch noch kein neues Vertrauen.

Dieses Lehrbeispiel zeigt, dass kein noch so exaktes Wissen ausreicht, um die Wirklichkeit in ihrer Vielfalt und Ganzheit zu verstehen und das eigene Leben darin sinnvoll zu bestehen. Dazu bedarf es eines anderen Zugangs zur Wirklichkeit, einer Erschließung von Wahrheit, die das vorhandene rational ermittelte Wissen nicht beiseite setzt oder gar aufhebt, die an ihm aber noch einen anderen, nicht minder realen Aspekt wahrnimmt.

»Glaube« und »Wissen« bilden zwei verschiedene Betrachtungsweisen der Wirklichkeit, die gleichberechtigt – unabhängig, aber nicht beziehungslos – nebeneinander stehen. Jede von ihnen bietet in ihrer Sicht einen Totalaspekt der Welt und drückt ihn in einer entsprechenden Sprache aus.

Um menschliche Wahrnehmung von weltli-cher Wirklichkeit handelt es sich bei beiden Betrachtungsweisen, und jede von ihnen ist auf Bewahrheitung bedacht und angewiesen. Diese Bewahrheitung erfolgt nicht wechselseitig, sodass der Glaube der Bestätigung durch die Wissenschaft bedürfte oder umgekehrt die Wissenschaft der Kontrolle durch den Glauben – vielmehr haben beide Methoden entsprechend ihrem verschiedenen Zugang zur Wirklichkeit je ihr eigenes Recht und Verfahren. [...]

Glaube und Wissen stehen Rücken an Rücken zueinander und blicken, jeder in seiner Richtung, in dieselbe Welt. Was sie dabei wahrnehmen, das teilen sie sich, gleichsam über die Schulter, mit, darüber verhandeln und streiten sie miteinander. Für die Existenz des Christen bedeutet dies, dass er Glaube und Denken in Personalunion vereinigt und die Spannung zwischen beiden in sich austrägt - allzeit ein Grenzgänger, ohne je ein Überläufer nach der einen oder anderen Seite zu werden.
Heinz Zahrnt

1. Erläutert, welche Beziehung Glaube und Naturwissenschaft nach Heinz Zahrnt zueinander haben sollten.
2. Erklärt, welche Leistungen die naturwissenschaftliche Perspektive und welche die religiöse Perspektive erbringen. Inwiefern ergänzen sie sich?
3. Benennt Beispiele für Themen, in denen das Gespräch zwischen Glaube und Naturwissenschaft besonders wichtig ist.

Das Verhältnis von Glaube und Naturwissenschaft erklären

In diesem Kapitel habt ihr gelernt, dass man auf unterschiedliche Weise nach dem Anfang der Welt fragen kann. Dabei habt ihr überlegt, welche Umbrüche durch neue Entdeckungen entstehen, wie man aus naturwissenschaftlicher Sicht nach Wahrheit sucht und welche Veränderungen es in den Weltbildern gegeben hat. Außerdem habt ihr festgestellt, wie man die Schöpfungstexte des Buches Genesis untersuchen und deuten kann. Ab-

schließend habt ihr euch mit dem Begriff der Wahrheit auseinandergesetzt. Die Betrachtung der Wirklichkeit hängt von der Sichtweise und Fragestellung der Person ab. Zuletzt habt ihr euch am Beispiel des Kreationismus damit befasst, welche Probleme ein wörtliches Verständnis der Bibel haben kann und wie wichtig es ist, dass Glaube und Wissen sich gegenseitig ergänzen.

1. Beantwortet noch einmal eure Fragen vom Beginn dieses Kapitels. Stellt eure Antworten und unterschiedlichen Ansätze abschließend in verschiedenen Formen dar.

2. Nehmt zur folgenden Aussage Stellung: »Die Bibel ist kein wissenschaftliches Lehrbuch und darf nicht als solches missverstanden werden.«

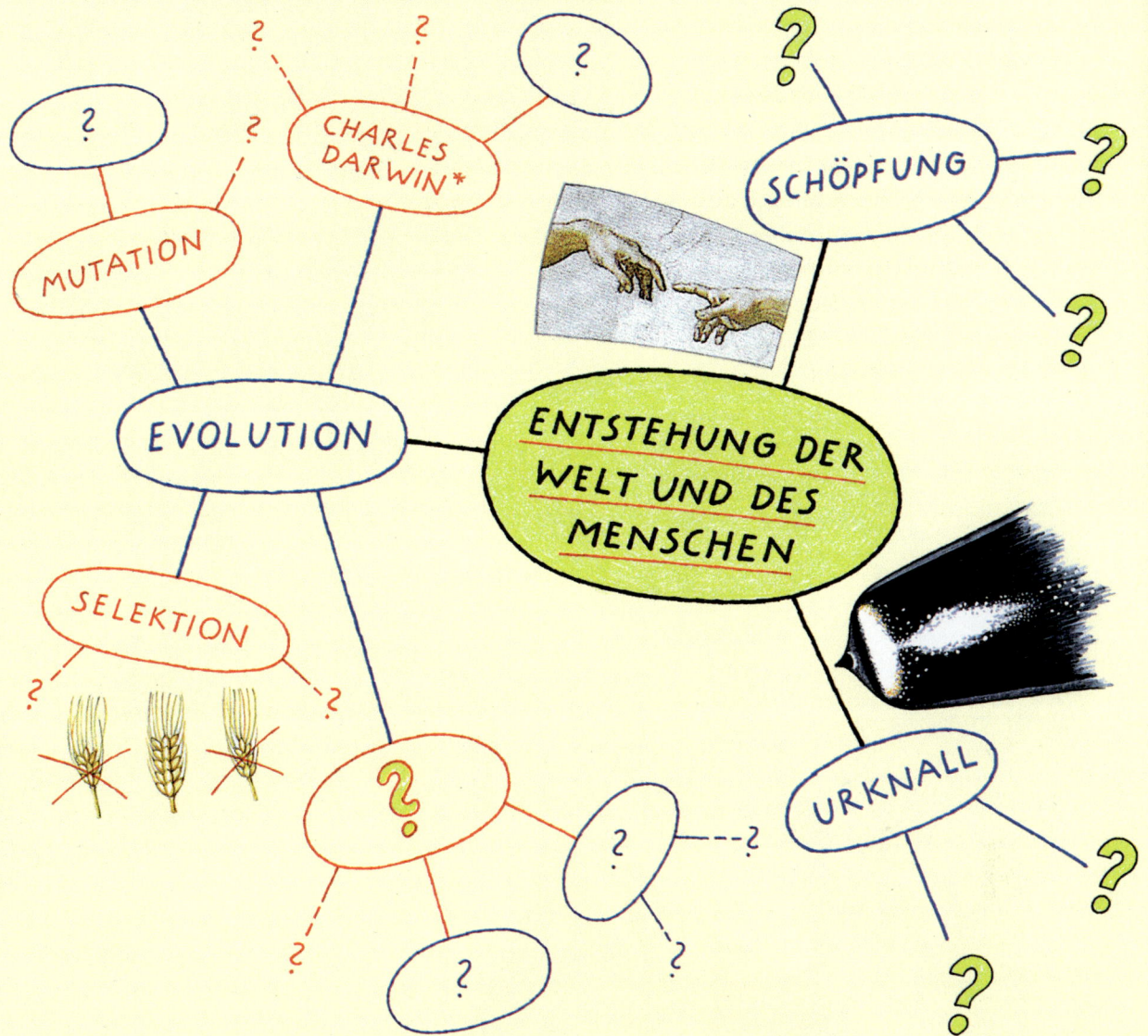

3. Erstellt eine Präsentation, in der ihr euer Wissen zur Entstehung der Welt und des Menschen vernetzt darstellt.
   - Versucht das Thema aus der Sicht möglichst vieler Fachgebiete darzustellen. Führt dazu zum Beispiel Interviews mit Fachleuten aus unterschiedlichen Gebieten (z. B. euren Lehrern) und informiert euch im Internet sowie in Fachbüchern.
   - Versucht nun die Informationen für die einzelnen Fachgebiete zu sortieren und möglichst für jeden verständlich darzustellen.
   - Sucht dabei nach Fragestellungen, die von mehreren Wissensgebieten übergreifend behandelt werden können.

   - Eure Antworten und unterschiedlichen Ansätze könnt ihr abschließend in unterschiedlicher Form darstellen.
   Ihr könnt zum Beispiel
      - eine Präsentation gestalten, in der ihr Überschneidungen kennzeichnet und auf Gemeinsamkeiten, Unterschiede und Ergänzungen eingeht oder
      - in einer Podiumsdiskussion Vertreter der unterschiedlichen Fachbereiche miteinander ins Gespräch bringen oder
      - einen gemeinsamen Lexikonartikel zu einem Fachgebiet verfassen ...

1. In der berühmten antiken Skulptur* mit dem Namen »Laokoon« kämpft der Held mit Seeschlangen, die ihn angreifen und töten, weil er vor einer drohenden Gefahr gewarnt hat. Erkundigt euch über den Mythos, der der Laokoon-Skulptur zugrunde liegt! Welche Bedeutung könnten die Ähnlichkeiten und die Unterschiede mit diesem Bild von Hans Erni haben?

2. Welche Bedeutung könnten die Ähnlichkeiten und die Unterschiede haben, die sich im Zusammenhang von Bild, Überschrift und Zitat herstellen lassen?

5

Ich gestatte niemandem,
sich mir gegenüber so zu benehmen,
als kenne er mich.
Robert Walser

Menschen nach unserem Bild?

Wunschkinder nach Maß?

Eine alte Kindergeschichte: Der Schulze Hoppe war jedes Jahr mit der Ernte unzufrieden. Mal war das Wetter zu feucht, mal zu trocken, mal beschädigte ein Unwetter die Felder. Er beklagte sich darüber bei dem, von dem er annahm, dass der das Wetter machte, bei Gott. Der übergab ihm daraufhin das Wettermachen für die nächste Zeit.

Der Schulze Hoppe nahm alle seine Erfahrungen und seine Beobachtungen zusammen. Die Sonne schien zur richtigen Zeit, es regnete, wenn die Pflanzen es brauchten. Die Ernte wuchs und gedieh. Als das Getreide gedroschen wurde, kamen aber keine Körner heraus. Der Schulze Hoppe hatte den Wind für die Bestäubung vergessen.

Verhinderung von körperlichen Behinderungen
Haarfarbe nach Wunsch
Verhinderung von Erbkrankheiten
Vermeidung von geistigen Behinderungen
Geschlechtsauswahl

Einhaltung einer Mindestgröße
(Frauen 1,80 m, Männer 1,95 m)
Überdurchschnittliche Intelligenz
Vermeidung von Seh- und Hörschwäche

9. Schwangerschaftswoche: Auf dem Ultraschall hat man bereits einen winzig kleinen Embryo gesehen. »Alles in Ordnung«, hat die Frauenärztin gesagt und mich beglückwünscht. Die Größe des heranwachsenden Kindes sei normal gewesen, auch der Herzschlag sei deutlich zu erkennen. Als ich aus der Praxis trete, fühle ich mich freudig, ein wenig erleichtert – aber auch ein wenig verschämt: Statt optimistisch auf die Zukunft zu vertrauen, stelle ich schon die erste Bewährungsprobe für mein Kind.
Melanie

Ein ganz klares Ja zur Pränataldiagnostik*! Ich habe mit 38 Jahren gesunde Zwillinge bekommen und dies dank sehr guter PND! In der 27. Schwangerschaftswoche konnte dank Ultraschall festgestellt werden, dass einer meiner Zwillinge viel zu wenig Fruchtwasser hatte. Das Fruchtwasser konnte durch eine Punktion nachgefüllt werden. Wäre dies nicht festgestellt worden, wären die beiden als vermutlich behinderte Frühchen drei Monate zu früh auf die Welt gekommen!
Angie

Ich habe einen ausführlichen Ultraschall gemacht. Dabei hat der Arzt einen recht großen Kopfumfang festgestellt und auch ein erweitertes Nierenbecken, was bei Jungs aber öfters vorkommen kann. Was der große Kopf bedeutet, will mir allerdings niemand sagen. [...] Ich soll mich nun selbst entscheiden, ob ich eine Fruchtwasseruntersuchung machen lasse und wie ich mit den Infos umgehe. Das ist recht schwierig, denn wenn alles in Ordnung ist, freut man sich. Wenn dann aber etwas aus der Norm fällt, ist es sehr belastend, mit den weiteren Entscheidungen umzugehen.
Stefanie

Ich finde es merkwürdig, jemandem generell zur Pränataldiagnostik zu raten. Wir haben uns bewusst dagegen entschieden, weil für uns klar war, dass wir jedes Kind auch bekommen würden. Down-Syndrom* sollte meiner Meinung nach kein Grund zum Schwangerschaftsabbruch sein. Ich habe eine Nichte und einen Schwager, die beide Down-Syndrom haben, und weiß, dass das eine Behinderung ist, mit der die Person selbst, aber auch die Familie sehr gut leben kann. Ich finde es sehr schwierig, wenn ich in einer solchen Situation über Leben und Tod entscheide.
Steffi

1. Stellt euch vor, ihr könntet euch Aussehen und Eigenschaften für eure Kinder aussuchen. Welche der im Bild links aufgeführten Merkmale würdet ihr auswählen? Wie würde sich durch solch eine Wahlmöglichkeit die Beziehung zwischen Eltern und Kindern verändern?

2. Informiert euch über das Verfahren, die Möglichkeiten und die Gefahren der Pränataldiagnostik und bildet Euch mithilfe der Aussagen auf dieser Seite eine eigene Meinung. Was spricht für die Pränataldiagnostik, welche Probleme bringt sie mit sich?

3. Überlegt, welche Zuspitzung die »alte Kindergeschichte« der Problematik verleiht, indem ihr die Geschichte »modern« nacherzählt: Die Eheleute Maier wünschen sich sehnlichst ein Kind. Dr. Müller will ihnen dazu verhelfen ...

Medizinische Prognosen und ihre Folgen

Die Huntington'sche Krankheit ist eine genetisch bedingte Krankheit, für die bereits ein gendiagnostisch anwendbarer Test existiert. Die Huntington Disease (HD) äußert sich in Ausfällen des Nervensystems, die sich zunächst geistig und dann körperlich in unkoordinierten und unwillkürlichen Bewegungen auswirken. Eine auch nur mildernde Therapie gibt es bisher nicht.

Aus dem Leben von Victor L.

Über vierzig Jahre lebt Victor L. mit der Ungewissheit, ob die unheilbare Krankheit, die seinen Vater und Großvater befiel, auch in seinem Körper wartet oder nicht. Huntington'sche Krankheit nennt man sie heute. [...] Die Krankheit beginnt mit leichten psychischen Störungen, Bewegungsunruhe und unwillkürlichen Spontanbewegungen. Später mehren sich unkontrolliertes Grimassenschneiden und Verrenkungen des Körpers. Die zunehmende Zerstörung der Gehirnzellen führt zu geistig-seelischem Verfall und zehn bis 20 Jahre nach dem Auftreten der ersten Symptome unweigerlich zum Tod.

Der »Veitstanz« wird durch ein mutiertes Allel [Gen] verursacht. Wessen Vater oder Mutter das veränderte Gen trägt, hat es mit fünfzigprozentiger Wahrscheinlichkeit geerbt. Wer es geerbt hat, bei dem wird die Krankheit irgendwann in seinem Leben ausbrechen – hundertprozentig. Wann der tödlich endende Prozess einsetzt, ist nur vage vorhersagbar.

Von den sechs Kindern, die Victor L.s Großvater gezeugt hatte, erkrankten fünf. Drei starben am »Veitstanz«, einer erschoss sich. Victor L.s Vater wurde [von den Nazis] abgeholt. Da war Victor L. sechs Jahre alt. Als er 13 war, warnte ihn ein Arzt: »Du darfst niemals Kinder kriegen!« Seither weiß Victor L., was Determination ist: Eine namenlose Angst bestimmt sein Leben.

Ein Cousin von Victor L. ist inzwischen an der Krankheit gestorben. Victor L. selbst lebt bisher ohne Anzeichen der Krankheit so, als sei ihm das Leben nur geliehen, nicht geschenkt. Er hat keine Frau, keine Kinder. Er fürchtet die Liebe. Ihn quält die unterschwellig nagende Angst, sich irgendwann in eine Zumutung für seine Mitmenschen zu verwandeln.

Vor einem halben Jahr erlebte Victor L. eine Katharsis. Er gab ein paar Tropfen Blut ab, und in ihnen stand geschrieben, ob er zur Gesellschaft der Gelungenen, Glücklichen gehören würde oder zu denen, die auf der Verliererliste stehen. Victor L. ist dem Doktor um den Hals gefallen, als der ihm zwei Wochen nach der Blutentnahme mitteilte, dass er laut Gentest vom HD-Allel verschont geblieben ist. Danach rief er seine Mutter an, um ihr von der Lebensdraufgabe zu erzählen. Jahrzehnte voll Gesundheit und Zuversicht. Ein Geschenk der modernen Genetik*.

Und doch sind die Empfindungen von Victor L. gegenüber den Errungenschaften der Gentechnik zwiespältig. Die Ahnung der Katastrophe hatte ihn trotz der Ungewissheit auch reich gemacht. Er betrachtet es als Privileg, einen Blick dafür bekommen zu haben, »wie kostbar und bedroht das Leben ist«.
S. Rückert

1. Stellt den Lebensweg des Viktor L. zeichnerisch dar (vielleicht als Fluss mit Biegungen). Baut dabei tatsächliche und wahrscheinliche Ereignisse ein. Welche Aussagen lassen sich jetzt zusätzlich machen, welche sozialen, psychischen und weiteren Auswirkungen die gendiagnostische Information für Viktor gehabt hat? Was wäre, wenn der medizinische Bescheid anders ausgefallen wäre?

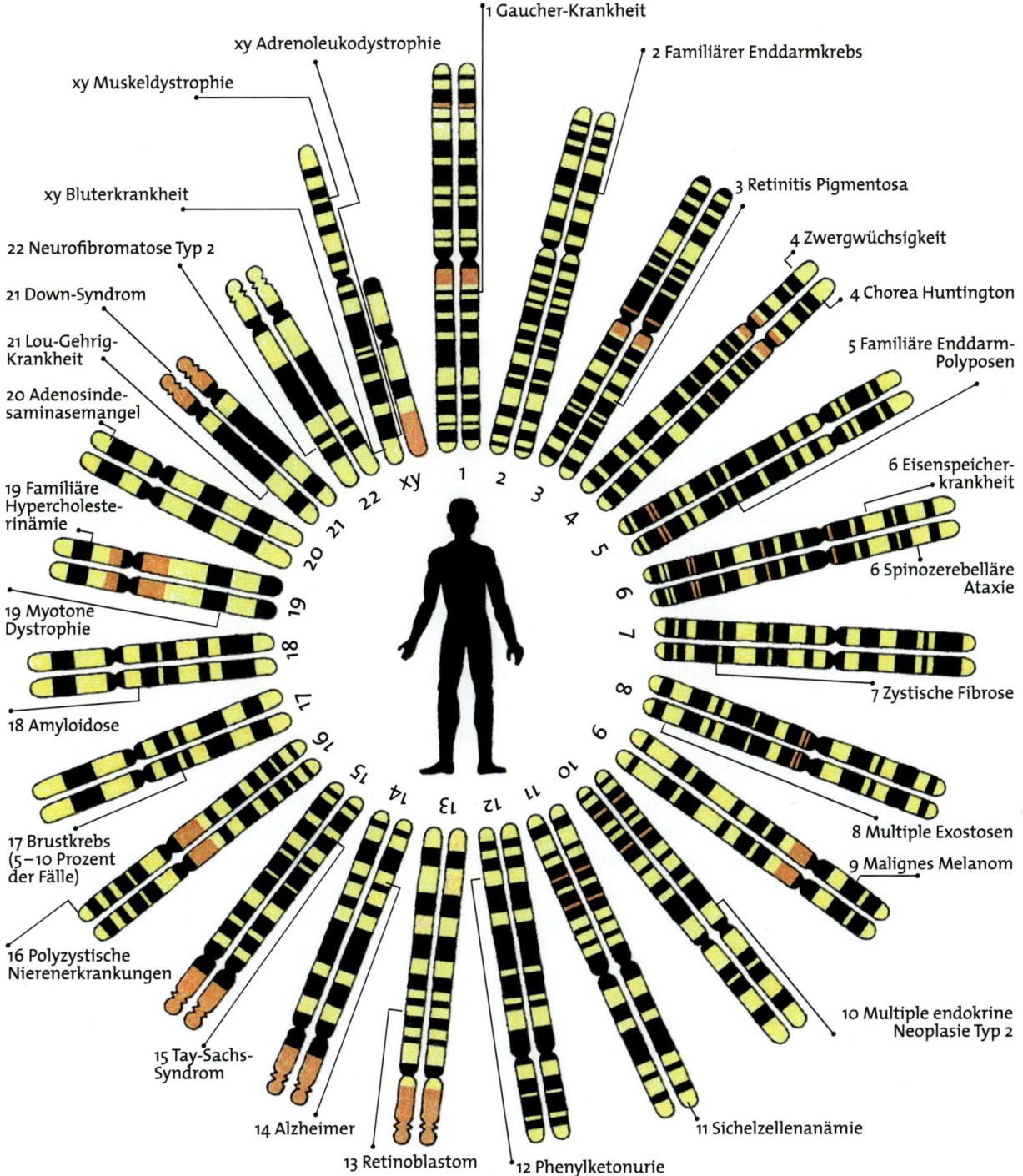

1 Gaucher-Krankheit
xy Adrenoleukodystrophie
2 Familiärer Enddarmkrebs
xy Muskeldystrophie
3 Retinitis Pigmentosa
xy Bluterkrankheit
4 Zwergwüchsigkeit
22 Neurofibromatose Typ 2
4 Chorea Huntington
21 Down-Syndrom
5 Familiäre Enddarm-Polyposen
21 Lou-Gehrig-Krankheit
20 Adenosindes-aminasemangel
6 Eisenspeicher-krankheit
19 Familiäre Hypercholesteri-nämie
6 Spinozerebelläre Ataxie
19 Myotone Dystrophie
7 Zystische Fibrose
18 Amyloidose
7 Zystische Fibrose
17 Brustkrebs (5–10 Prozent der Fälle)
8 Multiple Exostosen
16 Polyzystische Nierenerkrankungen
9 Malignes Melanom
15 Tay-Sachs-Syndrom
10 Multiple endokrine Neoplasie Typ 2
14 Alzheimer
11 Sichelzellenanämie
13 Retinoblastom
12 Phenylketonurie

Die Genkarte zeigt Erbkrankheiten.

2. Informiert euch in arbeitsteiliger Gruppenarbeit darüber, wie groß der Anteil der mithilfe der Genkarte diagnostizierbaren Krankheiten an den genetisch übertragbaren Krankheiten ist. Wie sehen die Heilungschancen aus?

Bildet euch ein Urteil über die Aussagekraft einer solchen Genkarte.

Entscheidung über Leben und Tod

Peter Singer ist Professor für Biomedizinische Ethik an der Universität Clayton, Australien. Er hängt der Denkrichtung des Utilitarismus an. Nach dieser Auffassung wird eine Handlung danach beurteilt, ob und wie sie zur Förderung des Glücks möglichst vieler Menschen beiträgt. Moralische Gründe oder die Gesinnung spielen bei ihrer Beurteilung nur eine untergeordnete Rolle.

»Wer darf leben?«

Der Einfachheit halber werde ich mich auf Kleinkinder konzentrieren, wobei sich alles, was ich über diese sage, auch auf ältere Kinder oder Erwachsene anwenden lässt, die auf der geistigen Reifestufe eines Kleinkinds verharren.

[... Wir] haben gesehen, dass die Zugehörigkeit eines menschlichen Wesens zur Spezies Homo sapiens allein keine Bedeutung dafür hat, ob es verwerflich ist, es zu töten; entscheidend sind vielmehr Eigenschaften wie Rationalität, Autonomie und Selbstbewusstsein. Missgebildete Säuglinge haben diese Eigenschaften nicht. Sie zu töten kann daher nicht gleichgesetzt werden mit der Tötung normaler menschlicher Wesen. Diese Schlussfolgerung beschränkt sich nicht auf Säuglinge, die wegen irreversibler [unumkehrbarer] geistiger Zurückgebliebenheit niemals rationale, selbstbewusste Wesen werden sein können. [...]

Einige Ärzte, die an [schweren Krankheiten] leidende Kinder behandeln, sind der Meinung, das Leben mancher dieser Kinder sei so elend, dass es falsch wäre, eine Operation vorzunehmen, um sie am Leben zu erhalten. Das bedeutet, dass ihr Leben nicht lebenswert ist. [...]

Sofern der Tod eines geschädigten Säuglings zur Geburt eines anderen Kindes mit besseren Aussichten auf ein glückliches Leben führt, dann ist die Gesamtsumme des Glücks größer, wenn der behinderte Säugling getötet wird.

Der Verlust eines glücklichen Lebens für den ersten Säugling wird durch den Gewinn eines glücklicheren Lebens für den zweiten aufgewogen. [...]

Betrachtet man neugeborene Kinder als ersetzbar, wie wir jetzt Föten als ersetzbar betrachten, so hätte das [...] beträchtliche Vorteile. [...] Gegenwärtig können die Eltern nur dann darüber entscheiden, ob ihr behinderter Abkömmling erhalten oder vernichtet werden soll, wenn die Behinderung während der Schwangerschaft entdeckt wird. Es gibt keine logische Grundlage dafür, die Entscheidung der Eltern allein auf derartige Behinderungen zu beschränken. Würde man behinderte Neugeborene bis zu etwa einer Woche oder zu einem Monat nach der Geburt nicht als Wesen betrachten, die ein Recht auf Leben haben, dann könnten wir unsere Entscheidung auf der Grundlage eines weit umfassenderen Wissens über den Zustand des Kindes treffen, als das vor der Geburt möglich ist.

[...] Die Tötung eines behinderten Säuglings ist nicht moralisch gleichbedeutend mit der Tötung einer Person. Sehr oft ist sie überhaupt kein Unrecht.

Peter Singer

Ein Brief an Peter Singer

Neckargemünd, den ...

Sehr geehrter Herr Professor Singer,

wir, eine Klasse behinderter Schüler aus Deutschland, haben im Religionsunterricht Auszüge aus Ihrem Buch »Praktische Ethik« gelesen und mehrere Fernsehaufzeichnungen über Sie gesehen. Danach entstand eine lebhafte Diskussion in unserer Klasse. Zunächst einmal haben wir den Eindruck, dass Sie sich in die Situation eines Behinderten nicht hineinversetzen können. Als Behinderter lebt man grundsätzlich nicht viel anders als ein Nichtbehinderter.

Die Schwierigkeiten tauchen erst auf, wenn man merkt, dass man von der Gesellschaft nicht für voll genommen wird. Wir haben z. B. schon alle mehrfach erlebt, dass Leute uns Geld zustecken und dabei wahrscheinlich denken, sie hätten eine gute Tat vollbracht, obwohl sie uns eher damit kränken, oder dass man ständig wie ein Zootier bestaunt wird, und vor allem, dass man in der Öffentlichkeit meistens Behinderung mit geistigem Defekt gleichsetzt.

Wir haben den Eindruck gewonnen, dass die folgenden Gedankengänge in Ihrem Buch gar nicht berücksichtigt werden. Als Behinderter wird man schon sehr früh zum Nachdenken über sich selbst und wichtige Lebensprobleme gezwungen. Das führt dazu, dass der Behinderte im Durchschnitt sehr viel schneller reift und meist tiefere Einsichten über das Leben gewinnt als der Nichtbehinderte. Können Sie sich einen Roosevelt, Stephen Hawking, Cäsar oder Dostojewski aus unserer Welt wegdenken? Alle waren mehr oder weniger schwer behindert. Wir finden das Leben trotz unserer Behinderung sehr lebenswert und haben uns noch nie den Tod gewünscht.

Wir würden uns sehr freuen, wenn Sie trotz Zeitmangels auf unseren Brief antworten würden.
(Wir verstehen auch Englisch.)
Viele Grüße
In der Hoffnung, bald von Ihnen zu hören,
Klasse 8,2

SCHLÜSSELWISSEN
Menschen mit Behinderungen
Die Weltgesundheitsorganisation spricht von Menschen mit Behinderungen, wenn eine körperliche, individuelle oder gesellschaftliche Beeinträchtigung eines Menschen vorliegt, die eine Aktivitätsbeeinträchtigung zur Folge hat. Wichtig ist, dass dieser Begriff nicht benutzt werden soll, um Rechte oder Leistungen einzuschränken, sondern nur, um Teilhabe am gesellschaftlichen Leben zu ermöglichen.

1. Arbeitet die Aussagen heraus, mit denen Singer die Tötung von behinderten Säuglingen rechtfertigen will. Was macht für ihn einen Menschen zum Menschen?

2. Worin unterscheidet sich die Einstellung im Brief der Schulklasse von Peter Singers Meinung?

3. In den forschenden Wissenschaften ist es üblich, Prognosen über die Zukunft aufzustellen. Stellt auch eine Prognose darüber auf, ob sich Singers Standpunkt in Zukunft durchsetzen wird.

Ein Moment des Glücks

Eine Schülerin erzählt

In diesen Sommerferien fuhr ich für zwei Wochen als Betreuerin bei einer integrativen Freizeit mit. Ich hatte noch nicht viel Erfahrung im Umgang mit Behinderten und war gespannt, wie ich mit dieser Aufgabe fertig werden würde. – Diese Freizeit war für mich ein ganz tolles Erlebnis. Es war zwar kein Urlaub im eigentlichen Sinne, aber ich denke, ich kann sagen, dass es Urlaub von mir selbst war. Zu Hause läuft ein Film, in dem man selbst die Hauptperson ist, und man ist ständig mit der Handlung dieses Films beschäftigt. Mir kam es so vor, als ob der Film für diese zwei Wochen total unterbrochen wurde. Man beschäftigt sich sehr wenig mit sich selbst, und das kann sehr wohltuend sein.

Ich glaube, dass es ein Fehler vieler Leute ist, zu denken, dass diese Arbeit ein großes Opfer sei, denn sie wissen nicht, welch großen Gewinn man dabei machen kann. Natürlich ist so etwas anstrengend. Man muss ständig konzentriert sein, an vieles denken und seine Augen immer überall haben. Doch für mich tritt dies alles in den Hintergrund, wenn ich daran denke, was ich dafür zurückbekommen habe. So etwas kann z. B. eine Umarmung oder ein anderer Vertrauensbeweis sein.

Vielleicht auch nur ein Lachen. Wir hatten einen Jungen namens Sven dabei. Er ist 18 Jahre alt und Autist*. Alle anderen Behinderten kann man einigermaßen einschätzen, man kann sich vorstellen, wie weit sie denken können und was sie alles begreifen. Bei Sven ist das etwas anderes.

Er scheint seine ganz eigene Welt zu haben, und es ist sehr schwer, an ihn heranzukommen oder ihn zum Reden zu bringen.

Obwohl er es kann und ich sicher bin, dass er jedes Wort versteht. Sven ist sehr launisch und manchmal sehr aufgebracht. Einmal war ich mit ihm allein, und er war recht nervös. Ich wusste, dass er Musik mag, und habe ihm lange ein langsames Lied auf Englisch vorgesungen. Er wurde ruhiger und ließ sich zu Bett bringen.

Eine ganze Zeit später kam er plötzlich unvermittelt zu mir und hat mir, sehr gebrochen

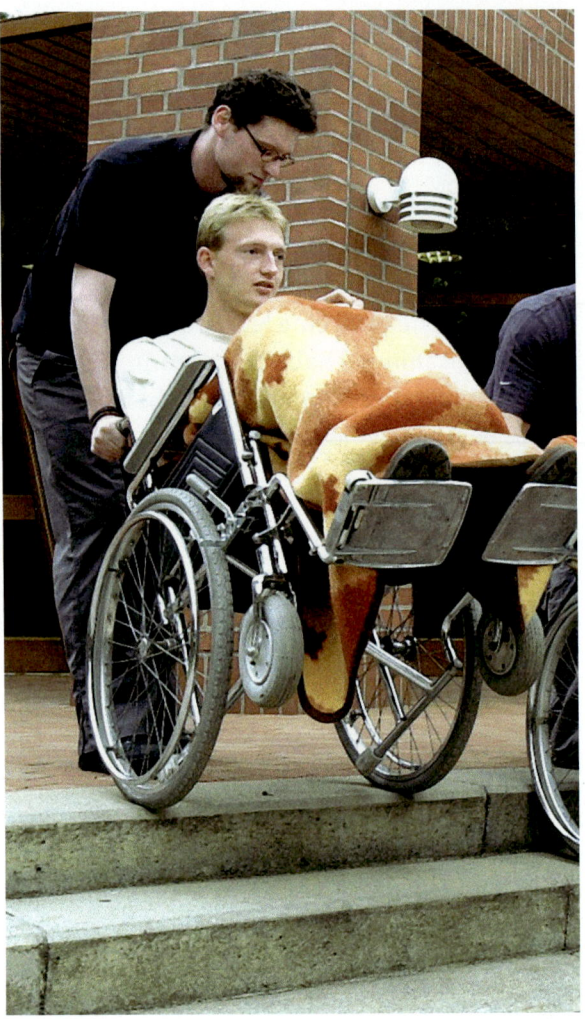

natürlich, dieses Lied vorgesungen. Das war ein Erlebnis, das mich sehr tief berührt hat. Ich war einfach sehr glücklich.
Kerstin Schäfer, 18 Jahre

Vergleicht die Vorstellungen vom Glück, die auf den beiden Seiten deutlich werden. Stellt sie einander gegenüber. Sprecht über eure eigenen Vorstellungen vom Glücklichsein und vergleicht sie mit euren Ergebnissen.

Was macht den Menschen menschlich?

Wer krank oder behindert ist, kann der Gesellschaft doch aber nicht so viel Nutzen bringen, ist oft zu hören. Ist er nicht im Gegenteil sogar eine große Belastung für sie? Und ist dann dieser Mensch nicht zwangsläufig weniger wert als ein gesunder? Der Theologe Dietrich Bonhoeffer hat sich mit diesen Fragen auseinandergesetzt.

Wer urteilt über den Wert eines Menschen?

Es gibt vor Gott kein lebensunwertes Leben; denn das Leben selbst ist von Gott wertgehalten. Dass Gott der Schöpfer, Erhalter und Erlöser des Lebens ist, macht auch das armseligste Leben vor Gott lebenswert. Der arme Lazarus, der aussätzig vor der Tür des Reichen lag und dem die Hunde die Wunden leckten, jener Mann ohne jeden sozialen Nutzwert, jenes Opfer derer, die das Leben nur nach seinem Nutzwert beurteilen, wird von Gott des ewigen Lebens wertgeachtet. Wo sollte auch, außer in Gott, der Maßstab für den letzten Wert eines Lebens liegen? In der subjektiven Lebensbejahung? Darin mag manches Genie von einem Idioten übertroffen werden. In dem Urteil der Gemeinschaft? Hier würde sich alsbald zeigen, dass das Urteil über sozial wertvolles oder wertloses Leben dem Bedarf des Augenblicks und damit der Willkür ausgesetzt wäre und dass bald diese, bald jene Gruppe von Menschen von dem Vernichtungsurteil getroffen würde. Die Unterscheidung zwischen lebenswertem und lebensunwertem Leben zerstört früher oder später das Leben selbst.
Dietrich Bonhoeffer

> **SCHLÜSSELWISSEN Inklusion**
> Inklusion (lat. Einbeziehung, Dazugehörigkeit) ist ein Begriff, durch den deutlich gemacht werden soll, dass alle Menschen unabhängig von ihren Unterschieden das gleiche Recht auf gesellschaftliche Teilhabe haben. Es werden also die Gemeinsamkeiten bei aller Unterschiedlichkeit betont. Bezogen auf Schule bedeutet Inklusion z. B., dass durch den Abbau von Normalitätsgrenzen gemeinsamer Unterricht von Menschen mit und ohne Behinderung ermöglicht werden soll.

„Voll krank,
auf 'ne andere Schule zu müssen"

www.aktion-mensch.de/vollimleben

1. Informiert euch im Internet über die Kampagne »Voll im Leben« der »Aktion Mensch« und diskutiert darüber, ob und wie in eurer Schule Inklusion möglich wäre.

2. Erarbeitet in Gruppen ein Streitgespräch zwischen Bonhoeffer und Singer S. 88, das ihr der Klasse vortragt.

Mensch sein heißt verschieden sein

Es gibt keine Norm für das Menschsein

Fredi Saal schreibt eine Biografie mit dem Titel »Warum sollte ich jemand anders sein wollen?«. An ihrem Schluss sagt er: »Ich jedenfalls fühle mich als Spastiker als eine Schöpfung Gottes.« Wer diese Worte liest, wird sie nicht vergessen. Sie sind eine Herausforderung für jeden Menschen, ob mit oder ohne Behinderung.

Es ist normal, verschieden zu sein. Manche Menschen sind blind oder taub, andere haben Lernschwierigkeiten, eine geistige oder körperliche Behinderung – aber es gibt auch Menschen ohne Humor, ewige Pessimisten, unsoziale oder sogar gewalttätige Männer und Frauen.

Dass Behinderung nur als Verschiedenheit aufgefasst wird, das ist das Ziel, um das es uns gehen muss. In der Wirklichkeit freilich ist Behinderung nach wie vor die Art von Verschiedenheit, die benachteiligt wird. Es ist eine schwere, aber notwendige, eine gemeinsame Aufgabe für uns alle, diese Benachteiligung zu überwinden.

[...] Wäre soziales Verhalten der beispielgebende Maßstab, dann müssten wir den Menschen mit Down-Syndrom* nacheifern. Gemessen an der Sensibilität, mit der Taubblinde durch die Haut wahrnehmen können, sind Sehende und Hörende behindert. Vielleicht würde ein Rollstuhlfahrer einen Professor, der nicht lachen und weinen kann, als in seinem Menschsein behindert einschätzen. Wir sollten Menschen mit einem definierten Handicap fragen, was sie unter »behindert« verstehen.

Jedenfalls darf man nicht allgemein von »Behinderten« sprechen, das würde den ganzen Menschen betreffen. In Wahrheit sind doch nur Teilbereiche, einzelne Fähigkeiten eingeschränkt. Jeder kann durch einen Verkehrsunfall, durch Herzinfarkt, überhöhten Zucker-, Alkohol- und Zigarettenkonsum, durch Stress, im Alter oder bei der Geburt eines Kindes im Laufe seines Lebens eine Behinderung erleiden.

Gegen Behinderung kann sich niemand versichern. Etwa jeder Zehnte in Deutschland ist schwer- oder schwerstbehindert. Sie sind keine Randgruppe.

Etwa vier Prozent der Menschen mit schwerer oder schwerster Behinderung werden so geboren. 96 Prozent dagegen begegnen der Behinderung erst im Laufe ihres Lebens. Manche stellen heute das Lebensrecht von Kindern in Frage, die mit schwerem Handicap geboren werden. Manche machen Kosten-Nutzen-Rechnungen auf und diffamieren gar Eltern wegen ihrer Entscheidung, ein blindes, taubes oder geistig behindertes Kind zur Welt zu bringen. Das ist ein Verstoß gegen die Achtung vor der Würde des Menschen.

Auch durch diese von den Betroffenen als existenzielle Bedrohung empfundene Diskussion über das Lebensrecht ist die gewiss zwiespältige wissenschaftliche Früherkennung in negatives Licht geraten. Wenn die Gentechnik irgendwann vererbbaren Krankheiten entgegenzutreten vermag, Menschen die Sehkraft erhalten, ist das ein Fortschritt, den wir den Betroffenen nicht vorenthalten dürfen. Aber die Pränataldiagnostik* wird unser Leben nicht einfacher machen, sondern schwieriger. Denn sie wird uns nur Fakten mitteilen, nicht mehr. Wer sie hören will, begibt sich in eine Entscheidungssituation, die moralisch und ethisch höchste Anforderungen stellt. Besitzen wir immer schon die notwendige Reife, uns denen entgegenzustellen, die diese Wissenschaft dazu missbrauchen, Normvorstellungen zu entwickeln, wonach bestimmte körperliche oder geistige Beeinträchtigungen schlechthin als menschlich unzumutbar bezeichnet werden? Frida Kahlo und Stephen Hawking – sie führen ein bewundernswert erfülltes Leben mit schweren und schwersten Behinderungen.
Richard von Weizsäcker

Frida Kahlo, 1944

Frida Kahlo lebte von 1907 bis 1954. Die mexikanische Künstlerin erlitt mit 18 Jahren einen schweren Autounfall, unter dessen Folgen sie ihr ganzes Leben lang zu leiden hatte.

1. Untersucht den Artikel des früheren Bundespräsidenten Richard von Weizsäcker daraufhin, welche Gründe er gegen die mangelnde Wertschätzung von Behinderten in unserer Gesellschaft aufführt. Welche Bedeutung misst er dem Begriff »Menschenwürde« bei?

2. Diskutiert über Weizsäckers Aussage zur »Pränataldiagnostik*« S. 85. Erinnert euch dabei an die Texte von Peter Singer S. 88 und Bonhoeffer S. 92.

3. Das Bild von Frida Kahlo heißt »Die gebrochene Säule«. Vergleicht dieses Selbstporträt mit Richard von Weizsäckers Einschätzung des Lebens der Künstlerin.

Von der Würde des Menschen

Jesus hat sich gerade derjenigen angenommen, die schwach, krank und mitunter von der Gesellschaft ausgestoßen waren, und ihnen das Reich Gottes verheißen (Matthäus 5,3ff. u. a.). Er hat nicht zuletzt aufgrund dieser Botschaft und seines Handelns den gewaltsamen Tod am Kreuz erfahren und darin für uns alle und mit allen leidenden Menschen gelitten.

Gerade als Leidender, verachtet und ausgestoßen, ist Jesus das wahre Ebenbild Gottes. Mit dem Schicksal seines Sohnes zeigt Gott seine Solidarität mit denjenigen, die in der Gesellschaft als wehrlos und schwach gelten. Ihnen kommt in besonderem Maße Liebe und Barmherzigkeit zu.

Zu den Wesensmerkmalen des Menschen

Fragt man danach, was das Wesen des Menschen ausmacht, so findet man häufig die Merkmale Freiheit, Vernunft und die Möglichkeit zur Selbstbestimmung. Viele betrachten den Menschen als etwas Herausgehobenes aus der Natur und begründen dies u. a. mit folgenden Phänomenen: biologische Unspezialisiertheit, Weltoffenheit, Rationalität, Sprache, Bewusstsein, Gewissen. Diese Kennzeichnung des Menschen ist naheliegend, wirft aber bald eine neue Frage auf: Wozu wird ein Mensch, wenn die genannten Eigenschaften durch einen Unfall oder eine schwere Krankheit eingeschränkt werden oder gar ganz verloren gehen? Verliert er damit sein Menschsein, seine Menschenwürde? Tatsächlich ist im Zusammenleben der Menschen zu beobachten, dass Kranke und Behinderte oft Geringschätzung erfahren und ihre Ansprüche und Rechte gemindert werden.

Für den jüdischen wie für den christlichen Glauben ist dagegen von zentraler Bedeutung, dass unter allen Lebewesen nur der Mensch Bild Gottes genannt wird. Diese Gottebenbildlichkeit ist eine Gabe Gottes, die auf seiner besonderen Zuwendung zu den Menschen beruht. Mensch zu sein bedeutet, sich ohne eigenes Zutun in Gemeinschaft mit Gott zu befinden und am göttlichen Leben teilzuhaben.

Deshalb bleiben Menschen, auch wenn sie von einer schweren Krankheit oder einer Behinderung betroffen sind, Bild Gottes. Die in dieser Gottebenbildlichkeit begründete Menschenwürde können nicht Menschen anderen verleihen

oder ihnen absprechen, sondern sie kommt jedem Menschen zu und ist unverlierbar. An vielen Stellen im Neuen Testament wird daher auch die Wertschätzung von Menschen deutlich, die in ihrer Selbstbestimmung eingeschränkt und deren Recht und Ansehen in der Gemeinschaft bedroht sind.
Ulrich Eibach

Die Freiheit, sich eine eigene Meinung bilden zu können, diese grundsätzlich auch vertreten zu dürfen, die Privatsphäre und die informationelle Selbstbestimmung sind eng mit der Menschenwürde jedes einzelnen Menschen verknüpft. Im Zeitalter von Internet und sozialen Netzwerken ergeben sich diesbezüglich neue Möglichkeiten, aber auch neue Gefahren.

1. Schlagt nach, welche Aussagen über das menschliche Leben in den folgenden Bibelstellen zu finden sind: Mt 5,3f.; Lk 14,21; 1 Kor 1,25–27; Kol 1,15; 3,10; Hebr 1,3.
2. Beschreibt, worin nach christlichem Glauben die Würde des Menschen begründet ist.
3. Tauscht euch über eure Erfahrungen mit sozialen Netzwerken, wie z. B. Facebook, aus und diskutiert Chancen und Risiken dieser neuen Möglichkeiten.

Am Ende des Lebens?

In dem spanischen Film »Das Meer in mir« wird die authentische Geschichte des Seemanns Ramón Sampedro geschildert, der seit seinem 25. Lebensjahr durch einen Unfall vom Hals abwärts gelähmt ist. Er sehnt sich danach, in Würde zu sterben, findet aber niemanden, der ihn dabei unterstützt, weil in Spanien (wie auch in Deutschland) die aktive Sterbehilfe verboten ist. Die Fabrikarbeiterin Rosa freundet sich mit ihm an und lernt ihn mit der Zeit besser zu verstehen. Sie entschließt sich, ihn bei seinem Wunsch zu unterstützen.

Wer das Leben wie das Sterben aus Gottes Hand annimmt, sollte sich nicht zum Richter über das Leben machen. Niemand darf die Lizenz zum Töten verlangen und erhalten.
Altbischof Wolfgang Huber, ehemaliger Ratsvorsitzender der Evangelischen Kirche* in Deutschland

Dieses Gefühl, ständig anderen zu Last zu fallen, finde ich unerträglich. Es wäre besser, ich wäre gar nicht mehr da.
Gisela Schulte, 80, nach einem Schlaganfall halbseitig gelähmt

Worum es den meisten Menschen wirklich geht, das ist, in ihrer letzten Lebensphase nicht allein und hilflos zu sein, sondern jemand zu haben, der die Schmerzen lindert und sie begleitet.
Herta Däubler-Gmelin, Schirmherrin der Deutschen Hospizbewegung

Politisch bin ich misstrauisch dem Ruf nach legalisierter Sterbehilfe gegenüber. Persönlich möchte ich aber das Recht auf selbstbestimmtes Sterben.
Ursula Eggli, Schriftstellerin und Behindertenaktivistin

Eine Podiumsdiskussion veranstalten

In einer Podiumsdiskussion könnt ihr umstrittene Themen untereinander erörtern. Einige von euch sind dabei die jeweiligen »Experten«, die anderen das Publikum.

- Zuerst müsst Ihr euch während der Vorbereitungsphase in Kleingruppen gut in die unterschiedlichen Positionen einarbeiten und jemanden bestimmen, der als Experte diese Positionen auf dem Podium vertreten wird.
- Die Durchführungsphase besteht dann aus zwei Teilen. Im ersten Teil wird die Diskussion der Experten untereinander geführt, während das Publikum zuhört. Sehr wichtig hierbei ist die anspruchsvolle Rolle des Moderators oder der Moderatorin, der/die das Gespräch in Gang bringt und unparteiisch leitet. Im zweiten Teil kann das Publikum sich mit Fragen an der Diskussion beteiligen.
- In der Auswertungsphase tretet ihr alle dann aus euren Rollen heraus und wertet die vorausgegangene Diskussion aus.

1. Seht euch den Film »Das Meer in mir« an und arbeitet die unterschiedlichen Positionen zum Wunsch des Protagonisten heraus. Wenn ihr den Film nicht sehen könnt, verschafft euch mithilfe von Inhaltsangaben und Rezensionen die notwendigen Informationen.

2. Erkundigt Euch über aktuelle Positionen zum Thema »Sterbehilfe in Deutschland«. Beachtet dabei die Unterscheidung von aktiver und passiver Sterbehilfe und bezieht besonders Materialien der Hospizbewegung mit ein.

3. Führt eine Podiumsdiskussion zum Thema »Sterbehilfe«.

Mögliche Expertenpositionen könnten die eines Mediziners, eines Juristen, eines Psychologen, eines Vertreters der Kirche, eines Mitglieds einer Sterbehilfeorganisation und eines Mitarbeiters einer Hospizeinrichtung sein. Berücksichtigt dabei die Eindrücke und Positionen aus dem Film, die Materialien dieser Seite und die Ergebnisse eurer Recherchen.

Menschsein aus christlicher Sicht bedenken

In diesem Kapitel habt ihr euch intensiv mit verschiedenen Fragen zum Thema »Menschsein« beschäftigt. Vom Anfang bis zum Ende des menschlichen Lebens entstehen aus dem Spannungsfeld zwischen der menschlichen Endlichkeit und den Gestaltungsmöglichkeiten des Menschen Fragen, in denen es darum geht, wie wir unser Leben führen wollen. Ihr habt erfahren, dass bei der Frage nach dem perfekten Wunschkind und bei medizinischen Prognosen nicht alles, was möglich ist, auch wünschenswert ist. Ihr habt über den Wert menschlichen Lebens nachgedacht, auch wenn dieses mit Einschränkungen verbunden ist, und eigene Vorstellungen für ein erfülltes Leben entwickelt. Außerdem habt ihr erfahren, was dem menschlichen Leben Würde geben kann und wie diese auch bedroht ist. Letztlich habt Ihr euch auch mit dem Wunsch, das eigene Leben zu beenden, auseinandergesetzt und dazu eine erste eigene Meinung entwickelt.

1. Beantwortet die Frage des Plakats, indem ihr die christliche Auffassung vom Menschsein beschreibt und mit ausgewählten Beispielen aus diesem Kapitel erläutert.

2. Informiert euch über das Projekt »1000 Fragen« unter http://www.1000fragen.de und verfolgt einen der vielen dort aufgeführten Diskussionsstränge.

Den Wert von freiwilligen sozialen Diensten erwägen

Mit der beschlossenen Aussetzung der Wehrpflicht in Deutschland wird auch der Zivildienst als einer der wichtigsten sozialen Dienste für junge Menschen in seiner bisherigen Form abgeschafft, wovon auch eine Vielzahl unterschiedlicher sozialer Einrichtungen betroffen sein wird.

3. Erkundigt euch nach den Möglichkeiten, nach dem Ende der Schulzeit einen freiwilligen sozialen Dienst zu absolvieren.

4. Diskutiert den Wert eines solchen Dienstes für euch selbst und für unsere Gesellschaft.

5. Verfasst ein fiktives Bewerbungsschreiben für einen von euch ausgesuchten freiwilligen sozialen Dienst und begründet eure Bewerbung unter Berücksichtigung der in diesem Kapitel angesprochenen Fragen.

6

Ich bin das Brot des Lebens.
Johannes 6,35a

Ich bin das Licht der Welt.
Johannes 8,12a

Ich bin die Auferstehung und das Leben.
Wer an mich glaubt, der wird leben,
auch wenn er stirbt.
Johannes 11,25

In der Welt habt ihr Angst; aber seid getrost,
ich habe die Welt überwunden.
Johannes 16,33b

Stärker als der Tod

1. Beschreibt das Bild. Erläutert anschließend,
   inwiefern die Überschrift zu ihm passt.
2. Stellt Bezüge zwischen den Worten Jesu und
   dem Bild her.

Leben im Angesicht des Todes

Die »Löffel-Liste« – noch mal leben, ehe man stirbt

Leon Hallo zusammen. Was würdet ihr tun, wenn euch jemand sagt, dass ihr aufgrund einer schweren Krankheit nur noch ein halbes Jahr zu leben habt? Hättet ihr irgendwelche letzte Wünsche?

Sophia Wie kommst du denn auf diese Frage? Willst du mir Angst machen?

Leon Nun ja, ich habe da neulich so einen Film gesehen: Da sehen sich zwei Männer um die 60 genau vor diese Frage gestellt. Der eine ein armer Schlucker, der andere Milliardär. Beide liegen im Krankenhaus und erhalten dieselbe Diagnose: Krebs, unheilbar, im Endstadium. Lebenserwartung maximal noch ein halbes Jahr.

Emilia Ach ja, den Film kenn ich, das ist doch der mit Morgan Freeman und Jack Nicholson. Echt gut. Die beiden stellen da zusammen so eine »Löffel-Liste« auf.

Deniz Was für eine Liste?

Emilia Nun ja, eine Löffel-Liste. So nennen sie einen Zettel, auf dem sie Dinge notieren, die sie noch unbedingt erleben wollen, ehe sie – wie sie zu sagen pflegen – den Löffel abgeben.

Sophia Na, die zwei haben vielleicht Humor. Wenn ich dem Tod ins Auge blicken würde, dann würde ich nicht so reden. Da verginge mir das Lachen.

Leon Na ja, irgendwann muss halt jeder von uns mal ins Gras beißen.

Deniz Wie redest du denn hier vom Sterben? Ich würde eher sagen, man muss mal seine letzte Reise antreten.

Leon So, wohin geht die Reise denn?

Sophia Das weiß ja wohl keiner so genau. Ich denke, man wird von Gott abberufen an einen schönen Ort, voller Licht, wo es kein Leid, keine Tränen und keinen Tod mehr geben wird. Niemand muss mehr Angst haben. Steht so auch irgendwo in der Bibel.

Leon Im Film begeben sich die beiden Typen jedenfalls erst mal auf eine abenteuerliche Reise um die Welt. Nach ihrer Rückkehr ist keiner mehr der alte. Und während der eine tatsächlich bald abkratzt, lebt der andere wie durch ein Wunder noch fast zwanzig Jahre, ehe der Tod ihn holt.

Find the joy.

JACK NICHOLSON   MORGAN FREEMAN

THE
BUCKET LIST

www.thebucketlistmovie.co.uk

COMING SOON

WARNER BROS. PICTURES

Edward Cole (Jack Nicholson) und Carter Chambers (Morgan Freeman) haben laut Diagnose der Ärzte nur noch ein halbes Jahr zu leben. Sie stellen eine »Löffel-Liste« auf (engl. bucket list), die die Dinge aufzählt, die sie noch erleben wollen.

1. Notiert die Umschreibungen für das Wort Sterben, die im Gespräch verwendet werden. Sammelt möglichst viele weitere Umschreibungen und versucht sie nach Gruppen zu ordnen.

2. Stellt euch zu drei unterschiedlichen Umschreibungen je eine Situation vor, in der sie verwendet werden: Erklärt, warum hier gerade so vom Sterben gesprochen wird.

3. Ein Arzt sagt euch, ihr hättet nur noch ein halbes Jahr zu leben. Was würdet ihr noch gerne tun? Stellt eure eigene »Löffel-Liste« auf.

4. Vergleicht eure Wünsche, z. B. mit denen der Hauptpersonen im Film »Das Beste kommt zum Schluss«; engl. Titel »The Bucket List«.

5. Notiert Aussagen, die im Film über Sterben und Tod gemacht werden, und formuliert dazu eigene Fragen und Gedanken.

Die letzte Ruhestätte

Wo und wie soll man sich bestatten lassen?

Leon Jetzt komme ich noch mal auf den Film »Das Beste kommt zum Schluss« zurück. Ich fand es krass, dass beide Männer den letzten Wunsch hatten, dass ihre Asche in einer alten Kaffeedose auf einem Himalaja-Gipfel im ewigen Schnee beigesetzt wird. Könntet ihr euch so etwas für euch selbst vorstellen?

Sophia Ich weiß nicht so recht. Ist das rechtlich überhaupt erlaubt? Ich glaube, ich würde mich erst gar nicht verbrennen lassen. So eine klassische Beerdigung auf einem Friedhof im Sarg wäre mir am liebsten.

Emilia Mein Opa meinte, er käme sich da eingesperrt vor. Deshalb hat er sich eine Seebestattung gewünscht. Da löst sich die Urne mit der Asche einfach im Meer auf.

Leon So etwas Ähnliches machen ja auch die Hindus in Indien (s. Bild). Besonders Gläubige streuen die Asche ihrer Verstorbenen in den Ganges, den heiligen Fluss.

Sophia Doch dann hat man ja keinen Ort der Erinnerung! Wo sollen denn die Angehörigen trauern? Eine neue Möglichkeit, die Asche eines Verstorbenen aufzubewahren, ist wohl, dass man sie zu einem Diamanten pressen lässt. Hab neulich gelesen, dass eine Frau so die Reste ihres verstorbenen Mannes als Diamantring immer bei sich trägt.

Deniz Das muss ja ganz schön teuer sein! Für einen Muslim kommt das überhaupt nicht infrage. Er darf sich nicht verbrennen lassen, sondern muss ohne Sarg mit dem Gesicht Richtung Mekka begraben werden. In Deutschland ist das oft schwierig, daher werden unsere Toten meist in die ursprüngliche Heimat ausgeflogen.

Emilia Als meine Oma vor zehn Jahren gestorben ist, wurde sie verbrannt und ihre Urne in die Schweiz gebracht. Sie wollte ihre letzte Ruhestätte in der Natur unter einem Baum finden. Mittlerweile gibt es auch bei uns einige solcher Orte, an denen das möglich ist. Sie heißen Friedwälder – ein schöner Name, finde ich.

Leon Ich will überhaupt nicht unter die Erde. Ich lasse mich mal plastinieren! Habt ihr schon von der Ausstellung »Körperwelten« gehört? Für die werden Leichen so präpariert, dass nichts verwest oder stinkt. Man kann alle Muskeln und Sehnen sehen. Die Toten sehen ganz ästhetisch aus!

Deniz Also ich finde so etwas einfach nur geschmacklos. Wo bleibt denn da die Ruhe der Toten?

Emilia Muss nicht letztlich jeder selbst wissen, wie er sich bestatten lassen will?

Sophia Denk auch an die Angehörigen, die trauern! Auch sie brauchen einen Ort der Erinnerung!

METHODE **Plakate erstellen und bewerten**

Auf Plakaten lässt sich ein Thema anschaulich und kompakt präsentieren, sodass man Informationen zielgerichtet und schnell entnehmen kann.

• Recherchiert arbeitsteilig Texte und Bilder zu verschiedenen Aspekten eines Themas. Überlegt euch, was daran relevant ist und wie ihr sie gliedern und aufbereiten könnt.
• Gestaltet zu verschiedenen Aspekten je eine DIN-A4-Seite am PC (oder von Hand) und fügt sie unter einer großen Überschrift zusammen, sodass sich ein DIN-A3- oder A2-Format ergibt.
• Jede Seite hat: eine Überschrift (Schriftgröße mindestens 36 pt) und Unterüberschriften (20 pt), kurze, auch stichpunktartige Texte (14 pt, 1 ½-zeilig), sowie mindestens ein Bild bzw. eine Illustration.
• Nach dem Durchgang durch die Plakatausstellung bewertet ihr die Plakate, indem jeder bei dem, das ihm am besten gefällt, stehen bleibt (ausgenommen das eigene): Erklärt eure Bewertung.

1. Mischt euch in das Gespräch ein: Welche Bestattung würdet ihr selbst wählen? Begründet.
2. Informiert euch im Internet über die im Gespräch genannten Bestattungsarten. Stellt sie jeweils auf einem Plakat dar: Beschreibt Ablauf, Kosten und die rechtliche Situation in Deutschland.
3. Überlegt, welche Beweggründe Menschen für die Wahl einer bestimmten Bestattungsart

haben und welche Rolle der Glaube bzw. die Religion dabei spielt.
4. Recherchiert und vergleicht, welche religiösen Gründe und Vorschriften es im Christentum, Judentum, Islam und Hinduismus für die Art der Bestattung gibt.
Über den Hinduismus könnt ihr euch auch in Kapitel 7 ⇢ S. 130–131. dieses Religionsbuchs informieren.

Echte und virtuelle Friedhöfe

Wie soll man der Toten gedenken?

Emilia Wer von euch war eigentlich schon mal auf einer richtigen Beerdigung?

Leon Du meinst auf einer christlichen mit Pfarrer und so?

Sophia Also ich war erst vor ein paar Wochen bei der Beerdigung meiner Oma. Da bin ich ganz traurig hingegangen. Doch die Trauerfeier und der Abschiedssegen am Grab haben mich echt wieder aufgebaut. Ich weiß jetzt, dass es meiner Oma da, wo sie ist, gut geht, und ich glaube fest daran, dass ich sie einmal wiedersehen werde.

Deniz Wie läuft denn so eine christliche Beerdigung eigentlich ab?

Sophia Wenn's dich interessiert, frag ich die Pfarrerin mal nach dem Ablauf und den Texten.

Leon Für mich ist ein Friedhof kein guter Ort, um an Verstorbene zu denken. Freunde von mir haben für einen aus ihrer Clique, der bei einem Autounfall ums Leben gekommen ist, eine Gedenkstätte auf einem Internet-Friedhof eingerichtet. Mit Texten, Fotos und sogar Videos!

Emilia Internet-Friedhof?

Leon Na ja, manche sagen auch Online-Friedhof dazu. Es ist eben kein realer, sondern ein virtueller Friedhof, der nur im Netz existiert, dafür aber von überall jederzeit zugänglich ist. Praktisch, oder?

Emilia Ich glaube, das wird der Friedhof der Zukunft sein.

Deniz Ich habe da meine Zweifel. So etwas Privates wie die Erinnerung an einen geliebten Menschen gehört doch nicht ins Netz! Und viele Betreiber solcher Seiten wollen nur Geld damit machen.

Emilia Ein richtiges Grab auf dem Friedhof ist aber noch teurer. Und die Angehörigen haben so viel Arbeit damit.

Sophia Ich finde, Friedhöfe sind eine echte Oase – durch nichts zu ersetzen. Hier findet man die Ruhe, die man braucht, um an Verstorbene zu denken. Und viele Friedhöfe sind hunderte Jahre alt und damit ein wichtiger Teil unserer Kultur. Manche Grabsteine erzählen auch interessante Geschichten. Ich schau mir gerne alte Friedhöfe an. Kommt ihr mal mit?

Deniz Okay, einverstanden. Und anschließend zeige ich euch Bilder von der muslimischen Beerdigung meines Onkels in der Türkei.

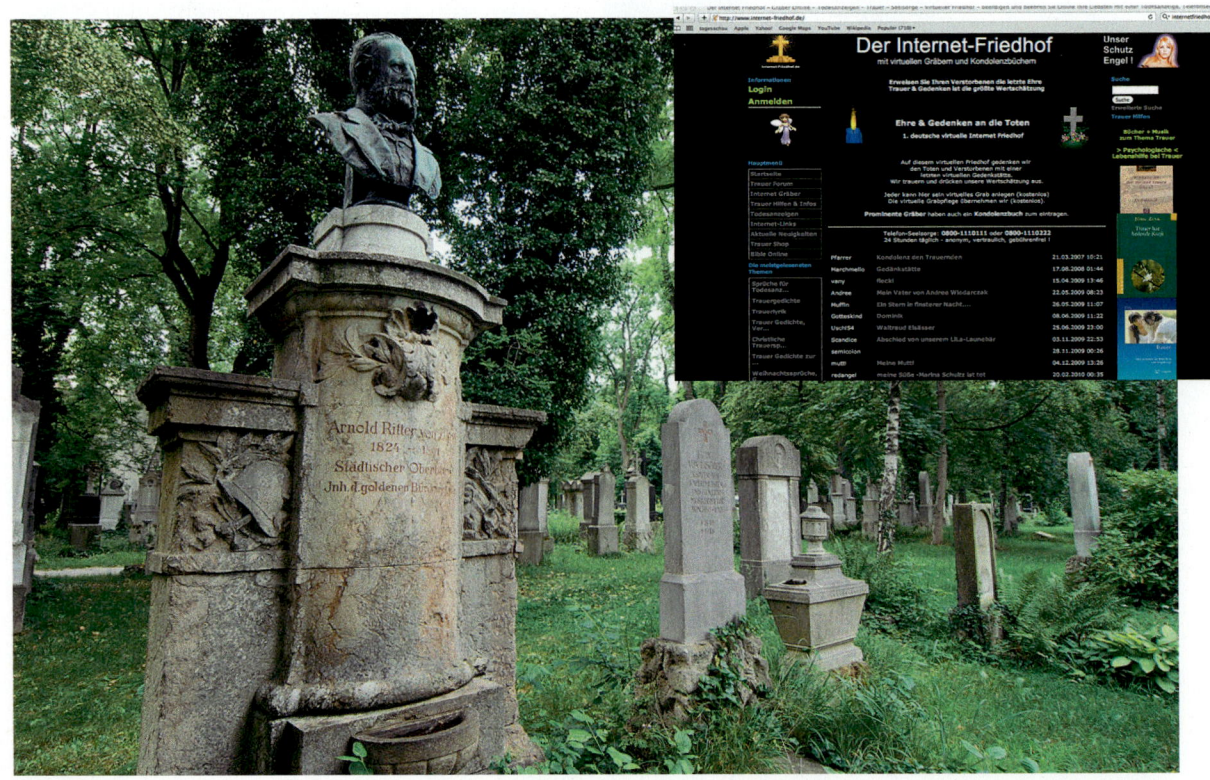

Am Grab – eine christliche Liturgie*

Musik – Bestattung:	Hinablassen des Sarges
Bestattungswort:	Wir nehmen Abschied von N.N., der/die durch den Tod von uns genommen wurde.
	Wir legen den/die Verstorbene/n ins Grab.
Zeichenhandlung	(dreimaliger Erdwurf in das Grab):
	Erde zu Erde, Asche zu Asche, Staub zum Staube, in der Hoffnung der Auferstehung zum ewigen Leben durch unseren Herrn Jesus Christus.
	Von Erde bist du genommen. Zu Erde sollst du wieder werden.
	Jesus Christus wird dich auferwecken am Jüngsten Tage.
	Er sei dir gnädig im Gericht und helfe dir aus zu seinem ewigen Reich.
Abschiedssegen mit Kreuzeszeichen:	Der Herr behüte deinen Ausgang und Eingang von nun an bis in Ewigkeit. Amen.
Auferstehungswort:	Weil Jesus Christus vom Tod erstanden ist, gilt für alle, die zu ihm gehören, das Hoffnungswort des Apostel Paulus: Es wird gesät verweslich und wird auferstehen unverweslich. Es wird gesät in Niedrigkeit und wird auferstehen in Herrlichkeit. Es wird gesät in Armseligkeit und wird auferstehen in Kraft (vgl. 1 Korinther 15,35–49).

Gemeinsames Vaterunser – Segen

METHODE **Einen Friedhof erkunden**

Durch die Erkundung eines Friedhofs lassen sich interessante Entdeckungen an einem Ort mit langer Geschichte machen, der zugleich Ort der Trauer, der Erinnerung und der Hoffnung ist.

• Orientiert euch zunächst über Aufbau bzw. Architektur des Friedhofs: Welche Orte und Räume gibt es und welche Funktionen haben sie? Wo sind die ältesten, wo die jüngsten Gräber?

• Sucht sehr alte und relativ neue Gräber auf und vergleicht: Worin unterscheiden sie sich?

• Findet den vom Alter jüngsten und den ältesten Verstorbenen: notiert Namen und Lebensdaten.

• Seht euch Grabstätten, die euch ins Auge fallen, genauer an. Nehmt den Grabstein, Sprüche, Symbole oder künstlerische Darstellungen sowie Pflanzen und Blumen aufmerksam wahr. Was sagen sie über die Verstorbenen und ihre Hoffnung aus? Zeichnet ein Grab genau ab.

---

1. Erkundet einen realen Friedhof in der Nähe eurer Schule. Sprecht anschließend über eure Eindrücke und Erfahrungen.

2. Besucht einen Internet-Friedhof: z. B. www.geh-den-weg.de www.emorial.de mymemorial24.de oder www.memoriamportal.de/Gedenkseiten/gedenkseiten.html. Stellt anschließend Vor- und Nachteile realer und virtueller Friedhöfe einander gegenüber.

3. Inwiefern spricht euch die traditionelle christliche Liturgie bei einer Trauerfeier an? Diskutiert alternative Formulierungen. Sucht hierfür nach Beerdigungssprüchen bzw. -texten im Internet.

4. Lest den in der Liturgie in Klammern genannten Text über die Auferstehung in der Bibel und führt über ihn ein Schreibgespräch.

Sucht den Lebenden nicht bei den Toten

Was bedeutet Jesu Auferstehung?

Emilia Jesu Auferstehung ist also der Grund, warum Christen an ein Leben nach dem Tod glauben!? Irgendwie kann ich mir das alles nur schwer vorstellen. Es ist doch fast 2000 Jahre her.

Sophia Ich glaube, unser Denken allein reicht nicht aus, um zu erfassen, was damals geschehen ist. Was Auferstehung wirklich bedeutet, habe ich letztes Jahr bei der Osternachtfeier in unserer Gemeinde erlebt. Kurz vor Mitternacht hat der Pfarrer die Osterkerze entzündet und gesagt: »Christus ist auferstanden«. Und alle haben geantwortet: »Er ist wahrhaftig auferstanden«. Nach und nach haben alle ihre Kerze an dem großen Licht entzündet. Und so wurde es hell in der Kirche. Da spürte ich: Das Licht hat über die Finsternis gesiegt, die Trauer muss der Hoffnung weichen.

Leon Aber die Frage bleibt doch: Woher können wir wissen, was damals mit Jesus wirklich geschah?

Sophia Nun, es gibt ja die Evangelien. Ihre Verfasser haben aufgeschrieben, was Jesu Jüngerinnen und Jünger am Ostermorgen erlebt haben. In der Osternacht hat mich die Geschichte von Maria Magdalena aus dem Johannesevangelium besonders beeindruckt. Als eine der besten Freundinnen Jesu war sie am Morgen nach dem Sabbat als erste an seinem Grab.

Der Ostermorgen

Es war noch früh am Morgen, als Maria Magdalena sich auf den Weg machte, das Grab Jesu zu besuchen. Finsternis umgab sie. Sie war am Ende ihrer Träume und Hoffnungen. Was hatte sie alles von diesem Jesus erwartet! Hatte er nicht Kranke geheilt, Traurige getröstet, sogar Tote auferweckt? Und wie überzeugend hatte er von Gott gepredigt! Mit den anderen Jüngerinnen und Jüngern hatte sie gehofft, dass er der Welt das Heil bringen werde. Aber nun war er am Kreuz hingerichtet worden wie ein Verbrecher. Sie hatte es gesehen. Sie hatte unter dem Kreuz gestanden.

In der Nähe des Grabes schreckte sie aus ihrer Trauer und Verzweiflung auf. Etwas war geschehen – der Stein war beiseite geschafft, der Rollstein, mit dem das Grab verschlossen war. Ratlos und verwirrt lief sie zu den Jüngern. »Sie haben den Herrn weggenommen aus dem Grab!« Etwas anderes konnte sie nicht denken.
nach Johannes 20,1–2

Jerusalemer Gartengrab aus der Zeit Jesu

Wälzt ruhig einen Stein auf sein Grab,
den schwersten, den ihr findet,
den mit dem gewichtigsten Nachruf,
verschließt, versiegelt, verrammelt sein Grab.
Stellt Wachen davor, [...]
baut Tempel drauf, Denkgebäude,
stapelt Bibliotheken darüber
oder feiert, lobsingt –
doch sucht den Lebenden
nicht bei den Toten!
Oder geht aufs Ganze:
Grabt auf, untersucht, sichert Spuren,
schickt Bodenproben ein,
interviewt die Maulwürfe,
befragt die Quellen,
hört das Gras ab,
legt Filme ein,
Tonbänder,
lasst Experten ran,
Theologen, Altertumskundler,
Meinungsforscher, Museumsdiener,
auch, wer weiß, Schmetterlingssammler –
doch sucht den Lebenden
nicht bei den Toten!
Lothar Zenetti

1. Informiert euch, wie eine Osternacht gefeiert wird: Welche Liturgie* gibt es, welche Texte? Ihr könnt auch gemeinsam eine Osternachtfeier besuchen.
2. Lest den ersten Teil der Erzählung des Johannes: Zeigt, in welcher Verfassung Maria Magdalena ist und welche Gründe es dafür gibt.
3. Tragt das Gedicht von Lothar Zenetti laut vor: Welche Einsicht und Überzeugung will es vermitteln?
4. Lest nun die Fortsetzung der Ostererzählung des Johannes und geht den Weg Marias in euren Gedanken mit. Wie erfährt sie die Auferweckung Jesu? Was bedeutet sein Auftrag für sie?

Die Osterbotschaft

Später kehrte Maria Magdalena noch einmal zum Grab zurück. Da sah sie zwei Engel in weißen Kleidern, zwei Boten Gottes, an der Stelle sitzen, wo Jesus gelegen hatte. Die Engel sprachen sie an: »Frau, was weinst du?« Sollte sie nicht weinen? An Gräbern weint man, wenn man einen lieben Menschen verloren hat! Zuletzt war da der Fremde neben ihr. Sie meinte, es sei der Gärtner. »Frau, was weinst du?«, fragte auch er und: »Wen suchst du?« Maria suchte den Leichnam Jesu, dass sie bei ihm klagen und weinen konnte. So sehr suchte sie einen Toten, dass sie den lebendigen Christus vor ihr nicht erkennen konnte.

Jesus sprach die Trauernde mit ihrem Namen an: »Maria.« Der vertraute Tonfall berührte sie. In diesem Augenblick konnte sie Jesus wirklich sehen. Und sie begriff: Gott hatte ihn auferweckt.

Halb weinend noch und halb schon lächelnd redete sie ihn so an, wie sie ihn in der aramäischen Heimatsprache immer genannt hatte: »Rabbuni!« Das heißt: »Du, mein Lehrer!« »Halte mich nicht fest!«, mahnte Jesus. »Die Geschichte Gottes geht weiter! Lauf zu den Jüngern, meinen Brüdern, und sage ihnen, ich werde dort sein, wo Gott ist, bei meinem Vater und bei eurem Vater, bei meinem Gott und bei eurem Gott.«

So wurde Maria von Magdala die Erste, die die Botschaft von der Auferweckung Jesu weitersagte.

nach Johannes 20,11–17

Jesu Auferstehung be-greifen

Leon Also wenn ich damals dabei gewesen wäre, hätte ich zu Jesus gesagt: Zwick mich, dass ich nicht träume. Diese Erscheinungen des Auferstandenen könnten ja auch Einbildung sein …

Emilia Aber können nicht auch Träume oder Visionen* wahr sein? Vielleicht hat Gott sie ja den Menschen geschickt?

Sophia Wisst ihr, dass es da im Johannesevangelium eine Geschichte gibt, in der es genau um solche Zweifel an der Auferstehung geht: Sie erzählt von dem Jünger Thomas, genannt »der Zweifler«.

Thomas, der Zweifler

Nach Maria von Magdala war Jesus auch den anderen Jüngern erschienen. Dabei hatte Thomas gefehlt. Nachher glaubte er seinen Freunden nichts von dem, was sie erlebt haben wollten. »Wenn ich nicht an seinen Händen die Nägelmale sehe und meine Finger an die Stelle der Nägel und meine Hand an seine Seite lege, kann ich's nicht glauben.«

Nach einer Woche waren die Jünger wieder zusammen, und Thomas war dabei. Jesus trat ein, grüßte sie mit vertrauter Stimme: »Friede sei mit euch!«, und ging dann auf Thomas zu, als wäre er nur seinetwegen gekommen: »Reiche deine Finger und deine Hand her und fühle meine Wunden. Denn ich will, dass du glauben kannst.« Thomas stockte der Atem. Er war überwältigt. »Mein Herr und mein Gott!«, mehr konnte er nicht herausbringen.« Doch Jesus sagte zu ihm: »Du glaubst, weil du mich gesehen hast. Glücklich sind die, die nicht sehen und doch glauben.«

nach Johannes 20, 24–28

Leon Das mag ja eine tolle Geschichte sein. Doch nicht für mich. Wenn Jesus mir hier und heute persönlich erscheinen würde, dann …

Emilia Brauchst du für alles Beweise? Ist es nicht gut zu wissen, dass in den Anfangszeiten des Glaubens Menschen solche Erfahrungen mit Jesus gemacht haben? Musst du eine heiße Herdplatte anfassen, um zu wissen, dass sie heiß ist, oder reicht dir die Warnung von jemandem, der sich an ihr die Finger verbrannt hat?

Sophia Ich finde es erstaunlich, was die Christen, für die Johannes sein Evangelium geschrieben hat, wegen ihres Glaubens an den auferstandenen Jesus auf sich genommen haben. Die müssen schon eine starke Gewissheit gehabt haben! Im Römischen Reich weigerten sich viele Christen, den Kaiser als ihren »Herrn und Gott« anzuerkennen, weil das in ihren Augen Gotteslästerung war. Ihr Herr und Gott war ja der auferstandene Jesus. Für ihn ließen sie sich sogar ins Gefängnis werfen.

Leon Nun ja, vielleicht ist ja an der Sache doch etwas dran. Immerhin hat sich dieser Glaube schon fast 2000 Jahre gehalten. Aber ich hätte auch gerne eine solche Chance wie Thomas bekommen …

SCHLÜSSELWISSEN

Christliche Auferstehungshoffnung

Den Glauben an eine Auferstehung der Toten teilt das Christentum mit dem Judentum und dem Islam. Während sie in jenen Religionen lediglich als Vorbedingung für das Erscheinen vor dem Gericht Gottes gedacht ist, beinhaltet sie für Christen bereits die Gewissheit, das ewige Leben zu haben. Denn sie sind gewiss, dass Gott Jesus als ersten Menschen von den Toten auferweckt hat und dass alle, die an ihn glauben, auf dasselbe hoffen dürfen. Jesu Auferstehung hat niemand direkt beobachtet. Aber es gibt Menschen, denen er danach erschienen ist, wie im Neuen Testament mehrfach bezeugt wird (z. B. 1 Korinther 15,3–8). Die Gewissheit, dass sie wie Jesus nach ihrem Tod auf ein neues Leben bei Gott hoffen dürfen, hat ihnen auch für ihr Leben auf der Erde Kraft und neuen Mut gegeben, sich zum Beispiel gegen Unrecht zu wehren. Dies gilt bis heute für Christen in aller Welt.

Emil Nolde, 1911/12

1. Was charakterisiert Thomas als Zweifler? Wie kommt er zu seiner Erkenntnis?
2. Beschreibt, wie Emil Nolde die Begegnung von Thomas und Jesus gestaltet hat.
3. Versetzt euch in das Bild von Nolde hinein, indem ihr Gedanken notiert, die den abgebildeten Personen in diesem Moment durch den Kopf gehen könnten.
4. »Glücklich sind die, die nicht sehen und doch glauben.« – »Es ist gut zu wissen, dass in den Anfangszeiten des Glaubens Menschen solche Erfahrungen mit Jesus gemacht haben.« – Inwiefern stimmt ihr diesen Thesen zu?
5. Stellt euch in Partnerinterviews die Frage: Was hättest du getan, wenn du die Chance des Thomas bekommen hättest? Was hätte sie für deinen Glauben bedeutet? Diskutiert eure Antworten.

Was bedeuten Leiden und Tod Jesu?

Für uns am Kreuz gestorben!?

Leon Wenn nun die Auferstehung für die Christen das Entscheidende an Jesus ist, dann wundert mich aber, dass er in den Kirchen so oft am Kreuz zu sehen ist.

Emilia Ja, dieser leidende, von Blut überströmte, völlig abgemagerte Körper. Ich mag da oft gar nicht hinsehen. Das ist doch so grausam.

Deniz Ich glaube ja, dass Jesus gar nicht gelitten hat. So steht es jedenfalls im Koran.

Sophia Wie, der Koran erzählt von Jesus?

Deniz Ja sogar sehr viel. Für den Islam ist er ein ganz wichtiger Prophet. Aber Gott würde nie zulassen, dass man einen seiner Propheten tötet. Allah ist ein starker und mächtiger Gott. Deshalb glauben wir Muslime, dass ein anderer an Jesu Stelle hingerichtet wurde. Denn Gott hat Jesus vor dem Tod gerettet und zu sich geholt.

Sophia Das Ergebnis wäre dann zwar dasselbe: Jesus ist nun bei Gott. Doch Jesus hätte den Tod noch vor sich. Für mich zeigen aber gerade sein Leiden und sein Tod etwas ganz Wichtiges, nämlich seine Menschlichkeit. Außerdem heißt es doch, dass er für uns gelitten hat und für die Sünden aller Menschen gestorben ist.

Leon Also wegen meiner Sünden hätte er bestimmt nicht leiden und sterben müssen. Warum kann Gott denn die Sünden nicht einfach so vergeben?

Sophia Das kann ich dir spontan auch nicht so einfach erklären. Jedenfalls gibt es in der Bibel viele Aussagen über die Bedeutung seines Todes ... Die Jünger Jesu konnten nämlich in Jesu Tod zuerst auch keinen Sinn sehen. Doch dann haben sie im Alten Testament Aussagen gefunden, die ihnen halfen, seinen Tod besser zu verstehen. Und sie erinnerten sich an Jesu Worte, die er vor seinem Tod gesagt hatte.

Beim Propheten Jesaja findet sich das folgende Lied vom Gottesknecht, einem unbekannten Mann, der von allen verachtet und schließlich getötet wurde, weil er eine für die Herrschenden unbequeme Botschaft Gottes gebracht hatte:
Er hat unsere Krankheit getragen und unsere Schmerzen auf sich geladen. Wir meinten, er sei von Gott geschlagen, von ihm getroffen und gebeugt. Doch er wurde durchbohrt wegen unserer Verbrechen, wegen unserer Sünden zermalmt. Zu unserem Heil lag die Strafe auf ihm, durch seine Wunden sind wir geheilt. Wir hatten uns alle verirrt wie Schafe, jeder ging für sich seinen Weg. Doch der Herr lud auf ihn die Schuld von uns allen.
Jesaja 53,4–6 (Einheitsübersetzung)

Vor seinem Abschied gab Jesus seinen Jüngern verschiedene Worte mit auf den Weg:
Das ist mein Gebot: Liebt einander, so wie ich euch geliebt habe. Es gibt keine größere Liebe, als wenn einer sein Leben für seine Freunde hingibt. Ihr seid meine Freunde, wenn ihr tut, was ich euch auftrage.
Johannes 15,12–14 (Einheitsübersetzung)

Als sich zwei von den Jüngern stritten, wer in Gottes Reich einen Ehrenplatz erhalten werde, sagte Jesus:
Ihr wisst, dass die Herrscher ihre Völker unterdrücken und die Mächtigen ihre Macht über die Menschen missbrauchen. Bei euch soll es nicht so sein, sondern wer bei euch groß sein will, der soll euer Diener sein, und wer bei euch der Erste sein will, soll euer Sklave sein. Denn auch der Menschensohn ist nicht gekommen, um sich dienen zu lassen, sondern um zu dienen und sein Leben hinzugeben als Lösegeld für viele.
Matthäus 20,25–28 (Einheitsübersetzung)

Von Jesu letztem Mahl mit seinen Jüngern überliefert Lukas Folgendes:
Und er nahm Brot, sprach das Dankgebet, brach das Wort und reichte es ihnen mit den Worten: Das ist mein Leib, der für euch hingegeben wird. Tut dies zu meinem Gedächtnis! Ebenso nahm er nach dem Mahl den Kelch und sagte: Dieser Kelch ist der neue Bund in meinem Blut, das für euch vergossen wird.
Lukas 22, 19–20 (Einheitsübersetzung)

1. Tippt arbeitsteilig je einen Text ab. Formatiert anschließend die Wörter je nach ihrer Wichtigkeit unterschiedlich (nutzt verschiedene Schriftgrößen, -arten, Fett- und Kursivdruck). Sprecht über eure Ergebnisse: Was sagen die Texte über die Bedeutung von Jesu Leiden und Tod?

2. Die vier Texte enthalten Metaphern*, um die rettende Bedeutung von Jesu Leiden und Tod zu verdeutlichen. Markiert sie und klärt mithilfe eines Bibellexikons ihre Bedeutung.

3. Beschreibt das Bild von Weight. Achtet dabei auf die Perspektive, die ihr selbst als Betrachtende habt.

4. Notiert zu einigen Personen auf dem Bild von Weight mögliche Gedanken, die sie bewegen könnten. Gebt euch anschließend selbst einen Platz im Bild und haltet eure eigenen Gedanken fest.

Carel Weight, 1981

Das Kreuz – ein vielschichtiges Symbol

Mehr als nur ein Glücksbringer

Deniz Bei dir, Leon wundert mich, dass du an deiner Halskette ein Kreuz trägst, obwohl du Jesus und dem Glauben doch eher kritisch gegenüber stehst.

Leon Das Kreuz hat für mich nichts direkt mit Jesus zu tun. Es ist einfach ein Glücksbringer.

Emilia Für mich steht das Kreuz eher für Leiden und Tod. Man sagt ja auch, dass jemand, der leidet, sein Kreuz auf sich nimmt ...

Sophia ... wie Jesus das ja auch getan hat. Dazu habe ich neulich eine echt krasse Geschichte von einem Priester in Südamerika gelesen. Für den war das Kreuz zugleich auch Symbol der Hoffnung.

SCHLÜSSELWISSEN **Symbolik des Kreuzes**
Das Kreuz ist ein sehr altes Symbol, das es in allen Religionen und Kulturen gibt. Im Christentum erhält es seine besondere Bedeutung dadurch, dass Jesus an einem Kreuz von den Römern hingerichtet wurde. Ein Kreuz mit dem Gekreuzigten (Korpus) nennt man Kruzifix.
Das Kreuz ist jedoch nicht nur Symbol des Leidens und des Todes, sondern lässt sich auch als Sieges- und Hoffnungszeichen deuten, da der gekreuzigte Jesus durch seine Auferstehung den Tod besiegt hat.
Der senkrechte Balken symbolisiert die Verbindung zwischen Gott und den Menschen, zwischen Himmel und Erde, der waagrechte Balken die Verbindung der Menschen untereinander. So steht das Kreuz auch für die Versöhnung zwischen Gott und den Menschen, die Jesu Tod bewirkt hat.

Das Kreuz Jesu auf sich nehmen: Oscar Arnulfo Romero

Oscar Romero, 1917 bei San Miguel, El Salvador, geboren, wuchs in einfachen Verhältnissen auf. Nach seiner Lehre als Schreiner besuchte er die Schule, studierte Theologie in San Salvador und Rom, wurde Pfarrer, Bischof und 1977 Erzbischof von San Salvador. Bei seiner Ernennung war er noch ganz ein Freund der Regierung und Militärs und der feinen Gesellschaft. Als man aber seinen Freund Rutilio Grande, einen Jesuitenpater, der sich für die Rechte der Armen einsetzte, ermordete, wurde ihm klar: Er musste denselben Weg gehen, den unbequemen Weg, den auch Jesus gegangen war. Von da an war er ein Mann der Armen und Unterdrückten. Er machte die elenden Verhältnisse, in denen sie lebten, und deren politische Ursachen öffentlich und forderte die Rechte, die ihnen vorenthalten wurden, für sie ein.

Seine Eingaben an die Regierung, ihre Militärgewalt zu beenden, vor allem aber seine im ganzen Erzbistum ausgestrahlten Sonntagspredigten, deren offene Worte das Volk begeisterten, wurden für ihn gefährlich.

Am Abend des 24. März 1980 feierte Erzbischof Romero in der Kapelle des Krankenhauses der »Göttlichen Vorsehung« das Jahresgedächtnis* für Frau Sara de Pinto, als während seiner Predigt ein tödlicher Schuss auf ihn abgegeben wurde. Seine letzten Worte waren die folgenden:

»Wir haben gerade die Worte Christi gehört. Es ist zwecklos, sich selbst zu lieben, sich vor den Gefahren des Lebens zu hüten. Die Geschichte stellt die Menschen in diese Gefahren, und nur wer ihnen ausweichen will, verliert sein Leben. Wer hingegen aus Liebe zu Christus sich in den Dienst der anderen stellt, wird leben ... Wir wissen, dass niemand für immer stirbt und dass diejenigen, die ihre Aufgabe mit tiefem Glauben, mit Hoffnung und Liebe erfüllt haben, die Krone erhalten werden. In diesem Sinne beten wir für Doña Sarita und für uns selbst ...«
Oscar A. Romero

Adolfo Pérez Esquivel, 1992

Ein anderer Südamerikaner, der Argentinier Adolfo Pérez Esquivel (geb. 1931), hat sich als Künstler seit 1968 für Frieden und Menschenrechte in Lateinamerika eingesetzt. »Die Kunst ist eine Sprache« hat er einmal gesagt. 1977 kam er für über ein Jahr ins Gefängnis – ohne Anklage und Prozess. 1980 erhielt er den Friedensnobelpreis. In seinem »Lateinamerikanischen Kreuzweg 1492–1992« versetzte er in 15 Bildern den Weg Jesu ans Kreuz in gegenwärtige Leidenssituationen auf seinem Kontinent.

1. Bringt verschiedene Bilder von Kreuzen mit (z. B. aus dem Internet oder eurem Wohnort). Was bedeuten sie für euch?
2. Zeigt, welche Bedeutung das Kreuz Jesu für Erzbischof Romero hat.
3. Beschreibt das Bild von Adolfo Pérez Esquivel, achtet besonders darauf, wie Bildhintergrund und -vordergrund zusammenhängen.
4. Erklärt, inwiefern das Kreuz in dem Bild ein vielschichtiges Symbol ist. Zeigt, was in diesem Zusammenhang die Weltkugel und die Personen unter dem Kreuz bedeuten könnten.

Blick ins Jenseits!? – Nahtoderfahrungen

Was kommt nach dem Tod?

Emilia Ist nach dem Tod alles aus oder kommt da noch was? Was glaubt denn ihr?

Deniz Also wir Muslime glauben, dass es nach dem Tod ein Paradies und eine Hölle gibt. Und das Gericht am Jüngsten Tag entscheidet darüber, wo man hinkommt. Was glauben denn die Christen?

Leon Ich denke, ganz Ähnliches. Da gibt es wohl gar keine so großen Unterschiede, oder?

Sophia Ich glaube, dass letztlich alle Menschen in den Himmel kommen, weil Jesus ja für die Sünden aller gestorben ist. Ich jedenfalls habe keine Angst vor der Hölle.

Leon Im Mittelalter hat die Kirche den Leuten aber viel Angst gemacht. Ich habe da Bilder vor Augen, auf denen die Schrecken der Hölle genau ausgemalt werden, während das Tor zum Himmel wie ein Schloss aussieht ...

Sophia Aber das sind doch nur Bilder ...

Deniz Für mich ist die Hölle real. Himmel und Paradies sind für mich verschiedene Orte.

Emilia Die Buddhisten sagen auch was anderes: Für sie löst sich am Ende alles auf, im Nirvana*.

Sophia Also mir würde der Gedanke Angst machen, dass am Ende gar nichts bleibt.

Leon Ich finde, das sind alles Spekulationen. Was tatsächlich nach dem Tod kommt, wüsste man erst sicher, wenn mal jemand aus dem Jenseits zurückkommen würde.

Emilia Solche Menschen gibt es wohl. Ich habe neulich Berichte von so genannten Nahtoderfahrungen gelesen. Da sagen Menschen, die z. B. reanimiert wurden, sie hätten schon einen Blick ins Jenseits geworfen, ehe sie ins Leben zurückgeholt wurden.

Sophia Dann waren sie ja nicht richtig tot! Doch was erzählen sie so? Neugierig bin ich ja schon ...

Nahtoderfahrungen – zwei Betroffene erzählen

Als Nahtoderfahrungen bezeichnet man Erlebnisse, von denen Menschen in allen Kulturen und Religionen berichten, die dem Tod sehr nahe und oft bereits klinisch tot waren, dann aber doch ins Leben zurückgeholt wurden. Ihre Berichte werden seit etwa vierzig Jahren erforscht, um dieses Phänomen besser zu verstehen. Dabei zeigen sich sowohl Gemeinsamkeiten als auch Unterschiede.

Bei einer Herzkatheteruntersuchung fühlte ich mich plötzlich außerhalb meines Körpers halbhoch im Raum schweben und beobachtete die Bemühungen der Ärzte. Zunächst war aber Verwirrung in mir. »Bist du nun tot, oder was ist passiert?« Diese Verwirrung wich jedoch bald einer großen Gelassenheit. Das Gefühl, den eigenen Körper abgelegt zu haben, war ungeheuer befreiend. Ich fühlte mich ruhig, befreit, zufrieden und zutiefst glücklich und wünschte mir diesen Zustand bis in alle Ewigkeit. Plötzlich hatte ich den Eindruck, wieder »auf dem Boden« in meinem Körper zu sein. Dies bereitete mir einiges Unbehagen. Wenig später trat der Zustand des Friedens erneut ein. Ich erinnere mich, den Körper erneut wie einen Mantel abgelegt zu haben und über allem geschwebt zu sein. Dabei war ich nicht körperlos, sondern ein anderer, leichterer, »geistiger« Körper hatte von mir Besitz ergriffen. Ich war überzeugt, weiterzuleben, wie auch immer. Als ich wieder erwacht war, maß ich dem Erlebnis zunächst keine große Bedeutung bei. Später informierte mich der Arzt aber, dass es Komplikationen gegeben habe, nämlich zweimaliges Herzkammerflimmern. *Alois Serwaty*

Hieronymus Bosch, um 1500

Es war etwa drei Monate nach meinem ersten Nahtoderlebnis: Ich stand mit sehr hohem Blutdruck auf, und mir war schlecht. Eine Freundin sollte mich abholen, doch plötzlich brach ich im Haus zusammen. Ich schwebte zuerst unter der Decke, dann über dem Haus – und dann war ich bei meiner Freundin zu Hause, die sich gerade ankleidete. Danach fand ich mich bei meinem Sohn im Klassenzimmer wieder, und wir unterhielten uns, ohne zu sprechen. Er hat gesagt: »Guck, Mutti, ich bin da« – das war damals ein häufiger Spruch von ihm. Als nächstes spürte ich einen Sog, der mich durch einen Tunnel zog, und ich begegnete dem Licht, das mich wie eine Schutzhülle umgab. Ein Gefühl erfüllte mich, das man mit irdischen Worten gar nicht beschreiben kann. Da waren auch wunderschöne Töne und Stimmen, und im Licht sah ich einige Gestalten, die mir gut waren. – Irgendwann aber traf meine Freundin bei mir ein und schüttelte mich. Ich wachte auf, und der herbeigerufene Notarzt wollte mich in eine Klinik einweisen.
Nada Eberhart

Denn wir wissen: wenn unser irdisches Haus, diese Hütte abgebrochen wird, so haben wir einen Bau, von Gott erbaut, ein Haus, nicht mit Händen gemacht, das ewig ist im Himmel. Denn darum seufzen wir auch und sehnen uns danach, dass wir mit unserer Behausung, die vom Himmel ist, überkleidet werden, weil wir dann bekleidet und nicht nackt befunden werden.
2 Korinther 5,1–3

Wir sehen jetzt durch einen Spiegel ein dunkles Bild; dann aber von Angesicht zu Angesicht.
1 Korinther 13,12a

1. Was – glaubst du – kommt nach dem Tod? Tauscht euch über eure Vorstellungen aus.
2. Zeigt Gemeinsamkeiten und Unterschiede der beiden Nahtoderfahrungen. Vergleicht mit dem Bild von Hieronymus Bosch und mit euren eigenen Vorstellungen von dem, was nach dem Tod kommt.
3. Diskutiert: Was bedeuten solche Erfahrungen für die Frage eines Lebens nach dem Tod?
4. Zeigt, was die beiden Texte von Paulus über die christliche Jenseitshoffnung aussagen.
5. Recherchiert über die Jenseitsvorstellungen verschiedener Religionen und gestaltet Plakate. Vergleicht sie untereinander und mit den Berichten von Nahtoderfahrungen.

Mit dem Auferstandenen unterwegs:
den Weg der Emmausjünger mitgehen

DAS WEISST DU

In diesem Kapitel habt ihr euch intensiv mit vielen schwierigen Fragen beschäftigt, vor die man gestellt ist, wenn man sich mit dem Tod und der Endlichkeit menschlichen Lebens auseinandersetzt. Ihr habt verschiedene Jenseitserwartungen und -vorstellungen kennengelernt und erfahren, wie die Jüngerinnen und Jünger Jesu nach dessen Tod am Kreuz durch die Begegnung mit dem Auferstandenen neue Hoffnung geschöpft haben, Hoffnung für das Leben nach und vor dem Tod. Davon erzählt auch die folgende Geschichte aus dem Lukasevangelium.

Den Weg der Emmausjünger mitgehen

13 Und siehe, zwei von ihnen gingen an demselben Tage in ein Dorf, das war von Jerusalem etwa zwei Wegstunden entfernt; dessen Name ist Emmaus. 14 Und sie redeten miteinander von allen diesen Geschichten. 15 Und es geschah, als sie so redeten und sich miteinander besprachen, da nahte sich Jesus selbst und ging mit ihnen. 16 Aber ihre Augen wurden gehalten, dass sie ihn nicht erkannten.

17 Er sprach aber zu ihnen: Was sind das für Dinge, die ihr miteinander verhandelt unterwegs? Da blieben sie traurig stehen. 18 Und der eine, mit Namen Kleopas, antwortete und sprach zu ihm: Bist du der Einzige unter den Fremden in Jerusalem, der nicht weiß, was in diesen Tagen dort geschehen ist? 19 Und er sprach zu ihnen: Was denn? Sie aber sprachen zu ihm: Das mit Jesus von Nazareth, der ein Prophet war, mächtig in Taten und Worten vor Gott und allem Volk; 20 wie ihn unsre Hohenpriester und Oberen zur Todesstrafe überantwortet und gekreuzigt haben. 21 Wir aber hofften, er sei es, der Israel erlösen werde. Und über das alles ist heute der dritte Tag, dass dies geschehen ist. 22 Auch haben uns erschreckt einige Frauen aus unserer Mitte, die sind früh bei dem Grab gewesen, 23 haben seinen Leib nicht gefunden, kommen und sagen, sie haben eine Erscheinung von Engeln gesehen, die sagen, er lebe. 24 Und einige von uns gingen hin zum Grab und fanden's so, wie die Frauen sagten; aber ihn sahen sie nicht.

25 Und er sprach zu ihnen: O ihr Toren, zu trägen Herzens, all dem zu glauben, was die Propheten geredet haben! 26 Musste nicht Christus dies erleiden und in seine Herrlichkeit eingehen? 27 Und er fing an bei Mose und allen Propheten und legte ihnen aus, was in der ganzen Schrift von ihm gesagt war. 28 Und sie kamen nahe an das Dorf, wo sie hingingen. Und er stellte sich, als wollte er weitergehen. 29 Und sie nötigten ihn und sprachen: Bleibe bei uns; denn es will Abend werden und der Tag hat sich geneigt. Und er ging hinein, bei ihnen zu bleiben.

30 Und es geschah, als er mit ihnen zu Tisch saß, nahm er das Brot, dankte, brach's und gab's ihnen. 31 Da wurden ihre Augen geöffnet und sie erkannten ihn. Und er verschwand vor ihnen. 32 Und sie sprachen untereinander: Brannte nicht unser Herz in uns, als er mit uns redete auf dem Wege und uns die Schrift öffnete? 33 Und sie standen auf zu derselben Stunde, kehrten zurück nach Jerusalem und fanden die Elf versammelt und die bei ihnen waren; 34 die sprachen: Der Herr ist wahrhaftig auferstanden und Simon erschienen. 35 Und sie erzählten ihnen, was auf dem Wege geschehen war und wie er von ihnen erkannt wurde, als er das Brot brach. *Lukas 24,13–35*

1. Lest die Geschichte mit verteilten Rollen. Achtet darauf, dass die Gefühle und Stimmungen der Personen deutlich werden.
2. Zeigt, wie diese in dem Bild ⇢ S. 121 zum Ausdruck gebracht werden; erläutert, was Bild und Erzählung über die Erfahrung der Jünger mit dem Auferstandenen aussagen.
3. Vergleicht diese Erfahrung mit denen von Thomas ⇢ S. 112 und Maria Magdalena ⇢ S. 110.

Jenseitsvorstellungen artikulieren

Janet Brooks-Gerloff, 1988

4. Gestaltet ein Bild, das eure eigene Sicht von Auferstehung oder eure Erwartung im Blick auf ein Jenseits zum Ausdruck bringt.

5. Schreibt zu diesem Bild einen kurzen Text: Das kann eine Erläuterung, ein Gedicht oder auch ein dazu passendes Wort aus der Bibel sein.

7

Religion –
Tiefendimension
des Lebens

1. Das Bild zeigt die Kuppel der Kathedrale von Rio de Janeiro (Brasilien). Stellt euch vor, ihr seid in der Kirche und schaut in diese Kuppel hinein. Formuliert in Stichworten Eindrücke und Empfindungen, die dieser Anblick auslösen könnte.
2. Deutet die Gestaltung der Kuppel: Welche einzelnen Elemente sind zu entdecken, welche Bedeutung haben sie, was drücken sie über Religion aus?

Religion gehört zum Menschsein

In allen Ländern, zu allen Zeiten

Gottesdienst zu Christi Himmelfahrt

SCHLÜSSELWISSEN **Religionen in der Geschichte**

Religion gehört zur Geschichte der Menschheit von Anfang an. Spuren religiöser Vorstellungen und Riten finden wir in Grabbeigaben und Höhlenzeichnungen bereits vor mehreren hunderttausend Jahren. Nach diesen »Urreligionen«, von denen sich heute noch Elemente in den Stammes- oder Naturreligionen finden, haben sich im Laufe der Zeit viele unterschiedliche Religionen entwickelt, die ein umfassendes Ganzes von Lehren, Festen, Bräuchen und Riten ausgebildet haben. Dies geschah schon in der Antike bei den Ägyptern, Kelten, Griechen und Römern, und, teilweise noch parallel dazu, bei den »Weltreligionen« Hinduismus, Judentum, Buddhismus, Christentum und Islam, die im Zeitraum von etwa 1500 vor bis 600 nach Christus entstanden sind und die Welt der Religionen bis heute prägen. Die Mehrheit aller Menschen in allen Ländern gehört heute einer dieser Religionen an.

1. Formuliert in einem kurzen Text, welche Informationen die Weltkarte ⋯⟶ S. 216f. über die Verbreitung der Religionen bietet.
2. Welchen Religionen lassen sich die Beschreibungen von Mary Pat Fisher zuordnen? Wo sind sie in der Weltkarte zu »verorten«?
3. Stellt zusammen: Welche verschiedenen Merkmale von »Religion« lassen sich aus dem Text entnehmen?

Abbrennen von Räucherstäbchen

Kamadfest*

Schon vor Sonnenaufgang stehen die Mitglieder einer muslimischen Familie in Malaysia auf, vollziehen ihre Waschungen, richten ihre Gebetsteppiche gen Mekka, verbeugen sich, machen einen Fußfall und beten zu Allah. In einer Kathedrale in Frankreich wiederum formieren sich die Gläubigen in einer Reihe, um eine Oblate zu sich zu nehmen, die ihnen der Priester auf die Zunge legt, dabei leise die Worte sagt: »Nimm hin den Leib Christi.« In einem Dorf in Südindien hat eine Gruppe von Frauen einen zylinderförmigen Stein mit Milch und duftender Sandelholzpaste gesalbt und als Zeichen der Verehrung Blumenopfer vor ihm auf den Boden gelegt. In Japan sitzen die Mönche eines Zen-Klosters aufgerichtet in ihrer Meditationshaltung im Schneidersitz; die völlige Stille wird nur gelegentlich von dem klatschenden Geräusch des Kyosaku* unterbrochen, der auf ihre Schul-

tern fällt. Auf einem Berg in Mexiko begrüßen Männer, Frauen und Kinder, die schon seit Tagen religiöse Tänze aufgeführt und dabei weder Nahrung noch Wasser zu sich genommen haben, einen über ihnen fliegenden Adler mit einem Pfeifton aus den kleinen hölzernen Flöten, die sie um den Hals tragen. Und an einem Bach im ländlichen Iowa sitzt eine junge Frau, die mit geschlossenen Augen das Universum darum bittet, ihrem Leben einen tieferen Sinn zu verleihen.

Diese und zahllose andere Augenblicke im Leben der Menschen auf der ganzen Welt sind wie Fäden zu dem Teppich verwoben, den wir »Religion« nennen; ein Wort, das wohl aus dem Lateinischen stammt und von »relegere« (gewissenhaft beobachten) und »religari« (an Gott gebunden sein) abgeleitet ist.

Mary Pat Fischer

Religion – warum, wozu

Jenseits des Sichtbaren und Messbaren

Ist Religion eigentlich noch zeitgemäß? Sind nicht durch die Wissenschaften viele Fragen und Probleme, die früher die Menschen mit religiösen Vorstellungen bewältigt haben, gelöst?
Manche haben deshalb ein »Aussterben« der Religion vorausgesagt, das durch Aufklärung* und Säkularisierung* eigentlich zwangsläufig sei. Doch diese Entwicklung ist nicht eingetreten. Im Gegenteil: Viele sprechen inzwischen von der *»Wiederkehr« der Religion; religiöse Suche und religiöse Überzeugungen haben an Bedeutung gewonnen und wirken sich auch in der Öffentlichkeit aus. Offenbar gibt es auch in unserer modernen Welt genügend Erfahrungen, die nach »Religion«, nach einer Gewissheit jenseits des Sichtbaren, fragen lassen: nicht zuletzt die Frage nach dem Sinn menschlichen Lebens im Kosmos.*

Hier sind wir.

Ein Blick in die Tiefe des Weltraums: Galaxien in 12 Milliarden Lichtjahren Entfernung

Der Benediktinermönch Anselm Grün schreibt:
Der Glaube betrifft nicht das, was man wissenschaftlich belegen kann. Er deutet vielmehr die wissenschaftlichen Erkenntnisse und stellt diese in einen größeren Rahmen. Das, was man wissenschaftlich belegen kann, ist wichtig für unser Leben, für die Erklärung der Schöpfung und für die Forschung, mit der wir unser Leben verbessern können. Aber die wissenschaftlichen Erkenntnisse deuten nicht unser Leben. Sie geben keine Antwort auf die letzten Fragen des Menschen, die seit Jahrtausenden die gleichen sind: »Woher komme ich?« »Wohin gehe ich?« »Wer sind wir?« Diese Fragen kann die Wissenschaft gar nicht beantworten.

Wahrnehmung und Deutung der Wirklichkeit

Der Astrophysiker Arnold Benz S. 72 *beschreibt in seinem Buch »Das geschenkte Universum« seine Erfahrungen an der Grenze zwischen Wissenschaft und Religion:*
Wenn Sterne entstehen, begegnet uns ein unergründliches, aber anscheinend freundliches Universum. Es herrscht freilich keine statische Harmonie. Chaos, Entstehen und Zerfall sind Eckpfeiler der kosmischen Entwicklung und lassen mich erschaudern. In gewissen Augenblicken scheint mir jedoch hinter allem, selbst im Zerfall, ein gütiges Gesicht durchzuschimmern [...]
Die wissenschaftlichen Resultate scheinen mir wie prächtige Blumen am Rand eines Weges, den ich vereint mit dem ganzen Universum gehe und dessen Ziel unbekannt ist. Ich fühle mich [...] getragen, und mit diesem Gefühl kann ich gut das ganze Universum auf gleiche Weise deuten. Getragen sein selbst in den größten Katastrophen ist jene Erfahrung, die ich am engsten mit Gott verbinde. [...] Das Geheimnisvolle [...] ist geblieben: gerade weil der Schöpfer nicht sichtbar und sein Plan nicht fassbar ist. Auch die Fragen sind geblieben. Es ist die direkte Wahrnehmung der Wirklichkeit, die mich immer wieder anspricht und zum Fragen anregt.

Die moderne Hirnforschung bestätigt, dass unser Gehirn darauf angelegt ist, einzelne Erkenntnisse und Beobachtungen in einen Zusammenhang zu stellen und aus Teilen ein sinnvolles Ganzes zu bilden – insbesondere im Blick auf Grundfragen des Lebens wie: Woher komme ich? Wie ist alles entstanden? Welchen Sinn hat alles? Diese »religiöse« Funktion des Gehirns wird anschaulich in der Grafik, dem sogenannten Kanizsa-Dreieck.

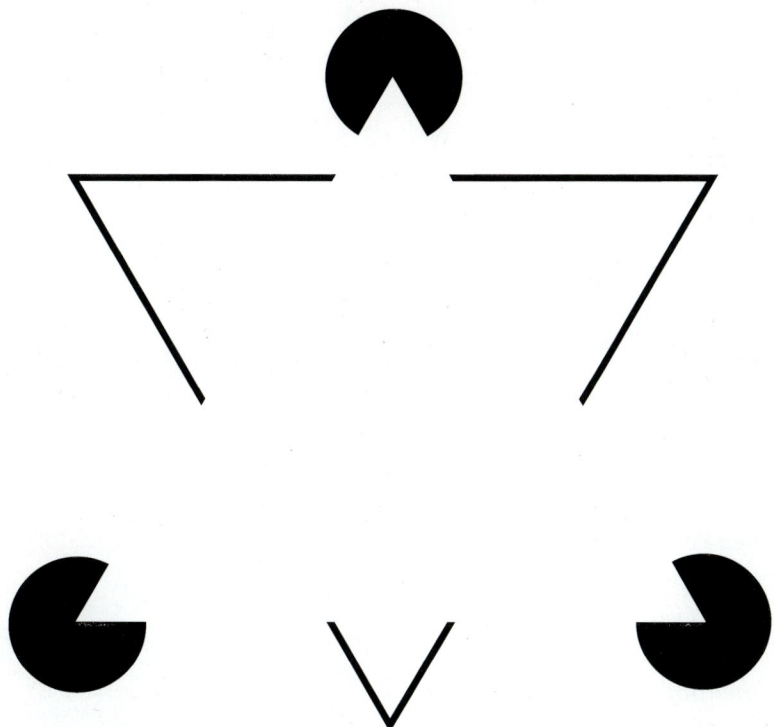

1. Welche Gedanken löst das Bild der Galaxien über die Bedeutung von Erde und menschlichem Leben im Kosmos aus?
2. Interpretiert die Texte von Anselm Grün und Arnold Benz: Was unterscheidet und verbindet naturwissenschaftliche und religiöse Erkenntnisse?
3. Macht eine »Seh-Probe« mit dem Dreieck: Wodurch kommt der Eindruck des weißen Dreiecks zustande?
4. Diskutiert den Zusammenhang der Grafik mit dem Text von Arnold Benz. Sammelt eigene Erfahrungen, in denen ihr vergleichbare Wahrnehmungen gemacht habt.

Spiritualität und Gemeinschaft

Was macht Religiosität aus?

Immer wieder sagen religiös geprägte Menschen, dass »der Glaube Kraft gibt«, dass sie sich, z. B. beim Beten, Gott nahe fühlen und diese Nähe vor allem auch in der Gemeinschaft mit anderen spüren. Solche Erfahrungen machen junge Menschen z. B. in der Gemeinschaft von Taizé in Frankreich. Dort kommen regelmäßig tausende Jugendliche zusammen, um gemeinsam zu meditieren, zu beten und über Worte der Bibel nachzudenken. Solche Dimensionen, die über das Übliche und Alltägliche hinausgehen und in besonderer Weise miteinander und mit Gott verbinden, werden mit dem Begriff »Spiritualität« bezeichnet.

Gottesdienst in Taizé

Berichte von Konflikten und Gegensätzen zwischen unterschiedlichen Religionsgruppen in vielen Teilen der Welt lassen oft in den Hintergrund treten, dass Religionen auf vergleichbaren Grunderfahrungen beruhen und sich in ähnlichen Formen ausdrücken können. Im Versammlungsraum von Taizé symbolisiert z. B. ein durch Lichteffekte erzeugtes Flammenmeer die Nähe des göttlichen Geistes, in der hinduistischen Religion gilt das Feuer als Gegenwart der Gottheiten, denen die Frauen hier Opfergaben darbringen.
Auch der Aspekt der Gemeinschaft ist in fast allen Religionen von großer Bedeutung.

Hindus feiern das Fest der Einsetzung der Hauptgottheiten (Havan)

Erfahrung einer transzendenten* Wirklichkeit

In den tiefsten religiösen Erfahrungen, die man mit dem Begriff »Mystik« bezeichnet, wird der Raum für die Wahrnehmung einer unfassbaren, transzendenten Wirklichkeit des Göttlichen geöffnet. Die Unterschiedlichkeiten der Lehren und Bräuche treten dabei zurück in dem Bewusstsein, dass alle menschliche Erkenntnis und Lehre das Göttliche nicht erfassen und ausdrücken kann. Die beiden folgenden Texte beschreiben diese spirituelle Dimension.

Der spirituelle Weg

Wenn du dich ernsthaft auf den mystischen Weg begibst, verlasse zunächst deine Sinne, indem du den Austausch mit der Welt, der durch deine Sinne geschieht, völlig aufgibst. [...] Gehe nicht mehr bewusst dem verstandesmäßigen Denken nach und verharre nicht in Gefühlen. Beschäftige dich nicht mit dem, was ist, wie auch nicht mit dem, was nicht ist oder sein könnte. Erlaube es deiner Innerlichkeit, deiner Seele mit der ihr innewohnenden Sehnsucht und Kraft, sich zum Ursprung emporzuschwingen. Mische dich – soweit du eben vermagst – nicht in diese von selbst fließende Bewegung ein. Deine Seele wird sich auf eine dir unbekannte und unaussprechliche Weise mit Dem vereinen, der über allen Wesen und allen Erkenntnissen ist.

Dionysios Areopagita, christlicher Philosoph und Mystiker; um 500 n. Chr.

Gott: Stiller als das stillste in der Welt

lauter gott still
bist laut
stiller gott
bist still

stiller
als das stillste in der welt

gottes stimme unendlich!
kaum zu hören

es ist zu laut
in der welt

wir schweigen
für dich

*Tobias Katzmann,
Schüler, 10. Klasse; 2005*

1. Bildet Gruppen und sprecht über Situationen, in denen ihr so etwas wie Transzendenz* erfahren habt.
2. Wo und wie erlebt ihr eine Gemeinschaft, die euch mit anderen verbindet?
3. Stellt die wichtigsten Aussagen der beiden Texte zusammen und formuliert daraus Merkmale von Spiritualität.
4. Versucht eine konzentrierte Stille-Übung in der Klasse, die sich an dem Text von Dionysios Areopagita orientiert, und sprecht danach über eure Erfahrungen und Gefühle.

Viele Wege zur Erlösung – Hinduismus

Der Hinduismus ist die wohl vielfältigste Weltreligion. Sie verbindet sehr unterschiedliche religiöse Anschauungen und Ausdrucksformen miteinander, die in einer über 3000-jährigen Geschichte zusammengewachsen sind. Grundmotive sind der Kreislauf des Lebens im Kosmos, der eine ständige Wiederkehr (Wiedergeburt) mit sich bringt, und das Einwirken vieler göttlicher Kräfte, die sich u. a. in der Natur zeigen und als Gottheiten in vielen unterschiedlichen Riten verehrt werden. Fast 90 Prozent der Hindus leben in Indien. Die Bezeichnung »Hinduismus« deutet auf das Gebiet um den Fluss Indus hin, dem geschichtlichen Kerngebiet dieser Religion und Kultur; auch die Worte »Indien« und »Inder« werden von dem Namen des Flusses abgeleitet.

SCHLÜSSELWISSEN Hinduismus

Die Bezeichnung »Hinduismus« ist eine Zusammenfassung für sehr viele unterschiedliche Strömungen, Inhalte und Praktiken, die sich auf dem indischen Subkontinent von etwa 1500 v. Chr. an bis in die ersten Jahrhunderte der christlichen Zeitrechnung entwickelt haben. Es ist also keine gestiftete Religion (wie Buddhismus, Christentum und Islam), deren Entstehung durch das Wirken einer Person (Gautama Buddha, Jesus Christus, Mohammed) ausgelöst wurde.

Es gibt im Hinduismus keine einzige heilige Schrift (wie Bibel und Koran), sondern eine Vielzahl religiöser Schriften von unterschiedlichem Alter. Die ältesten sind die Veden. Wesentlich jünger ist z. B. das berühmte Lehrgedicht der Bhagavad Gita (»Gesang des Erhabenen«). Im Hinduismus finden sich volkstümliche Frömmigkeitsformen mit vielen Gottheiten, die u.a. Natur- und Schöpferkräfte personifizieren. Wichtige Gottheiten sind: Brahma (Schöpfer, »Welt-Seele«), Vishnu (Erhalter, Erlöser) und Shiva (Verkörperung des Welt-Rhythmus von Werden und Vergehen). Zugleich gibt es religionsphilosophische und meditative Formen, in denen Gottheiten keine große Rolle spielen.

Frauen bei ihrer ritueller Waschung im Ganges*

Opferdarbringung an die Gottheit Shiva

Einheit und Vielfalt der Götter

Die Gottheit Vishnu nimmt die Gestalt eines Fisches an.

Der Hinduismus verlangt, dass jeder Mensch ständig an das Mysterium des Lebens denkt, bis ihm die höchste Offenbarung zuteil wird. Zwar sind die niederen religiösen Formen (einschließlich der Idole und Bilder) in Rücksicht auf diejenigen, die nicht sofort darauf verzichten können, zugelassen; aber durch den ganzen Hinduismus geht der Drang nach einer umfassenderen religiösen Idee und einer reineren Form des Gottesdiensts [...] Jeder Mensch kann die Glaubens- und Gottesdienstformen wählen, die ihn am meisten ansprechen.
Sarwapalli Radha-Krischnan, Hindu-Philosoph

1. Bildet Gruppen zu jeweils einem der Bilder, beschreibt und interpretiert sie. Welche Merkmale des Hinduismus werden beim Betrachten deutlich?

2. Bezieht den Text von Sarwapalli Radha-Krischnan auf diese Bilder und erarbeitet eine Definition des Hinduismus, die die Vielfalt und Einheit dieser Religion verdeutlicht.

Das Leid und seine Überwindung – Buddhismus

Die Legende erzählt, dass der Stifter des Buddhismus, Siddharta Gautama, bei vier Ausfahrten mit leidvollen Erfahrungen des menschlichen Lebens konfrontiert wurde. Von nun an ließ ihn das Problem von Vergänglichkeit und Leid nicht mehr los. Selbst die Geburt seines Sohnes konnte ihn nicht aufhalten. Eines Nachts verließ er heimlich den Palast, um den Weg der Erlösung zu finden.

Die vier Ausfahrten

Eines Tages befahl der junge Gautama seinem Wagenlenker, die Prunkwagen reisefertig zu machen. Als der junge Fürst so zum Park fuhr, begegnete er einem Greis, gebeugt, vom Alter geschwächt, auf einen Stock gestützt, erschöpft. Als Gautama ihn sah, sagte er: »Was hat dieser Mann getan, guter Wagenlenker?« »Er ist, was man einen Greis nennt, mein Gebieter!« »Und warum nennt man ihn einen Greis?« »Man nennt ihn einen Greis, mein Gebieter, weil er

> SCHLÜSSELWISSEN **Buddhismus**
> Der Fürstensohn Siddharta Gautama (um 566–486 v. Chr.) verließ mit 29 Jahren seine Familie und wurde Wanderasket. Geprägt von der Erfahrung, dass Leben in Vergänglichkeit und Leid besteht, suchte er nach einem Weg, davon frei zu werden. Dann wurde ihm die Erleuchtung zuteil – er wurde zum »Erwachten/Erleuchteten« (Buddha). In den »vier edlen Wahrheiten«* formulierte er seine Erkenntnis von den Ursachen und der Überwindung des Leidens; in dem »achtfachen Pfad«* beschrieb er den Weg zum Nirvana*. Dieser Weg umfasst Erkenntnisse des Freiwerdens von inneren und äußeren Abhängigkeiten sowie ethische Lebensorientierungen. Gottheiten sind dabei kaum von Bedeutung; der Mensch ist auf sich selbst gestellt. Gautama sammelte Anhänger überwiegend in mönchischen Lebensformen. Seine Lehren wurden lange mündlich überliefert und Jahrhunderte später aufgeschrieben. Eine wichtige Textsammlung ist der »Pali-Kanon«.

nicht mehr lange zu leben hat.« »So bin also auch ich vom Alter bedroht?« »Du, mein Gebieter, und ich, wir sind beide vom Alter bedroht.« Einige Zeit darauf fuhr Gautama erneut hinaus. Und auf dem Wege begegnete er einem kranken Mann: Leidend lag er am Boden. Gautama fragte: »Was hat dieser Man getan, guter Wagenlenker?« »Er ist, was man einen Kranken nennt, mein Gebieter!« »Was versteht man unter einem Kranken?« »Einen Mann, mein Gebieter, der nur schwer die Gesundheit wiedererlangt.« »Aber ich, guter Wagenlenker, bin auch ich davon bedroht, krank zu werden?« »Du, mein Gebieter, und ich, wir sind beide von der Krankheit bedroht.«

Einige Zeit darauf fuhr der junge Gautama wieder im Wagen aus. Und er erblickte eine Menge, die einen Scheiterhaufen* aufrichtete. Da fragte er den Wagenlenker: »Warum haben sich diese Menschen hier versammelt, um einen Scheiterhaufen aufzurichten?« »Weil jemand seine Lebensbahn abgeschlossen hat.« »Was bedeutet das, guter Wagenlenker?« »Das bedeutet, dass ihn weder sein Vater noch seine Mutter, noch andere Verwandte jemals wiedersehen werden!« »Bin auch ich dem Tode ausgesetzt?« »Ja, mein Gebieter, du und ich, wir sind beide dem Tode ausgesetzt.« Einige Zeit danach [...] fuhr Gautama wieder im Wagen aus. Auf dem Wege begegnete er einem Mann mit geschorenem Haupt, der ein gelbes Gewand trug. Da fragte er den Wagenlenker: »Was ist mit diesem Mann, guter Wagenlenker? Er gleicht nicht den Anderen!« »Man nennt ihn einen ›Einsamen‹, denn er hat sein Haus verlassen. Wer sein Haus verlässt, will sich dem religiösen Leben widmen, Gutes tun, den anderen kein Leid zufügen, jeglicher Kreatur sein Wohlwollen erweisen.« »Wahrlich, mein Freund und Wagenlenker, ein ›Einsamer‹ ist ein Mann, der sich Höherem hingegeben hat. Sein Lebenswandel ist in allem vollkommen.«
nach Dieter Faßnacht

Freiwerden vom (Lebens-)Durst

Ähnlich wie über Jesus wird von Siddharta erzählt, dass er vom Weg der Erlösung durch einen Versucher abgebracht werden sollte, der ihm Reichtum, Macht und alle Verlockungen anbot. Doch er blieb standhaft – die Versuchungen hörten auf. Nach einiger Zeit erlangte er die Erleuchtung unter einer Pappelfeige (Bodhibaum) und war zum Erwachten geworden (Buddha). Er hätte ins Nirwana eingehen können – aber er wollte sein Wissen um Erlösung weitergeben und begann zu lehren.

Die den Durst wachsen lassen, die lassen das Häufen wachsen; die das Häufen wachsen lassen, die lassen das Leiden wachsen; die das Leiden wachsen lassen, die werden nicht frei von Geburt, Altern und Sterben, von Kummer, Jammer, Leiden, Gram und Verzweiflung ...
aus Pali-Kanon

Dies, ihr Mönche, ist die edle Wahrheit von der Aufhebung des Leidens: die Aufhebung dieses Durstes durch restlose Vernichtung des Begehrens, ihn fahrenlassen, sich seiner entäußern, sich von ihm lösen, ihm keine Stätte gewähren.
aus Mahawagga

Der lehrende Buddha unter dem Bodhibaum

1. Stellt die »vier Ausfahrten« des Siddharta Gautama zusammen. Mit welchen Erfahrungen musste er sich auseinandersetzen? Welche grundsätzlichen Probleme des menschlichen Lebens drücken sich darin aus?
2. Beschreibt die Veränderung seines Lebens, die sich am Ende der Geschichte abzeichnet.
3. Diskutiert in Kleingruppen die Sicht des Daseins und den Weg zur Überwindung des Leidens, die Buddha entwickelt, und vergleicht die Aussagen der beiden Texte mit eurem eigenen Lebensgefühl.

Buddhistische und christliche Weltsicht

Rad der Wiedergeburten

Nach dem Buddhismus ist die Welt von ständiger Wiederkehr und einem ewigen Kreislauf bestimmt. Der Mensch, der nicht das »Erwachen« erlangt, wird ständig wiedergeboren – je nach dem Karma*, das er durch sein Tun erwirbt. Dieser Prozess wird oft durch das »Rad der Wiedergeburt« veranschaulicht. Im Zentrum sind die Daseinskräfte dargestellt, die überwunden werden müssen, um die Wiederkehr zu durchbrechen: Hass (Schlange), Gier (Hahn) und Verblendung (Schwein).

Im Christentum gelten Welt und Mensch als Schöpfung Gottes. Der Mensch lebt in dem Vertrauen auf die Liebe Gottes, die in der Schöpfung sichtbar wird. Er orientiert sich im Leben an Jesus Christus, in dem Gott Mensch geworden ist. Der Glaube, dass Jesus Christus durch Tod und Auferstehung die Erlösung bewirkt hat, führt zum ewigen Leben. In diesem Bild nach einer Vision* Hildegards von Bingen (1098–1179) drückt sich die enge Verbundenheit von Gott, Welt und Mensch aus.

1. Beschreibt die verschiedenen Details der beiden Bilder, stellt Ähnlichkeiten und Unterschiede fest.

2. Wodurch werden die Räder gehalten? Was ergibt sich daraus für die Sicht der Welt?

3. Gebt den Bildern Überschriften, in denen sich die unterschiedlichen Weltsichten ausdrücken.

Vergängliches überwinden, Gott erfahren

Wege zum Heil in Buddhismus, Hinduismus und Christentum

In allen Religionen gibt es Wege der inneren Konzentration, die dazu helfen, das Wesentliche wahrzunehmen und über die Erfahrung des alltäglichen Lebens hinauszugehen (Meditation).

Diese Wege schließen auch Körpertechniken ein, wie z. B. das bewusste Atmen, Yoga* u. a. Sie haben auch den christlichen Bereich beeinflusst, obwohl hier das Gebet, die innere Zwiesprache mit Gott oder Christus die zentrale Ausdrucksform der religiösen Konzentration ist.

Zen-Buddhist bei seiner Meditation

Betende Christinnen

Hinduistischer Asket

Das Ziel finden: Meditation und Gebet

Zerbrochen ist das Rad der Wiedergeburten. Die Wünsche schweigen.
Vertrocknet ist der Strom; er rinnt nicht länger.
Das Rad nicht fürder dreht sich, das gebrochen.
Gekommen ist für ihn des Leidens Ende. [...]
aus Pali-Kanon

Glorreich erwacht fürwahr wachen
Gotamas Jünger immerdar,
Die bei Tag und Nacht denken
Des Buddha ohne Unterlass. [...]

Glorreich erwacht fürwahr wachen
Gotamas Jünger immerdar,
Die bei Tag und Nacht weihen
Heil'ger Betrachtung ihren Sinn. [...]

Der in leeres Gemach einging,
der Mönch befriedeten Gemüts,
Übermenschliches Glück fühlt er,
Die Wahrheit schauend immerdar.

Dessen Weg erspäh'n Götter,
Nicht Halbgötter noch Menschenvolk,
Brahmane mag er wohl heißen,
Der Sündenfreie, Heilige.
aus Pali-Kanon

Wie das Meer, in das die Wasser strömen, sich anfüllt und doch ruhig dasteht: Wer so in sich die Wünsche lässt verschwinden, der findet Ruhe – nicht, wer ihnen nachgibt. Der Mensch, der jeden Wunsch aufgab und nichts verlangend, lebt dahin von Eigennutz und Selbstsucht, der geht zum Seelenfrieden ein. Das ist der Brahman-Standpunkt, Freund! Wer ihn erreicht, wird nicht betört. Wer auch im Tod dabei verharrt, der wird im Brahman ganz verwehen.
aus Bhagavad Gita

Vater:
Dein Name werde geheiligt.
Dein Reich komme.
Unser tägliches Brot gib uns,
Tag für Tag.
Und vergib uns unserer Sünden,
denn auch wir vergeben allen, die an uns schuldig werden.
Und führe uns nicht in Versuchung.
Lukas 11,2–4

1. Welches Ziel des religiösen Lebens ist in den buddhistischen bzw. dem hinduistischen Text(en) zu erkennen?
2. Beschreibt, auf welche Weise in den östlichen Texten das Ziel religiösen Lebens angestrebt wird.
3. Vergleicht die östlichen Texte mit dem Gebet Jesu: Gibt es dort auch ein religiöses Ziel? Welche Unterschiede werden deutlich?
4. Wie kommen menschliche Erfahrungen und Bedürfnisse und die Dinge der Welt in den Texten vor? Worin besteht und wie geschieht Erlösung?

Religion in der (Werbe-)Welt des Alltags

Viele Menschen in Deutschland sehen Religion vor allem im Bereich der Kirchen oder bei religiösen Gruppen angesiedelt – und dann natürlich an den großen Festen Ostern und Weihnachten. Doch versteckt, oft kaum wahrnehmbar, sind wir von Religion auch im Alltagsleben umgeben: In Werbetexten und -anzeigen oder in Werbespots, in Musik-Video-Clips u. a. Wenn religiöse Elemente selbst in der Werbung verwendet werden, zeigt dies, dass die Werbepsychologie davon ausgeht, dass Menschen religiöse Veranlagungen bzw. Prägungen haben, die ansprechbar sind.

*»Vielleicht die einzige Verbindung, um noch günstiger Dauergespräche zu führen«
steht auf dem Riesenplakat, das am Donnerstag, 23. 08. 2007, an der Hedwigs-
Kathedrale in Berlin hängt. Es wirbt für einen Telefonanbieter.*

1. Beschreibt die religiösen Elemente in diesen Werbeanzeigen und deutet sie im Bezug auf ihre Zielsetzung.
2. Sucht nach weiteren Beispielen für Religion in der Werbung in Zeitschriften, Fernsehen, Internet u. a. Auf welche Religionen wird Bezug genommen?
3. Welche Gründe könnte es dafür geben, dass Werbepsychologen religiöse Elemente nutzen?

Religionen und Konflikte in der Welt

Gewalt und Fanatismus, Frieden und Dialog

Frieden und Gewaltlosigkeit im menschlichen Miteinander sind in den Aussagen aller Religionen ein wichtiges Thema. In fast allen Religionen gibt es die »Goldene Regel«, dass man dem anderen nicht zufügen darf, was man selbst nicht erleiden möchte. Die Praxis entspricht aber dieser gemeinsamen Regel oft nicht, auch deshalb, weil religiöse Inhalte für ganz andere Interessen genutzt werden.

Am 11. September 2001 haben islamische Extremisten zwei Linienflugzeuge in ihre Gewalt gebracht und in das World Trade Center in New York gesteuert. Beide Hochhäuser stürzten brennend zusammen, etwa 2900 Menschen wurden getötet. Die Attentäter glaubten, den Willen Allahs zu vollstrecken. Verschärfen religiöse Überzeugungen die Neigung zu Fanatismus und Gewalt in der Welt? Führen sie zur Ablehnung von Andersdenkenden und Fremden?

World Trade Center (2001)

Brandanschlag auf ein Ausländerwohngebäude in Solingen 1993

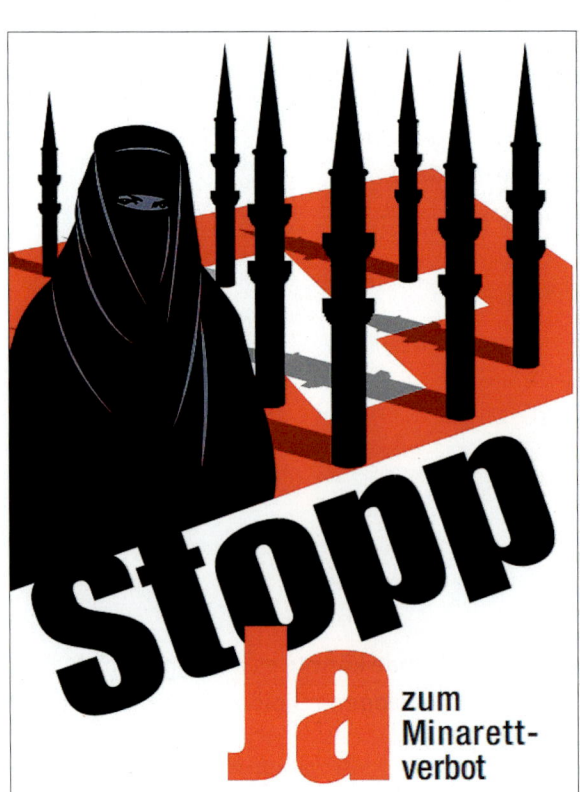

Plakat zur Volksabstimmung zum Bau von Moscheen in der Schweiz (2010)

Freiheit der Religionsausübung – Ein Menschenrecht

In der »Allgemeinen Erklärung der Menschenrechte« 1948 wurde die Freiheit der Religionsausübung zu einem grundlegenden Menschenrecht erklärt. Das bedeutet, dass die Menschen überall ihrem Glauben ungehindert nachgehen können. Ihre Religionsausübung darf nicht zu Nachteilen führen – sogar, wenn man von einer Religion zu einer anderen wechselt. Der Palästinenser Mosab Hassan Yousef beschreibt, wie er Christ wurde:

Ich bin nicht wegen der Christen Christ geworden. Menschen sind überall gleich, sie sind Sünder [...] Aber das wichtigste war wohl die Lehre des Herrn, seine Prinzipien, die er aufgestellt hat, »Liebet eure Feinde«, das wurde eine wichtige Regel in meinem Leben. Ebenso das Vorbild Jesu und sein Opfer. Seine Standards sind höher als bei irgend einem anderen Gott. Er hat einen viel weiteren Überblick über die gesamte Menschheit als etwa Allah.

METHODE
Mit der Ja–Nein–Linie Stellung beziehen

So könnt ihr zu religiösen Streitfragen Stellung beziehen und eure Toleranzgrenzen sichtbar machen.
- Ihr stellt im Plenum eine Liste von »religiösen Streitfragen« zusammen. Beispiele:
  Die Vollverschleierung von muslimischen Frauen in der Öffentlichkeit.
  Die Weigerung mancher muslimischer Mädchen, am Schwimmunterricht teilzunehmen.

- Der Klassenraum wird in zwei Bereiche geteilt.
  Richtung Tafel: Ja: sollte toleriert werden
  Richtung Wand: Nein: keine Toleranz
- Ihr stellt euch entsprechend eurer Meinung im Raum auf.
- Die einzelnen Standpunkte werden in Kleingruppen diskutiert. Dabei sollte auch in den Blick kommen, wie Kompromisse aussehen könnten.

1. Was hat Mosab Hassan Yousef dazu bewegt, Christ zu werden?
2. Welche Gründe mag es dafür geben, dass Menschen den Bau eines islamischen Gotteshauses ablehnen, aber der Bau von Kultstätten, z. B. des Hinduismus oder Buddhismus, auf keine Proteste stößt?
3. In Deutschland treten jährlich etwa 1000 Menschen zum Islam über. Welche Motive könnten dabei eine Rolle spielen?
4. Informiert euch über die Protestbewegungen im Iran (grüne Revolution, s. Bild) und anderen islamischen Ländern (2011) und stellt Bezüge zur Frage der Menschenrechte her.

Dem Wahrheitsanspruch in den Religionen nachgehen

In diesem Kapitel hast du dich damit auseinandergesetzt, welche Erfahrungen und Fragen den Religionen zugrundeliegen. Mit dem Hinduismus und Buddhismus hast du zwei östliche Weltreligionen kennengelernt und außerdem etwas erfahren über heutige Konflikte, die auch in religiösen Orientierungen ihre Ursachen haben.

Schon der mittelalterliche Theologe Nikolaus von Kues (1401–1464) hat sich mit der Vielfalt der Religionen und ihrem Wahrheitsanspruch und den sich daraus ergebenden Konflikten auseinandergesetzt. Dabei entwickelte er eine Lösungsperspektive, die vor allem in seinen Schriften »Vom verborgenen Gott« und »Vom Frieden im Glauben« deutlich wird.

Vom verborgenen Gott

Heide Ich sehe dich hier in rückhaltloser Hingabe Tränen verlangender Liebe weinen [...] Sag bitte, wer bist du?

Christ Ich bin ein Christ.

Heide Was betest du an?

Christ Gott.

Heide Wer ist der Gott, den du anbetest?

Christ Ich weiß es nicht.

Heide Wie kannst du so intensiv anbeten, was du nicht kennst?

Christ Weil ich kein Wissen habe, bete ich an. So verehre ich Gott als unaussprechbare Wahrheit, die allem Wissen vorausgeht.

Vom Frieden im Glauben

Nicht aufgrund von Werken, sondern aus Glauben und Vertrauen erfährt unsere Seele das Heil. Wenn man dem zustimmt, müssen die Verschiedenheiten in den Religionen nicht verwirren: Sie haben sich unter den Menschen als sichtbare Zeichen der einen Glaubens-Wahrheit in der Geschichte entwickelt. Wenn wir uns das bewusst machen, sollten Hass, Gewalt und jegliches Unheil unter den Menschen aufhören.

1. Diskutiert den Lösungsansatz des Nikolaus von Kues. Welche Argumente gegen religiösen Fanatismus lassen sich aus dem Dialog ableiten?

2. Formuliert Grundsätze, wie sich die Angehörigen der Religionen zueinander verhalten sollten, wenn sie diesen Grundgedanken folgen.

Jenseits des Wissens Religion finden

Ein »Denk-Bild«: Zusammenfall der Gegensätze in der Unendlichkeit Gottes

3. Welche Religionen bzw. religionsähnlichen Ideologien* könnt ihr in dem oberen Bild identifizieren?

4. Interpretiert das »Denk-Bild« nach euren ersten Eindrücken – was könnte es ausdrücken?

5. Welche Weltanschauungen bzw. Religionen entdeckt ihr?

6. Nikolaus von Kues spricht vom »Zusammenfall der Gegensätze« in der Unendlichkeit Gottes. Bezieht diesen Satz auf die gesamte Illustration.

Es begann mit den Kerzen, die Jugendliche am 13. Februar 1982, dem Jahrestag der Zerstörung Dresdens, an der Ruine als Ausdruck des Leidens an der Feindseligkeit, die Europa über so lange Jahrzehnte gequält hat, und ihrer Friedenssehnsucht entzündeten. Sie waren nicht bereit, sich mit den Realitäten abzufinden. Damit gaben sie ein Zeichen der Hoffnung, dass Wunden geheilt, Unrecht und Gewalt überwunden werden können und Gegner zu lernen vermögen, einander mit neuen Augen anzusehen. Die Ruine wurde zur Botschaft. Sie mahnte zum Frieden und die Bilder der brennenden Kerzen gingen um die Welt.
Bischof Jochen Bohl, Predigt zur Wiedereinweihung der im Februar 1945 zerstörten Frauenkirche in Dresden 2005

8

Anpassung oder Widerstand – Christen in den deutschen Diktaturen des 20. Jahrhunderts

1. Der NS-Staat und die DDR werden beide als Diktaturen* bezeichnet. Worin unterscheiden und worin gleichen sich beide Diktaturen? Was wisst ihr über das Verhalten der Christen und der Kirchen in diesen beiden Staatssystemen?
2. Informiert euch im Internet über das Schicksal der Dresdner Frauenkirche während der Zeit des Nationalsozialismus, in der DDR und nach 1989.
3. Erklärt, welche symbolischen Deutungen Bischof Bohl in dieser Kirche sieht.

Die Anfänge des nationalsozialistischen Unrechtsstaats

Am 30. Januar 1933 wurde Adolf Hitler zum Reichskanzler ernannt, nachdem bei den Reichstagswahlen im November 1932 die Nationalsozialistische Deutsche Arbeiterpartei (NSDAP) zur stärksten Fraktion* gewählt worden war. Dem voran waren Jahre der wirtschaftlichen und politischen Unsicherheit nach dem Ersten Weltkrieg vorausgegangen. Auch viele Christen erhofften sich einen »starken Mann«, der für politische Ruhe und wirtschaftlichen Aufstieg sorgte. Nach der Reichstagswahl im März 1933, bei der die NSDAP zusammen mit einer anderen Rechtspartei eine knappe Mehrheit erreichte, wurde durch verschiedene Gesetze die demokratische* Verfassung der Weimarer Republik außer Kraft genommen und die NSDAP als die allein herrschende Macht eingesetzt. Zeitgleich mit dieser »Machtübernahme« begannen die Nationalsozialisten, politische Gegner zu verfolgen und zu terrorisieren. Auch die ersten staatlich verordneten antisemitischen* Aktionen begannen.

Am 1. April 1933 organisierte die NSDAP einen Boykott jüdischer Geschäfte, Rechtsanwälte und Ärzte. Am 30. März bat die »Reichsvertretung der deutschen Juden« die evangelische Kirchenleitung in Berlin telegrafisch um eine Stellungnahme, »damit unwiederbringlicher Schaden auch für Gemeinsames des Glaubens abgewendet werde«. Die Antwort lautete: »Verfolgen Entwicklung mit größter Wachsamkeit. Hoffen, dass Boykottmaßnahmen mit heutigem Tage ihr Ende finden.«

Der antijüdische Boykott am 1. April 1933

Straßenpassanten

Arthur Knobel Er will bald Mitglied in der SA werden. Er stammt aus einer Arbeiterfamilie aus dem Berliner Wedding. Sein Vater ist arbeitsloser Kommunist, mit ihm spricht er nicht mehr. Von der Kirche hält er nicht viel, da sie sich wenig um die Arbeiter gekümmert hat. Er liebt die prachtvollen Aufmärsche der Nazis, ihre Uniformen und ihre schmissige Musik.

Grete Köhler Sie ist Modezeichnerin in einem jüdischen Bekleidungsgeschäft. Bislang hat sich ihr Arbeitgeber immer freundlich und fair verhalten. Ihr Kollege und Verlobter Gerson ist auch Jude, aber darüber hat sie sich noch nie Gedanken gemacht. Mit ihren Eltern geht sie an den Feiertagen in die Kirche.

Martin Gottschalk Im Weltkrieg war er kaiserlicher Marinesoldat. Danach fand er Arbeit in Berlin und heiratete bald. Der Betrieb, der Geschäftsführer war Jude, machte in den schweren Wirtschaftsjahren Pleite. Nun ist er schon lange arbeitslos. Sein Wunsch ist, wieder Soldat zu werden. Er hat ein Kind, das schwer behindert ist. Das Geld für die Ärzte kann er nicht aufbringen. Seine Frau geht oft in die Kirche. Er hasst die Kommunisten und »Vaterlandsverräter«, die an allem schuld sind.

Robert Löwenstein Er arbeitet als freier Journalist bei verschiedenen Berliner Tageszeitungen. Er ist Jude, übt seine Religion jedoch nicht aus. Er fürchtet die Nazis, kann sich aber nicht vorstellen, dass eine legale, demokratisch gewählte Regierung den Juden etwas antun könnte.

Hanna Löns Sie hat ihre Hauswirtschaftslehre abgeschlossen und arbeitet seit Kurzem in einer wohlhabenden jüdischen Familie. Die Hausherrin und die Kinder seien manchmal sehr arrogant. »Das macht wohl das viele Geld.« »Die Juden haben unseren Herrn Christus gekreuzigt«, hat ihr Pfarrer gesagt.

Heinz Fischer Er ist Sozialdemokrat. Er geht regelmäßig zu Parteiveranstaltungen und hat auch an Demonstrationen teilgenommen. In der nächsten Zeit will er etwas vorsichtiger werden. »Wer weiß, was kommt?« Die Kommunisten sind ihm zu radikal; die Nazis eigentlich auch. Aber was soll man machen, wenn man keine Arbeit hat?

Hans von Stein Er ist ein junger Beamter im Justizministerium, hat ausgezeichnete Zeugnisse und liest mehrere, auch ausländische Zeitungen. Kurz nach dem Wahlsieg Hitlers wurde er Mitglied der NSDAP, politisch ist er jedoch eher zurückhaltend. Er ist verheiratet, hat einen kleinen Sohn, Felix. Nun sucht er eine größere Wohnung.

Die Juden haben eine bittere Lehre hinnehmen müssen. Die Lehre war, dass man jetzt nicht mehr gewillt ist, sich auf lange Verhandlungen mit ihnen einzulassen, sondern dass man sie da packen wird, wo sie am empfindlichsten sind: am Geldbeutel.

Der Boykott vom Sonnabend ist lediglich als eine Generalprobe für eine Reihe von Maßnahmen zu betrachten, die, wenn sich die Meinung der Welt, die im Augenblick gegen uns ist, nicht endgültig ändert, durchgeführt werden.

Der Völkische Beobachter, 3. April 1933

1. Erläutert, wie die Nationalsozialisten ihre antijüdischen Aktionen begründeten und welche Absichten sie mit ihnen verfolgten.

2. Stellt euch vor, einige der auf dem Foto dargestellten Personen kommen in ein Streitgespräch über die Frage, ob sie sich persönlich an dem Boykott beteiligen sollen. Führt dieses Streitgespräch.

3. Die auf dem Foto dargestellten Personen sind unbekannt. Ordnet die fiktiven Biografien den Personen zu.

4. Wie ist das Antwortschreiben der Berliner Kirchenleitung auf das Hilfeersuchen der Juden zu deuten?

... dem Rad in die Speichen fallen

Dietrich Bonhoeffer (1906–1945) stammte aus einer gebildeten und wohlhabenden Familie, die die NSDAP und Hitler weitgehend ablehnte. Bonhoeffer wuchs im Berliner Stadtteil Grunewald auf. Sein Vater war ein berühmter Mediziner, seine Mutter liebte Musik und Kunst. Schon während des Studiums und der Ausbildung zum Pfarrer knüpfte er viele Kontakte ins Ausland: Er war in Rom und Barcelona, später auch in Amerika. Im Herbst 1933 wurde er Auslandspfarrer in London.

Dietrich Bonhoeffer im Alter von 17 Jahren

Die Kirche, der Staat und die Juden

Schon kurze Zeit nach dem antijüdischen Boykott veröffentlichte Bonhoeffer im April 1933 einen Aufsatz unter dem Titel »Die Kirche und die Judenfrage«.

Die Kirche kann primär nicht unmittelbar politisch handeln; denn die Kirche maßt sich keine Kenntnis des notwendigen Geschichtsverlaufs an. Sie kann also auch in der Judenfrage heute nicht dem Staat unmittelbar ins Wort fallen und von ihm ein bestimmtes, andersartiges Handeln fordern. Aber das bedeutet nicht, dass sie teilnahmslos das politische Handeln an sich vorüberziehen lässt; sondern sie kann und soll [...] den Staat immer wieder danach fragen, ob sein Handeln von ihm als legitim staatliches Handeln verantwortet werden könne, d. h. als Handeln, in dem Recht und Ordnung, nicht Rechtlosigkeit und Unordnung, geschaffen werden. [...] Das bedeutet eine dreifache Möglichkeit kirchlichen Handelns dem Staat gegenüber: erstens [...] die an den Staat gerichtete Frage nach dem legitim staatlichen Charakter seines Handelns, d. h. die Verantwortlichmachung des Staates.

Zweitens der Dienst an den Opfern des Staatshandelns. Die Kirche ist den Opfern jeder Gesellschaftsordnung in unbedingter Weise verpflichtet, auch wenn sie nicht der christlichen Gemeinde zugehören. »Tut Gutes an jedermann.« In beiden Verhaltensweisen dient die Kirche dem freien Staat in ihrer freien Weise, und in Zeiten der Rechtswandlung darf die Kirche sich diesen beiden Aufgaben keinesfalls entziehen.

Die dritte Möglichkeit besteht darin, nicht nur die Opfer unter dem Rad zu verbinden, sondern dem Rad selbst in die Speichen zu fallen. Solches Handeln wäre unmittelbar politisches Handeln der Kirche und ist nur dann möglich und gefordert, wenn die Kirche den Staat in seiner Recht und Ordnung schaffenden Funktion versagen sieht, d. h., wenn sie den Staat hemmungslos ein Zuviel oder ein Zuwenig an Ordnung und Recht verwirklichen sieht. [...] In der Judenfrage werden für die Kirchen heute die beiden ersten Möglichkeiten verpflichtende Forderungen der Stunde.
Dietrich Bonhoeffer

Bonhoeffer betätigte sich in der ökumenischen Bewegung, die sich um eine weltweite Zusammenarbeit der christlichen Kirchen bemüht. 1935 kehrte er nach Deutschland zurück, um die kirchliche Auseinandersetzung mit dem Nationalsozialismus zu stärken. 1938 mussten seine Schwester Sabine und ihr jüdischer Ehemann aus Deutschland emigrieren. Zur gleichen Zeit schloss sich Bonhoeffer einem Widerstandskreis hochrangiger Offiziere und Politiker an.

Er nutzte seine Auslandskontakte, um Verbindungen zu ausländischen Regierungen herzustellen. In diesem Kreis reifte die Erkenntnis, dass nur ein Attentat gegen Hitler das nationalsozialistische Unrechtsregime beseitigen und den Krieg beenden könne. Aufgrund zufälliger Notizen zu möglichen Attentaten wurde Bonhoeffer 1943 verhaftet. Im April 1945, wenige Wochen vor Ende des Krieges, wurde er auf Befehl Hitlers im KZ Flossenbürg erhängt.

Wer sich selbst vergottet ...

Reichsparteitag der NSDAP 1933: Der »Führer« Adolf Hitler auf dem Weg in ein Denkmal für die gefallenen Soldaten des 1. Weltkriegs

1. Erklärt, wie sich für Bonhoeffer die Kirche gegenüber dem Staat zu verhalten hat.
2. Vergleicht seine Vorstellungen mit denen der Deutschen Christen S. 150.
3. 1933 äußerte Bonhoeffer: »... die sich selbst vergotten, spotten Gottes«. Erläutert diesen Satz.

Die Anfänge des Kirchenkampfs

Die nationalsozialistische Ideologie* war beherrscht von einer »Rassenlehre«, die die Überlegenheit der germanischen Völker über alle anderen »Rassen«, besonders über Slawen und Juden, behauptete. In der deutschen Bevölkerung war ein Antisemitismus* verbreitet, der den Juden Raffgier und Bösartigkeit unterstellte. In den Kirchen besaß der Antijudaismus eine lange Tradition. Die nationalsozialistische Rassenlehre konnte hier auf fruchtbaren Boden fallen.

SCHLÜSSELWISEN Kirchenkampf

Die Nationalsozialisten versuchten, die Kirchen für sich zu gewinnen. Das mit der katholischen Kirche 1933 abgeschlossene Konkordat* sicherte ihr ihre bisherigen Rechte zu, verlangte jedoch zugleich weitgehendes Stillschweigen. Im Bereich der evangelischen Kirche* unterstützten bei den wichtigen Kirchenwahlen im Juli 1933 die Nationalsozialisten mit ihrem gesamten Propagandaapparat die völkisch ausgerichteten Deutschen Christen (DC). Die DC übernahmen die Leitung der Reichskirche und der meisten Landeskirchen. Die Gruppe Evangelium und Kirche, aus der sich kurze Zeit später die oppositionelle Vereinigung Bekennende Kirche (BK) bildete, besaß keine Chancen. Schon im April 1933 beschlossen die Nationalsozialisten im Reichstag den so genannten Arierparagraphen und andere menschenfeindliche Gesetze, um die jüdischen und auch kommunistischen Beamten aus ihren unkündbaren Stellungen zu entlassen. Nun forderten auch die DC die Entfernung christlicher Pfarrer jüdischer Herkunft aus ihren Ämtern. Die Bekennende Kirche (BK) lehnte diese Pläne ab; der »Kirchenkampf« begann.

Im September 1933 trat die Synode* der größten deutschen Landeskirche, der Evangelischen Kirche der Altpreußischen Union, in Berlin zusammen. Die von den Deutschen Christen gestellte Mehrheit beschloss in dem »Kirchengesetz betreffend die Rechtsverhältnisse der Geistlichen und Kirchenbeamten« die Übernahme des »Arierparagraphen«*. Dietrich Bonhoeffer hatte schon zuvor in einem Flugblatt Stellung bezogen.

Beschluss der Generalsynode

§ 1.1. Als Geistlicher oder Beamter der allgemeinen kirchlichen Verwaltung darf nur berufen werden, wer die für seine Laufbahn vorgeschriebene Vorbildung besitzt und rückhaltlos für den nationalen Staat und die Deutsche Evangelische Kirche eintritt.
§ 2. Wer nichtarischer Abstammung oder mit einer Person nichtarischer Abstammung verheiratet ist, darf nicht als Geistlicher und Beamter der allgemeinen kirchlichen Verwaltung berufen werden. Geistliche und Beamte arischer Abstammung, die mit einer Person nichtarischer Abstammung die Ehe eingehen, sind zu entlassen. Wer als Person nichtarischer Abstammung zu gelten hat, bestimmt sich nach den Vorschriften der Reichsgesetze. [...]
§ 3.1. Geistliche und Beamte, die nach ihrer bisherigen Betätigung nicht die Gewähr dafür bieten, dass sie jederzeit rückhaltlos für den nationalen Staat und die Deutsche Evangelische Kirche eintreten, können in den Ruhestand versetzt werden.
Kirchliches Gesetz- und Verordnungsblatt, 1933

1. Tragt die Argumente zusammen, die Bonhoeffer gegen die Einführung des Arierparagraphen anführte.
2. Arbeitet heraus, wie sich die Deutschen Christen das Verhältnis zum nationalsozialistischen Staat vorstellten. Was hätte dies auf Dauer für die Kirche bedeutet?

Die preußische Generalsynode* im September 1933.
Viele Anhänger der Deutschen Christen trugen
nationalsozialistische Uniformen.

Wer gehört zum Volk Gottes?

Der Ausschluss der Juden-Christen aus der kirchlichen Gemeinschaft zerstört die Substanz der Kirche Christi: Denn erstens wird damit die Tat des Paulus rückgängig gemacht, der davon ausging, dass durch das Kreuz Christi der Zaun zwischen Juden und Heiden abgebrochen sei, dass Christus aus zweien eins gemacht hat (Eph 2) [...]. Zweitens richtet die Kirche, wenn sie die Juden-Christen ausschließt, ein Gesetz auf, das erfüllt sein muss, bevor man zur kirchlichen Gemeinschaft gehören darf, nämlich das Rassegesetz. Am Eingang zur Kirche Christi in Deutschland steht mithin für die Juden die Frage: Bist du Arier? Erst wenn er dies Gesetz erfüllt hat, kann ich mit ihm in die Kirche gehen, beten, hören, Abendmahl halten. [...]

Die D. C. sagen: Die Kirche darf die Ordnungen Gottes nicht auflösen oder missachten. Solche Ordnung aber ist die Rasse, darum muss die Kirche rassisch bestimmt sein.

Wir antworten: Die gegebene Ordnung der Rasse wird ebenso wenig verkannt wie die der Geschlechter, der Stände etc. [...] Aber der Ruf Gottes beruft und sammelt alle zu einem Volk, zum Volk Gottes, zur Kirche, zu der sie alle in gleicher Weise und miteinander gehören. [...] Das Volk Gottes ist eine Ordnung über alle Ordnungen hinaus. [...]

Darum ist der Arierparagraph* eine Irrlehre in der Kirche und zerstört ihre Substanz.
Dietrich Bonhoeffer, 1933

1934 fand in Wuppertal-Barmen die erste Synode der BK statt. In der dort abgefassten »Theologischen Erklärung« (auch »Barmer Bekenntnis« genannt) heißt es:

Jesus Christus, wie er uns in der Heiligen Schrift bezeugt wird, ist das eine Wort Gottes, das wir zu hören, dem wir im Leben und im Sterben zu vertrauen und zu gehorchen haben. Wir verwerfen die falsche Lehre, als könne und müsse die Kirche als Quelle ihrer Verkündigung außer und neben diesem einen Worte Gottes auch noch andere Ereignisse und Mächte, Gestalten und Wahrheiten als Gottes Offenbarung anerkennen.
Barmer Theologische Erklärung

3. Erläutert den Ausschnitt aus dem »Barmer Bekenntnis«. Wogegen richten sich diese Sätze? Das gesamte »Barmer Bekenntnis« findet ihr im Evangelischen Gesangbuch.

Die Reichspogromnacht

Die Bekennende Kirche sagte kaum etwas zur Verfolgung der Juden. Bonhoeffer, der Mitglied der BK war, fand hier kein Gehör. Eine Ausnahme bildete die Gemeinde der Annenkirche in Berlin-Dahlem. Der dortige Pfarrer Helmut Gollwitzer (1908–1992) war einer der ganz wenigen, die sich trauten, ihre Gemeinde auf die in der Pogromnacht geschehenen Naziverbrechen hinzuweisen. Später verhalf er vielen »nichtarischen« Christen zur Flucht ins Ausland.

SCHLÜSSELWISSEN Reichspogromnacht
Am 9./10. November 1938 setzten Angehörige der NSDAP in Deutschland und Österreich Synagogen in Brand. Jüdische Geschäfte wurden zerstört und Tausende von Juden verhaftet. Die Nationalsozialisten wollten die Juden zwingen, Deutschland zu verlassen. Mit den danach erlassenen Gesetzen wurde ihnen auf »legale« Weise jede Lebensmöglichkeit in Deutschland genommen. Hierzu gehörte auch die »Arisierung« jüdischer Geschäfte und Betriebe, die zwangsweise und unter Wert an Nichtjuden verkauft werden mussten. Die Reichspogromnacht gilt als Beginn der Ermordung der Juden in Deutschland und Europa.

Es wäre vielleicht das Richtigste

[...] Es wäre vielleicht das Richtigste,
wir würden nicht singen,
nicht beten,
nicht reden,
nur uns schweigend darauf vorbereiten,
dass wir dann,
wenn die Strafen Gottes offenbar
und sichtbar werden,
nicht schreiend und haderd herumlaufen:
Wie kann Gott so etwas zulassen?
Wir sind mitverhaftet in die große Schuld,
dass wir schamrot werden müssen,
wie biedere Menschen sich auf einmal
in grausame Bestien verwandeln.
Wir sind alle daran beteiligt,
der eine durch Feigheit,
der andere durch Bequemlichkeit,
die allem aus dem Wege geht,
durch das Vorübergehen,
das Schweigen,
das Augenzumachen,
durch die Trägheit des Herzens,
durch die verfluchte Vorsicht.
Was sollen wir tun?
Tue deinen Mund auf
für die Stummen
und für die Sache aller!
Gott will Taten sehen,
gute Werke gerade von denen,
die mit Christi Hilfe entronnen sind.
Draußen wartet unser Nächster
Not leidend,
schutzlos,
ehrlos,
hungernd,
gejagt und umgetrieben
von der Angst um seine nackte Existenz,
er wartet darauf,
ob heute die christliche Gemeinde
wirklich einen Bußtag begangen hat.
Jesus Christus wartet darauf.
Aus Helmut Gollwitzers Bußtagspredigt am 16.11.1938 in der Annenkirche, Berlin-Dahlem

Stolpersteine erinnern deutschlandweit, wie hier in Berlin-Mitte, vor Häusern an ehemalige jüdische Bewohner.

Gottesdienstbesucher

An dem Gottesdienst nehmen einige teil, die sich schon einmal zufällig getroffen haben. Vieles hat sich in ihrem Leben verändert:

Arthur Knobel Er war letzte Woche dabei und hat kräftig die Scheiben klirren lassen. Als Gestapo-Mitarbeiter schreibt er seinen Vorgesetzten Berichte über die Aktivitäten der Dahlemer Kirchengemeinde. Manchmal ist ihm nicht ganz wohl bei der Arbeit, aber auch seine Frau sagt, dass alle Volksschädlinge ausgemerzt werden müssen.

Grete Freudenheim, geb. Köhler Den Betrieb ihres Arbeitgebers hat man »arisiert«: Er musste ihn für wenig Geld an einen deutschen Unternehmer verkaufen und will nun mit seiner Familie nach Amerika auswandern. Grete konnte ihre Stellung behalten, jedoch wurde Gerson sofort entlassen. Freunde bedrängen sie, sich von ihm scheiden zu lassen.

Martin Gottschalk Er ist stolz auf seine Marineuniform. Endlich ist er wieder jemand. Finanziell geht es ihm nun auch besser, aber seine kranke Tochter macht ihm immer noch Kummer. Den Kommunisten hat es die Regierung gezeigt:

Jetzt sind endlich die Juden dran. Warum er zur Kirche geht? Das gehört für ihn zum guten Ton.

Robert Löwenstein Seine Artikel will keine Zeitung mehr drucken. Er überlegt, nach Palästina auszuwandern. Aber braucht man dort Journalisten? Ob er in Dahlem Hilfe erwarten kann?

Hanna Löns Ihre schöne Stellung als Hauswirtschafterin hat sie verloren. »Arier« dürfen nicht mehr bei Juden arbeiten. Dann hat ihr Pfarrer auch noch erklärt, dass die getauften Juden in der Kirche nichts zu suchen hätten. Dabei war doch Jesus auch Jude!

Heinz Fischer Er hat Arbeit in einem Rüstungsbetrieb gefunden. Mit seinen alten Genossen wagt er nicht über Politik zu reden: »Einer hört immer mit!« Wozu werden die ganzen Waffen gebraucht?

Felix von Stein Er ist Konfirmand. Sein Vater Hans und seine Mutter haben sich scheiden lassen. Ihre Großmutter ist Jüdin, nun gilt sie als »Nichtarierin«. Sie ist zu Verwandten nach Holland gezogen. Felix ist von der Hitlerjugend schwer begeistert. Vater und Sohn wohnen jetzt im vornehmen Stadtteil Dahlem.

1. Gollwitzer spricht in seiner Predigt von der Mitschuld aller Christen. Wie begründet er dies?
2. Überlegt euch, wie die verschiedenen Personen auf Gollwitzers Predigt reagieren. In Briefen an Pfarrer Gollwitzer schreiben sie ihre Meinung.
3. Befinden sich in eurem Ort Stolpersteine? Informiert euch unter www.stolpersteine.com.

Jugend unter dem Hakenkreuz

Die Nationalsozialisten versuchten, alle deutschen Jugendlichen in die nationalsozialistische Partei einzugliedern. Die Jungen wurden Mitglieder der Hitlerjugend (HJ) und die Mädchen des Bundes deutscher Mädel (BDM).

Die DC sorgten dafür, dass die evangelischen Jugendverbände in die HJ übergeführt wurden. 1933 schloss Reichsbischof Müller mit der Führung der HJ ein Abkommen zur Eingliederung der evangelischen Jugend in die HJ.

Der Kampf um die Jugend

Abkommen über die Eingliederung der evangelischen Jugend in die Hitlerjugend

Das Evangelische Jugendwerk erkennt die einheitliche politische Erziehung der deutschen Jugend durch den nationalsozialistischen Staat und die Hitlerjugend […] an.
Die Jugendlichen des Evangelischen Jugendwerkes unter 18 Jahren werden in die Hitlerjugend […] eingegliedert. Wer nicht Mitglied der Hitlerjugend wird, kann […] nicht Mitglied des Evangelischen Jugendwerks sein.

Gestapo und Hitlerjugend lösen 1936 eine Bibelfreizeit auf.

Widerstand
wider Willen?

In vielen größeren Städten bildeten sich Anfang des Zweiten Weltkriegs Jugendgruppen. Sie hörten Jazzmusik des englischen »Feindsenders« BBC und lasen verbotene Schriftsteller. Sie trafen sich in Segel- und Tennisclubs oder zu Hause.

Ihre Kleidung war modisch: bis zum Kragen reichende Haare, lange karierte Jacken, auffallende Schals, Regenschirm, Hut, Schuhe mit weichen Sohlen. Im Gespräch benutzten sie gern englische Wendungen.

Thorsten Müller wurde 1927 geboren. Von 1943 bis Kriegsende war er in Gestapo- und Konzentrationslagerhaft. In einem Interview erzählte er über seine Zugehörigkeit zur »Swing-Jugend«:

Ich wurde von der Geheimen Staatspolizei einem Personenkreis zugerechnet, der seinerzeit als »Swing-Jugend« denunziert wurde – natürlich ist das Verständnis, das die Gestapo von uns hatte, nicht identisch mit meinem Selbstverständnis. Ich gehörte sicherlich zu einem Kreis junger Hamburger, die durch ihre soziale, erzieherische, familiäre Herkunft disponiert waren zum Konflikt mit dem Nationalsozialismus. Wir haben in [...] scheinbar ganz unpolitischen Artikulationen unsere Abneigung gegen den Nationalsozialismus zum Ausdruck gebracht. Die Oppositionsformen oder Widerstandsformen können auch sehr jukos gewesen sein und dennoch nicht weniger ernsthaft. In vielen Fällen war es ein echter Konflikt, ein Konflikt derart, dass die von ihm Betroffenen gar nicht hätten anders können, als in Resistenz zum Nationalsozialismus zu geraten.

Ich ging meinen literarischen, ästhetischen, musikalischen und kommunikativen Interessen nach, gar nicht aus dem Vorsatz, Widerstand zu leisten, sondern ich realisierte eigentlich erst im Laufe der Zeit, dass ich, gerade indem ich mich selbst zu verwirklichen versuchte, wie man vielleicht heute sagen würde, gerade dadurch halt in Widerstand geriet. [...]

(Meine Freunde) waren schon etwas Ältere, und das waren Söhne und Töchter aus Familien, in denen der Nationalsozialismus als etwas sehr Fremdes und Lebensbedrohendes empfunden wurde. Und ich habe mich mit ihnen regelmäßig getroffen, und wir haben unsere schließlich auch politischen Interessen miteinander ausgetauscht und besprochen. Wir haben natürlich die von uns favorisierte Jazzmusik heimlich gehört, und ganz wichtig für uns waren die Radioansprachen an die deutschen Hörer von Thomas Mann, die über die Stimme Amerikas und über die BBC London hierhergelangten. [...] Unter uns selbst und unter uns unbekannten Leuten haben wir Nachrichten der BBC London verbreitet. *Thorsten Müller*

1. Wie sollen die dargestellten Mädchen und Jungen ⤍ S. 154 auf den Betrachter wirken?
2. Begründet die Absicht der Nationalsozialisten, möglichst alle reinrassigen deutschen Jugendlichen in die Hitlerjugend einzugliedern.
3. Erklärt, warum Jugendliche wie Thorsten Müller in Konflikt mit dem nationalsozialistischen Staat gerieten. Welche Bedeutung besaß ihr Outfit?
4. Arrangiert ein Streitgespräch: Felix von Stein, mittlerweile 16 Jahre alt, hat sich einer Swing-Jugendgruppe angeschlossen. Sein Vater will das nicht zulassen und stellt seinen Sohn zur Rede ...

Der Frauenprotest in der Rosenstraße –
ein Ereignis und seine Deutung

Unter der Bezeichnung »Schlussaktion der Berliner Juden« sollten Ende Februar 1943 die letzten in Berlin lebenden Juden in die Vernichtungslager deportiert werden. Am 27. Februar wurden die Juden an ihren Arbeitsplätzen von Polizei- und SS-Einheiten verhaftet, in Sammellager gesteckt und schließlich deportiert. Diejenigen Juden, die mit nichtjüdischen Ehepartnern verheiratet waren, wurden in ein jüdisches Gemeindehaus in der Rosenstraße gebracht. Die meisten der verhafteten Juden waren Männer. Unter ihren Ehepartnern sprachen sich die schrecklichen Ereignisse schnell herum. So kamen etwa 2000 Menschen in die Rosenstraße, um Näheres über ihre Angehörigen zu erfahren oder ihnen Lebensmittel und Kleidung zu bringen. Der Polizei gelang es nicht, die Demonstration in der Rosenstraße zu beenden. Eine Woche lang trafen sich hier immer mehr Menschen. Am 6. März 1943 ordnete Goebbels an, die inhaftierten Juden freizulassen; viele von ihnen konnten den Krieg überleben.

Historisch umstritten ist, ob die Männer wegen der Proteste ihrer Familienangehörigen frei gelassen worden sind oder ihre Deportation überhaupt nicht geplant gewesen war. Jedenfalls dürfte die Demonstration der Frauen der einzige öffentliche Protest gegen die Judenverfolgung in Deutschland gewesen sein.

1. Im Internet findet ihr viele Informationen und historische Dokumente zu den Ereignissen in der Rosenstraße 1943. Stellt eine Liste mit den wichtigsten Internetseiten zusammen.
2. Schaut euch den Film »Rosenstraße« an.
3. Sucht die Szenen heraus, in denen Lena versucht, ihren Mann zu befreien. Analysiert diese Szenen mithilfe der Methode »Eine Filmszene aus der Sicht der Figuren erarbeiten«. Welche Erklärungen werden aus der Perspektive der Personen und der Kamera gegeben, warum die Inhaftierten inhaftiert blieben bzw. letztlich freigelassen wurden?
4. Nehmt Stellung zur Diskussion um den Film. Berücksichtigt hierbei die Pressestimmen zur Rosenstraße.

2003 erscheint der Film »Rosenstraße« der deutschen Regisseurin Margarethe von Trotta. In diesem Film verknüpft sie die Ereignisse 1943 mit verschiedenen Liebesbeziehungen, die bis in die heutige Zeit reichen.

In der Filmkritik ist von Trottas Film umstritten. Er wurde viel gelobt und hat wichtige Filmpreise gewonnen. Da jedoch im Filmvorspann der Anspruch erhoben wird, der Film gebe die historischen Ereignisse authentisch wieder, hat er viel Widerspruch und Ablehnung erhalten: Der Film sei historisch unglaubwürdig. Der Film verbindet historische Plausibilitäten und Erzählkunst.

Die Schauspieler Martin Wuttke als Minister Goebbels und Jürgen Vogel als Offizier Arthur Fischer, Lenas Bruder

Die Schauspielerin Katja Riemann als Lena Fischer, die um ihren jüdischen Mann kämpft

»Ein gefühlvolles Melodram, das uns die damalige Zeit zu verstehen hilft!«

»Rosenstraße zeigt Nazis nur als harmlose Fratzen.«

»Der Film hält nicht das, was er verspricht: authentisch zu sein!«

METHODE **Eine Filmszene aus der Sicht der Figuren erarbeiten**
Bei dieser Methode nehmt ihr eine Filmszene aus zwei Perspektiven wahr: Was geschieht aus der Perspektive der Figur? Was geschieht aus der Perspektive der Kamera? Durch diesen Perspektivenwechsel wird deutlich, was die Figuren denken, fühlen und tun und wie dies zu verstehen ist.
• Schaut euch die Szene an und sammelt eure ersten Reaktionen.
• Beschreibt die Gestaltungsmittel. Gebt jeder Szene eine passende Überschrift.
• Bearbeitet einzeln folgende Fragen: Von wo aus konnte ich sehen, wie und was die dargestellten Figuren in der Szene sehen? Wie verändert sich der Blick auf diese Figuren im Verlauf der Szene? Was konnte ich mit den Augen welcher Figur in verschiedenen Einstellungen sehen?
• Nochmaliges Sehen der Szene – kurze Antworten notieren.
• Bearbeitet in Gruppen folgende Aufträge: Was erfahrt ihr durch den Blick der Kamera auf die Figur(en) über die Absicht des Regisseurs? Welche neuen Informationen über die Absicht des Regisseurs bekommt ihr durch den Wechsel des Blicks der Kamera? Stellt im Plenum eure Ergebnisse vor. Was ist euch klar geworden? Worauf werdet ihr beim nochmaligen Sehen achten?
• Schaut euch nun gemeinsam die Szene noch einmal an.

Schuld bekennen

»Wir Deutschen haben den Zweiten Weltkrieg begonnen und schon damit mehr als andere unmessbares Leiden der Menschheit verschuldet; Deutsche haben in frevlerischem Aufstand gegen Gott Millionen Juden umgebracht. Wer von uns Überlebenden das nicht gewollt hat, der hat nicht genug getan, um es zu verhindern.«

Aufruf der Synode* der Evangelischen Kirche* Deutschlands zur Gründung von
»Aktion Sühnezeichen/Friedensdienste«, 1958

Der Zweite Weltkrieg begann mit dem Einmarsch der deutschen Wehrmacht am 1. September 1939 in Polen. Die Vernichtung der Juden in Osteuropa setzte ein. Kurze Zeit später wurden auch Frankreich, England und die Sowjetunion angegriffen. Deutschland entfesselte einen Krieg, bei dem über 50 Millionen Menschen ihr Leben verloren. Aus den Reihen der Bekennenden Kirche, die durch Verhaftungen und Redeverbote geschwächt war, wagten nur wenige, ihre Stimme gegen den Krieg zu erheben. Bereits 1940, als Deutschland nach dem Sieg über Frankreich auf dem Höhepunkt seiner militärischen Macht stand, formulierte Bonhoeffer ein Schuldbekenntnis der Kirche.

Die Kirche und ihre Schuld

[...] Die Kirche bekennt, ihre Verkündigung von dem einen Gott, der sich in Jesus Christus für alle Zeiten offenbart hat und der keine anderen Götter neben sich leidet, nicht offen und deutlich genug ausgerichtet zu haben. Sie bekennt ihre Furchtsamkeit, ihr Abweichen, ihre gefährlichen Zugeständnisse. Sie hat ihr Wächteramt und ihr Trostamt oftmals verleugnet. Sie hat dadurch den Ausgestoßenen und Verachteten die schuldige Barmherzigkeit oftmals verweigert. Sie war stumm, wo sie hätte schreien müssen, weil das Blut der Unschuldigen zum Himmel schrie. Sie hat das rechte Wort in rechter Weise zu rechter Zeit nicht gefunden. Sie hat dem Abfall des Glaubens nicht bis aufs Blut widerstanden und hat die Gottlosigkeit der Massen verschuldet.

Die Kirche bekennt, den Namen Jesu Christi missbraucht zu haben, indem sie sich seiner vor der Welt geschämt hat und Missbrauch dieses Namens zu bösem Zweck nicht kräftig genug gewehrt hat: Sie hat es mit angesehen, dass unter dem Deckmantel des Namens Christi Gewalttat und Unrecht geschah. Sie hat aber auch die offene Verhöhnung des heiligsten Namens ohne Widerspruch gelassen und ihr damit Vorschub geleistet. Sie erkennt, dass Gott den nicht ungestraft lassen wird, der so wie sie seinen Namen missbraucht. [...]

Die Kirche bekennt, die willkürliche Anwendung brutaler Gewalt, das leibliche und seelische Leiden unzähliger Unschuldiger, Unterdrückung, Hass und Mord gesehen zu haben, ohne ihre Stimme für sie zu erheben, ohne Wege gefunden zu haben, ihnen zu Hilfe zu eilen. Sie ist schuldig geworden am Leben der schwächsten und wehrlosesten Brüder Jesu Christi.

Dietrich Bonhoeffer, 1940

Um Verzeihung bitten

Willy Brandt (1913–1992) war schon in seiner Jugend aktives Mitglied der SPD. Um seiner drohenden Verhaftung zu entgehen, floh er im April 1933 nach Norwegen. Von dort aus kämpfte er gegen die Nationalsozialisten. 1945 kehrte er wieder nach Deutschland zurück und engagierte sich im demokratischen* Aufbau Deutschlands.

Als erster deutscher Bundeskanzler besuchte er 1970 Polen, das damals noch unter kommunistischer Herrschaft stand. Mit seiner Politik eröffnete er einen Weg zur Aussöhnung mit den osteuropäischen Völkern, gegen die Deutschland Krieg geführt hatte. 1971 erhielt er den Friedensnobelpreis.

Während seines Aufenthalts in Warschau stattete Willy Brandt dem Denkmal für die Gefallenen des jüdischen Ghettoaufstandes 1943 ⋯▸ *S. 173 einen Besuch ab. Bei einer Kranzniederlegung am Mahnmal für die Opfer des Nationalsozialismus kniete Brandt plötzlich nieder.*

1. Inwiefern hat nach Bonhoeffers Meinung die Kirche Schuld auf sich geladen?
2. Überlegt, welche Folgerungen sich heute für die Kirche gegenüber ihrem Verhältnis zum Staat ergeben.
3. Informiert euch über die Arbeit von Aktion Sühnezeichen/Friedensdienste e. V. im Internet unter www.asf-ev.de.
4. Stellt euch vor, die Personen, die sich 1933 an der Litfasssäule ⋯▸ S. 146 begegnet sind, betrachten dieses Foto. Wie würden sie Brandts Geste deuten?

27. Januar – erinnern und gedenken

Elie Wiesel wurde 1928 in Rumänien geboren. Er überlebte als Kind die Konzentrationslager Auschwitz und Buchenwald. Seine Eltern und Geschwister wurden ermordet. Nach dem Krieg ging er in die USA und veröffentlichte Bücher über den Holocaust. Später unterrichtete er als Literaturprofessor in Boston. 1986 erhielt er den Friedensnobelpreis. 2009 besuchte er mit US-Präsident Barack Obama die Mahn- und Gedenkstätte Buchenwald.

Erinnern führt uns zusammen

Sie werden mir gewiss zustimmen, dass diese Gräueltaten, begangen unter dem Gesetz des »Dritten Reiches«, nicht vergessen werden dürfen – und das versichere ich Ihnen: Sie werden auch nicht vergessen und vergeben. Als ich vor zwei Jahren hier war, da sagte ich und muss es heute wiederholen: Niemand, ganz sicherlich nicht ich, niemand hat das Recht, den Mördern zu vergeben, dass sie sechs Millionen Männer und Frauen vernichtet haben, nur weil sie zu meinem Volk gehörten, dem Volk der Ewigkeit und der Erinnerung. Nur die Toten könnten vergeben, und niemand hat das Recht, in ihrem Namen zu sprechen.

Aber ich muss Ihnen auch sagen, und zwar aus tiefster Überzeugung, dass nicht alle Bürger, die damals lebten, schuldig geworden sind. Als Jude, der seine Identität immer noch in der Tradition findet, glaube ich, dass es eine Kollektivschuld nicht gibt. Nur die Schuldigen waren schuldig. Kinder von Mördern sind keine Mörder, sondern Kinder. Schuld wie Unschuld ist persönlich.

Deshalb habe ich weder die Absicht noch das Recht, die junge Generation von heute für die unaussprechlichen Verbrechen zu verurteilen, die eine frühere, die Hitler-Generation, begangen hat.

Aber ich glaube auch, dass wir das Recht und die Pflicht haben, die junge Generation verantwortlich zu machen – nicht für die Vergangenheit, aber dafür, wie sie mit ihr umgeht, was sie mit den Erinnerungen tut, die ihr Erbteil sind. Sie ist verantwortlich zu machen für die Art und Weise, wie sie sich erinnert.

Erinnerung ist also das Schlüsselwort. Sie verbindet Vergangenheit und Gegenwart, Vergangenheit und Zukunft. Erinnerung heißt, den Glauben an die Menschheit zu erneuern, der Menschheit zum Trotz, und unserer schwachen Anstrengung Sinn zu verleihen. Das Erinnern gibt der Gerechtigkeit ihre Würde zurück: Gerechtigkeit ohne Erinnerung ist wie Schweigen ohne Worte.

Deshalb spreche ich heute und hier im Namen des Erinnerns zu Deutschlands Jugend. »Erinnere dich« heißt das Gebot, das jetzt überall das Leben junger Juden beherrscht: Stellen auch Sie Ihr Leben unter dieses Gebot! Wenn wir die Herausforderung der Erinnerung annehmen, können wir gemeinsam vorwärts-

schreiten, etwas aufbauen auf allem Schmerz und Zorn. Ich glaube, eine große Botschaft der Menschlichkeit könnte so Gestalt annehmen. Bleiben Sie aber der Erinnerung verschlossen, so sind Sie unweigerlich auf immer gegen uns und gegen alles, wofür wir stehen.

Elie Wiesel, 1987 in einer Rede vor dem Deutschen Bundestag

1988 wurde in Wittenberg an der evangelischen Kirche St. Marien ein Mahn- und Bußzeichen in den Erdboden eingelassen. Auf der Bronzeplatte steht der Text: Gottes eigentlicher Name/der geschmähte Schem-Ha-Mphoras/den die Juden vor den Christen/fast unsagbar heilig hielten/starb in sechs Millionen Juden/unter einem Kreuzeszeichen.*

1996 wurde der 27. Januar zum »Tag des Gedenkens an die Opfer der Nationalsozialisten« erklärt. Am 27. Januar 1945 erreichte die sowjetische Armee das Konzentrationslager Auschwitz und befreite die wenigen überlebenden jüdischen Häftlinge. »Auschwitz« ist zum Inbegriff der nationalsozialistischen Vernichtungspolitik geworden. Dieser Tag erinnert auch an die anderen von den Nationalsozialisten verfolgten und ermordeten Menschen. 50 Jahre hat es gedauert, bis ein solcher Gedenktag in Deutschland eingeführt wurde.

1. Stellt dar, wie Elie Wiesel die Zusammenhänge zwischen Schuld und Vergebung, Verantwortung und Erinnerung sieht. Unter welchen Bedingungen kann sich Elie Wiesel ein künftiges Miteinander von Juden und Nichtjuden in Deutschland vorstellen?
2. Beschreibt das Wittenberger »Mahn- und Bußzeichen« und deutet es auf dem Hintergrund der Rede von Elie Wiesel.
3. Wo gibt es in eurer Nähe Stätten der Erinnerung an die Judenverfolgung?

Staat und Kirche in der DDR

Als Folge des zweiten Weltkriegs wurde 1945 Deutschland unter den Siegermächten aufgeteilt. 1949 wurden in Westdeutschland die Bundesrepublik Deutschland (BRD) und in Ostdeutschland die Deutsche Demokratische Republik (DDR) gegründet. Während sich die Bundesrepublik ein freiheitlich-demokratisches* Grundgesetz gab, war die Verfassung der DDR sozialistisch* ausgerichtet. Am 6. März 1978 fand ein Gespräch auf höchster Ebene zwischen der DDR-Regierung und der evangelischen Kirchenleitung statt, das das Verhältnis zwischen Staat und Kirche ordnen sollte.

Tags darauf veröffentlichte die von der Regierung kontrollierte Tageszeitung Neues Deutschland einen ausführlichen Bericht über das Treffen, in dem sich folgende Textauszüge finden:

»Der Vorsitzende des Staatsrats erklärte zur Situation der Kirchen und der Christen in der DDR, dass die Freiheit der Religionsausübung bei klarer Trennung von Staat und Kirche verfassungsmäßig garantiert und in der Praxis gesichert ist. ›Wir bringen hier sehr viel Verständnis auf, und daran halten wir fest.‹

Die weltweite Anerkennung der DDR habe den Kirchen unseres Landes eine gleichberechtigte aktive Mitarbeit in der Ökumene ermöglicht. Wohl zu schätzen wisse unser Staat die ökumenische Tätigkeit der Kirchen der DDR für Frieden, Entspannung und Völkerverständigung.«

Bischof Schönherr äußerte »den aufrichtigen Wunsch, dass durch die Begegnungen und Gespräche zwischen den Vertretern des Staates und der Kirche jenes Vertrauen wachsen kann, das die Redlichkeit des anderen nicht in Frage stellt, sondern voraussetzt. [...] ›Offenheit und Durchsichtigkeit sind das Barometer des Vertrauens. Das Verhältnis von Staat und Kirche ist so gut, wie es der einzelne christliche Bürger in seiner gesellschaftlichen Situation vor Ort erfährt.‹«

Neues Deutschland, 1978

SCHLÜSSELWISSEN **Evangelische Kirche in der DDR**

In der DDR war die Religionsfreiheit zwar rechtlich gesichert, dennoch wurden viele Christen staatlichem Druck ausgesetzt. Wer sich öffentlich als Christ bekannte, wurde z. B. in seiner Berufswahl benachteiligt. Wichtige Kirchenvertreter bemühten sich daher, das Verhältnis zum sozialistischen Staat zu entspannen, und suchten einen Weg als Kirche im Sozialismus. Als die DDR-Regierung Ende der 1970er Jahre einen Wehrkundeunterricht in den Schulen einführte, nahm die Kirche dagegen deutlich Stellung. Viele Friedens-, Menschenrechts- und Umweltschutzgruppen fanden in der Kirche Unterstützung und die Möglichkeit, ihre Vorstellungen in die Öffentlichkeit zu bringen. Auch Musikbands erhielten hier Auftrittsgelegenheiten. Vergeblich versuchte die DDR-Regierung die Oppositionsgruppen zu unterdrücken oder die Landeskirchen dazu zu bringen, sich ausschließlich um religiöse Belange wie Gottesdienst und Seelsorge zu kümmern. In Leipzig und vielen anderen Orten traf sich eine wachsende Anzahl von Menschen in den Kirchen zu Friedensgebeten, die 1988/89 zum Ausgangspunkt für die Reformforderungen wurden. Davon ausgehend entfaltete sich die Friedliche Revolution, die zum Ende der DDR führte. 1991 schlossen sich die ostdeutschen Landeskirchen wieder mit der Evangelischen Kirche in Deutschland* (EKD) zusammen.

Inf. KD Zwickau vom 02.03.84

P. brachte am 14.02.84 ein Plakat in der Größe 35 x 50 cm an. Links oben mit gelber Wasserfarbe das Wort Leben, in Druckbuchstaben, und ein Fragezeichen. Darunter bunt gemalt: eine untergehende Sonne vor einer Landschaft. Rechts unten: Reste einer Atomrakete, aus welcher ein Atompilz hervorsteigt. Das Haus, an welchem das Plakat angebracht wurde, ist das Wohnhaus des P. Es ist Eigentum der Kirche.

Inf. KD Zwickau vom 6.7.1984 (siehe SLK-XX 3416):

Am 29.11.1983 fand in der Wohnung des P. die Gründung des "Umweltkreises" Zwickau statt. Daran nahmen folgende Personen teil:

Paschold, Michael
Banitz, Jörg,
Hofmann, Lutz

Trommer, Monika
Linsener, Peter
....., Ramona

gegenwärtig gehören 14
Personen dem "Umweltkreis"
Zwickau an

Die Zusammenkünfte fänden bis Ende April 1984 regelmäßig Montags in der Wohnung des Paschold statt. Seit dem 3.5.1984 dient der P. als Bausoldat bei der NVA. Seit Anfang Mai 1984 hat Pfarrer Käbisch, Edmund, SLK-XX 3350, für den "Umweltkreis" ein Zimmer im Domgemeindehaus Zwickau zur Verfügung gestellt. Am 21.5.1984 fand eine Zusammenkunf der "Umweltgruppe" in Königswalde statt, da vermutet wurde, daß ein Informant des MfS in der Gruppe existiert.

HA I vom 25.4.85

P. diente I/84 - I/85 als Bausoldat in der Baueinheit 40 Brandenburg.

Diese Karte stammt aus der Akte zum Operativen Vorgang (OV) »Kontrahent«, die zur »Bearbeitung« von Pfarrer Edmund Käbisch angelegt wurde. Die Schwärzungen wurden von der BStU vorgenommen.

Kopie BStU
Außenstelle Chemnitz
C. Asl XX.SLK 3579

Das Ministerium für Staatssicherheit (MfS oder Stasi) diente der DDR-Regierung zur Überwachung und Unterdrückung, zur Zersetzung oppositioneller Regungen. 1990 wurden die Akten des MfS der Bundesbehörde für die Stasi-Unterlagen (BStU) übergeben. Die Akten dürfen nur unter bestimmten Bedingungen eingesehen und nur mit Zustimmung der Opfer veröffentlicht werden.

METHODE **Ein Biogramm erstellen**

Ein Biogramm ist eine kurze Lebensbeschreibung, die nur die wichtigsten Daten und Stationen einer Person darstellt. Biogramme sind auch für den Geschichts- oder Deutschunterricht hilfreich. Sie können folgende Angaben enthalten:

• Geburtsnamen, Lebensdaten, Geburts- und Sterbeort
• Wichtige Stationen in Ausbildung, Beruf und im privaten Leben
• Zugehörigkeit zu Parteien, Verbänden etc.
• Wichtige Bücher, Äußerungen oder besondere Leistungen
• Quellen für die Angaben im Biogramm

1. Erstellt je ein Biogramm über Albrecht Schönherr und Erich Honecker.

2. Erläutert, welche Interessen die DDR-Regierung und die Kirche mit dem Treffen am 6. März 1978 verbanden.

3. Versucht anhand des Dokuments zu rekonstruieren, was sich aus Sicht des MfS in der Zwickauer Kirchengemeinde zugetragen hat. Erklärungen zu den benutzten Abkürzungen findet ihr auf der Homepage der Stasi-Unterlagenbehörde www.bstu.bund.de.

4. Das Dokument darf nur unter der Voraussetzung veröffentlicht werden, dass bestimmte persönliche Daten unkenntlich gemacht sind. Unter ihnen befindet sich auch ein enttarnter IM. Wie beurteilt ihr diese Auflage der BStU?

Schwerter zu Pflugscharen!

Mit dem Zerfall der Sowjetunion und des Warschauer Pakts* wuchs in der DDR die Oppositionsbewegung*, die die Einhaltung demokratischer* Rechte forderte. Nicht nur in den großen Städten wie in Leipzig, Dresden oder Berlin bildeten sich Gruppen, die in Opposition zur DDR-Regierung gerieten. Nach der Grenzöffnung am 9. November 1989 und nach den Neuwahlen im März 1990 wurde die Forderung nach der Wiedervereinigung laut. Im Oktober 1990 trat die DDR der Bundesrepublik bei und löste sich damit auf. Aus Anlass des 20. Jahrestags der Friedlichen Revolution führte 2009/10 das Theaterhaus Jena das Stück »Der dritte Weg« auf, das auf den Erinnerungen damaliger Jenaer Demonstranten basiert.

Nicht feige sein

Udo [ein Jenaer Pfarrer] hat immer gesagt: »Kommt mal zum Kaffee!« Und da saßen wir in großer Runde, und er sagte: »So, Leute, denkt dran, wie würdet ihr entscheiden, wie weit kann man sich vorwagen?« Und da hat er so 'n Wort benutzt, dass alles »in der Nachfolge Jesu« passiert. Das ist – ich würde mal sagen – ein tiefgreifender Satz. Tu nichts, was Jesus nicht auch tun würde. Das hat mein Leben geprägt: »in der Nachfolge ...« Nicht feige sein, auch heute nicht.
Petra Grund

Ich bin dann 1987/88 in die IG Stadtökologie gegangen. Das war neu damals, das Grüne. Die Idee hatten einige junge Leute, die mit ihrem Studium fertig waren, beruflich aber keinen Einstieg fanden. Es sollte nicht unter dem Deckmantel der Kirche ablaufen. Es ging um Ökologie innerhalb der Stadt, nicht in irgendwelchen Naturschutzgebieten. Wir waren 150 Leute und haben uns ganz schnell in Gruppen aufgeteilt: Fahrrad, Verkehr, Müll, Recht. Zusätzlich haben wir Informationsveranstaltungen angeboten, zu denen unheimlich viele Leute kamen und Vorschläge machten, wie man's anders machen kann in seinem kleinen Bereich. Wir wollten einen Umwelttag organisieren, doch das wurde uns verboten.
Conny Bartau

Ich habe 1981 Leute kennengelernt, die lange Haare hatten und verrückt aussahen, etwa genauso alt waren wie ich und mich faszinierten. Von denen bekam ich den Aufnäher »Schwerter zu Pflugscharen«. Ich war der

Einzige an unserer Schule, der damit in die Schule kam. [...] Es gab wahnsinnige Diskussionen, kurz vorm Schulrauswurf, mein Lehrvertrag wurde gekündigt. Das hat mich so wütend gemacht. Ich habe das völlig unbedarft gemacht, dachte: Frieden ist okay, Aufnäher drauf und alles ist schön. Und dann kam dieser riesige Rattenschwanz, wodurch ich zum Nachdenken kam: Das kann doch nicht sein, das stimmt doch nicht mit dem überein, was die uns erzählen.
Harry Zöller

Wachet und betet – die evangelische Kirche im Herbst 1989

Die Gethsemanekirche in Berlin im Oktober 1989

1. Beschreibt die Beweggründe, die die Zeitzeugen benennen, um sich einer oppositionellen* Gruppe anzuschließen. Welche Rolle spielte für sie die Kirche?

2. Warum waren die oppositionellen Gruppen für die DDR gefährlich, wenn sie doch vielfach dasselbe forderten wie der Staat? Warum wirkte der Slogan »Schwerter zu Pflugscharen« so provokativ?

3. Neben der Gethsemanekirche in Berlin ist die Nikolaikirche in Leipzig ein bekanntes Zentrum der Protestbewegung in der DDR. Informiert euch im Internet über die Bedeutung der beiden Kirchen für die Friedliche Revolution 1989.

4. Befragt eure Eltern und Großeltern über ihre Erinnerungen an den 9. November 1989.

Geschichte erinnern und verstehen

In diesem Kapitel habt ihr gelernt, dass trotz prophetischer Warnungen einzelner die Kirche die Gefahr des Nationalsozialismus nicht erkannt und kaum Widerstand gegen die Kriegspolitik und die Judenermordung geleistet hat. Hingegen nahm die Kirche bei der Friedlichen Revolution in der DDR eine führende Rolle ein, indem sie Christen und Nicht-Christen Unterstützung und Schutz für ihre Forderungen nach mehr persönlicher Freiheit und gesellschaftlicher Veränderungen geboten hat.

Aber reicht es aus, dass wir wissen, wir uns erinnern, was sich in unserer Geschichte zugetragen hat? Oder besitzt das, was unsere Eltern und Groß-eltern noch erlebt haben, irgendeine Bedeutung für uns heute und für unsere Zukunft?
Mit dieser Frage hat sich die siebzehnjährige Kathrin in einem Gedicht beschäftigt:

Warum soll ich mich erinnern?
Warum soll ich mich erinnern?
Was geht mich das an?
Wer sind die Täter und ihre Toten?
Ich kenne sie nicht.

Ich bin jung, mir steht das Leben offen.
Warum soll ich da zurückschauen?
Meine Zukunft liegt doch nicht in der Vergangenheit.

Ich kenne keinen, an den ich mich erinnern kann.
Wer sind die Opfer des Krieges?
Ich kenne sie nicht.

Die Toten sollen mahnen.
Wen? Mich?!
Ich bin nicht dabei gewesen.
Was geht mich das an?

1. Erläutert die in diesem Gedicht vorgetragene Haltung gegenüber der Vergangenheit. Formuliert eine Antwort auf die Frage »Warum soll ich mich erinnern?«
2. Kathrins Frage bezieht sich auf die Opfer des Nationalsozialismus. Sie lässt sich aber auch erweitern: »Warum soll ich mich an die Friedliche Revolution 1989« erinnern? Wie wäre diese Frage zu beantworten?
3. Vielfach werden die Ereignisse im Herbst 1989 als Wende bezeichnet. Forscht im Internet, wer in diesem Zusammenhang den Begriff »Wende« gebraucht hat. Was soll mit der Bezeichnung »Friedliche Revolution« zum Ausdruck gebracht werden?

Eine kirchliche Erklärung deuten

Die Talkshow Tacheles in der Marktkirche Hannover

Mit eurem Wissen über die Erfahrungen der Kirche mit den deutschen Diktaturen* des 20. Jahrhunderts könnt ihr folgenden Textauszug über das Verhältnis der Kirchen zur Demokratie* interpretieren.

2006 haben sich die EKD* und die katholische Deutsche Bischofskonferenz* mit der Schrift »Demokratie braucht Tugenden« zum christlichen Engagement im demokratischen Staat geäußert.

Die Kirchen werden auch in Zukunft für die freiheitliche Demokratie des Grundgesetzes eintreten, weil diese in besonderer Weise dem christlichen Menschenbild entspricht. Das politische, ökonomische und rechtliche System in Deutschland wie in Europa insgesamt ist wesentlich geprägt von jüdisch-christlichen Wertvorstellungen. Im deutschen Grundgesetz hat das christliche Bild vom Menschen seinen Niederschlag gefunden. Dieses Bild vom Menschen ist dadurch bestimmt, dass der Mensch zu freier Entscheidung fähig ist und zugleich immer in solidarischer Verbundenheit mit anderen lebt. Er ist zu verantwortlicher Selbstbestimmung herausgefordert. Sicher können aus dem christlichen Menschenbild nicht direkt ökonomische oder politische Handlungsanweisungen hergeleitet werden. Aber mit seinen zentralen Kategorien der Freiheit, der Würde und der Selbstbestimmung zeigt es einen ethischen Mindeststandard, der in jedem Fall gewahrt bleiben muss, wenn konkrete Entscheidungen getroffen werden.
Erklärung der EKD und der Deutschen Bischofskonferenz, 2006

4. Erläutert mithilfe des Textes das Verhältnis der Kirchen zur Demokratie.
5. In der Erklärung der evangelischen und katholischen Kirche heißt es: »Dass es zur Demokratie keine akzeptable Alternative gibt, bedeutet keineswegs, dass wir uns einfach darauf verlassen können, die Demokratie werde es schon schaffen, wie auch immer wir mit ihr umgehen.« Deutet diesen Satz. Welche Schlussfolgerungen ergeben sich hieraus für das Verhalten der Kirche und der Christen in der Demokratie?
6. In manchen Kirchen finden regelmäßig Talkshows zu politischen Themen statt. Diskutiert: Ist eine Kirche hierfür der richtige Ort?

9

Am stärksten auf der Reise nach Israel und Palästina beeindruckt hat mich, dass Menschen in Palästina trotz aller Schikane ganz selbstverständlich gemeinsam arbeiten, dass in Talitha Kumi christliche und muslimische Kinder ohne Vorbehalte miteinander lernen. Trotzdem haben die Befestigungsanlagen, die hohe Mauer und der Stacheldraht zwischen Israel und Palästina, mich ratlos gelassen. Und in Yad Vashem, der Holocaust-Gedenkstätte in Jerusalem, hat mich das Mahnmal für die ermordeten Kinder besonders bewegt: Ihre Namen wurden in die Dunkelheit hinein gesprochen. Als junge Väter mit Schläfenlocken und Kaftan im orthodoxen Viertel Jerusalems ihre Kinder riefen, waren die gleichen Namen zu hören.
Heike Hilgendiek, 2009

Erläutert die geschilderten Reiseerlebnisse und stellt eine Beziehung zu dem Wandgemälde her.

Jüdische Religion und Geschichte

Ezer Weizman wurde 1924 in Tel Aviv geboren und verstarb 2005. Nach der Gründung des Staates Israel 1948 wurde er einer der höchsten Offiziere der israelischen Armee, später Oberbefehlshaber der Luftwaffe und Minister seines Landes. 1993 wurde er zum Staatspräsidenten gewählt und unterstützte seitdem den Friedensprozess mit den Palästinensern. 1996 besuchte er Deutschland und sprach als erstes israelisches Staatsoberhaupt vor dem Deutschen Bundestag.

Und ich, ich war überall dabei

Das Schicksal hat es gewollt, dass ich und die Angehörigen meiner Generation in einer Zeit geboren wurden, in der Juden in ihr Land zurückkehrten und es neu aufbauen konnten. Ich bin nun nicht mehr ein Jude, der in der Welt umherwandert, der von Staat zu Staat ziehende Emigrant, der von Exil zu Exil getriebene Flüchtling. Doch jeder einzelne Jude in jeder Generation muss sich selbst so verstehen, als ob er dort gewesen wäre – dort bei den Generationen, den Stätten und den Ereignissen, die lange vor seiner Zeit liegen. [...] Jetzt wandere ich durch die Weite der Zeiten, ziehe von Generation zu Generation, laufe auf den Pfaden der Erinnerungen.

Die Erinnerung verkürzt die Distanzen. Zweihundert Generationen sind seit den historischen Anfängen meines Volkes vergangen, und sie erscheinen mir wie wenige Tage. Erst zweihundert Generationen sind vergangen, seit ein Mensch namens Abraham aufstand, um sein Land und seine Heimat zu verlassen und in ein Land zu ziehen, das heute mein Land ist. Erst zweihundert Generationen sind vergangen, seit Abraham die Machpela-Höhle* in der Stadt Hebron kaufte, bis zu den schweren Konflikten, die sich dort in meiner Generation abspielen. Erst hundertundfünfzig Generationen sind vergangen von der Feuersäule des Auszugs aus Ägypten bis zu den Rauchsäulen der Schoah*. Und ich, geboren aus den Nachkommen Abrahams im Lande Abrahams – war überall mit dabei.

Ich war ein Sklave in Ägypten und empfing die Tora am Berge Sinai, und zusammen mit Josua und Elia überschritt ich den Jordan. Mit König David zog ich in Jerusalem ein, und mit Zedekia wurde ich von dort ins Exil geführt. Ich habe Jerusalem an den Wassern zu Babel nicht

vergessen, und als der Herr Zion heimführte, war ich unter den Träumenden, die Jerusalems Mauer errichteten. Ich habe gegen die Römer gekämpft und bin aus Spanien vertrieben worden, ich wurde auf den Scheiterhaufen in Magenza, in Mainz, geschleppt und habe Tora im Jemen studiert. Ich habe meine Familie in Kischinew* verloren und bin in Treblinka verbrannt worden. Ich habe im Warschauer Aufstand gekämpft und bin nach Eretz Israel* gegangen, in mein Land, aus dem ich ins Exil geführt worden war, in dem ich geboren wurde, aus dem ich komme und in das ich zurückkehren werde.

Unstet und flüchtig bin ich, wenn ich den Spuren meiner Väter folge. Und wie ich sie dort und in jenen Tagen begleite, so begleiten mich meine Väter und stehen hier und heute neben mir. [...] Und wie von uns verlangt wird, kraft der Erinnerung an jedem Tag und jedem Ereignis unserer Vergangenheit teilzunehmen, so wird auch von uns verlangt, kraft der Hoffnung uns auf jeden einzelnen Tag unserer Zukunft vorzubereiten.
Ezer Weizman

1. Was erfahrt ihr über die Geschichte Israels? Erläutert die im Text angesprochenen biblischen und geschichtlichen Ereignisse.
2. Erläutert, wie Weizman die Erinnerung an die Geschichte seines Volkes mit seiner persönlichen Biografie verbindet.
3. Die Geschichte vom Auszug aus Ägypten wird in Exodus 12,1–13 und 16 erzählt. Erklärt den biblischen Ursprung des Passahfests.
4. Erläutert die religiöse Bedeutung des Landes und der Stadt Jerusalem für die Juden.
Lest hierzu auch Deuteronomium 34,1–4; 26,1–11, Jesaja 2,2–3 und Jesaja 60 nach.
5. Welche Bedeutung hat die Erinnerung für das Judentum? Welche Rolle spielen hierbei Schriften wie die Haggada?

SCHLÜSSELWISSEN **Passahfest**
Beim Passahfest (Pessach) erinnern sich die Juden an den Exodus, den Auszug aus dem »Sklavenhaus Ägypten« in das ihnen verheißene Land Kanaan. Passah ist ein Familienfest, das auch von Juden gefeiert wird, die sich nicht als besonders religiös bezeichnen. Typisch für dieses Fest sind die Speisen, die an das Leiden und den Auszug erinnern sollen. In der Haggada (hebr. Erzählung) ist der Ablauf des Festes beschrieben. In dieser wird die geschichtliche Erfahrung des Befreiungshandelns Gottes vergegenwärtigt: so, als wäre man selbst aus Ägypten geflohen.

Leiden, Verfolgung, Widerstand – jüdische Erfahrungen

Am Toten Meer im Süden Israels erhebt sich ein hohes Felsmassiv, auf dem König Herodes um das Jahr 30 v. Chr. eine uneinnehmbare Festung errichten ließ. Als 66 n. Chr. der jüdische Krieg gegen die römische Besatzung begann, wurde sie von einer Gruppe jüdischer Widerstandskämpfer eingenommen. 70 n. Chr. brach der Aufstand zusammen. Die Römer zerstörten den Tempel in Jerusalem und vertrieben die Juden in alle Welt. Massada wurde jedoch noch zwei Jahre lang verteidigt. Erst als die Römer eine riesige Rampe bis zum Felsplateau aufgeschüttet hatten, gelang es ihnen, Massada zu erobern. Nach dem zeitgenössischen jüdischen Historiker Flavius Josephus sollen die Eingeschlossenen – 960 Männer, Frauen und Kinder – bereits Selbstmord begangen haben, als die Römer die Festung erstürmten. Josephus überliefert auch die letzte Rede ihres Anführers Eleazar ben Ya'ir. Nach der Gründung des Staates Israel wurden die alten Festungsanlagen wieder freigelegt.

Die Rede des Eleazar ben Ya'ir

Schon lange sind wir, meine Mitkämpfer, entschlossen, weder den Römern noch sonst jemand untertan zu sein außer dem Gott allein, weil er der wahre und rechtmäßige Gebieter der Menschen ist; jetzt ist der Augenblick gekommen, unseren Entschluss durch Taten zu verwirklichen. Entehren wir uns nicht selbst, indem wir, die wir früher nicht einmal eine ungefährliche Sklaverei ertragen wollten, jetzt mit der Sklaverei uns freiwillig die schrecklichsten Qualen aufbürden, die uns sicher bevorstehen, wenn wir in die Hände der Römer fallen. Denn wie wir die Ersten waren, die sich auflehnten, sind wir auch die Letzten, die noch gegen sie kämpfen. Ich halte es für eine besondere Gnade Gottes, dass er uns in den Stand setzt, ehrenvoll als freie Menschen unterzugehen, was anderen, die unversehens überwältigt wurden, nicht vergönnt war. Wir wissen ja, dass wir morgen früh in Feindeshand geraten werden; aber noch haben wir die freie Wahl, mit unsern Lieben einen edlen Tod zu sterben. Das können die Feinde nicht verhindern, so gern sie uns auch lebendig in ihre Gewalt bekommen möchten, ebenso wenig wie wir nicht mehr imstande sind, sie im Kampf zu besiegen.

Blick auf Massada. Gut zu erkennen sind die alten Palastanlagen, ein Römerlager und die Rampe.

Ein Jahr nach Beginn des Zweiten Weltkriegs und der Eroberung Polens durch die deutsche Wehrmacht 1939 wurde in Warschau ein Ghetto errichtet: Ein ganzer Stadtbezirk wurde mit einer 3,50 m hohen Mauer von der Außenwelt abgeriegelt. In dieses Ghetto brachten die Nazis Juden aus ganz Europa. Von hier aus wurden sie in die Todeslager deportiert. Zeitweilig mussten hier über eine halbe Million Menschen auf engstem Raum leben.

Am 19. April 1943 brach der Warschauer Ghettoaufstand aus. Nach einer letzten großen Deportationswelle sollte das Ghetto aufgelöst werden. Aber als die deutschen Soldaten das Ghetto betraten, stießen sie auf Widerstand. Den Juden war es gelungen, Waffen und Munition einzuschmuggeln und ein unterirdisches Bunkersystem zu errichten. Der Aufstand wurde von dem 21-jährigen Mordechai Anielewicz angeführt. Über fünf Wochen konnten die Juden Widerstand leisten.

Israel Bernbaum, 1982.
Auf der Fahne steht »Lang lebe das jüdische Volk«

1. Erläutert ben Ya'irs Gründe für seine Haltung. Nehmt Stellung dazu.
2. Betrachtet das Bild von Israel Bernbaum und deutet die verschiedenen Details.
3. Den Widerstandskämpfern im Warschauer Ghetto war klar, dass sie den Kampf gegen die deutsche Wehrmacht niemals gewinnen würden. Überlegt euch, warum sie dennoch den Aufstand wagten.
4. Der Fall von Massada und der Warschauer Ghettoaufstand sind für das heutige Selbstverständnis Israels entscheidende Ereignisse. So wurden auf der Festung Massada jahrelang die Rekruten der israelischen Armee vereidigt. Sie schworen dabei, dass Massada niemals wieder fallen dürfe. Erklärt die besondere Bedeutung dieser beiden Ereignisse.
5. In Yad Vashem befindet sich Israels zentrale Erinnerungsstätte an den Holocaust. Informationen findet ihr im Internet unter www.yadvashem.org.il.

Die Gründung des jüdischen Staates

Unter dem Eindruck des Antisemitismus* in Europa entwickelte sich Ende des 19. Jahrhunderts der Zionismus*, eine jüdische Bewegung, die das Ziel verfolgte, in Palästina einen nationalen Staat für die Juden zu gründen. 1897 wurde der erste zionistische Kongress einberufen. Die Versammlung beschloss die Besiedelung Palästinas mit jüdischen Bauern, Handwerkern und Gewerbetreibenden. 1907 wurde der Jüdische Nationalfonds gegründet, mit dessen Hilfe Spenden zur Finanzierung des Landkaufs und des Baus von Siedlungen in Palästina gesammelt wurden. Bereits Ende des 19. Jahrhunderts setzte die erste Auswanderungswelle (Alija) nach Palästina ein.

Die Unabhängigkeitserklärung Israels 1948

Im Lande Israel entstand das jüdische Volk. Hier prägte sich sein geistiges, religiöses und politisches Wesen. Hier lebte es frei und unabhängig, hier schuf es eine nationale und universelle Kultur und schenkte der Welt das Ewige Buch der Bücher.

Durch Gewalt vertrieben, blieb das jüdische Volk auch in der Verbannung seiner Heimat in Treue verbunden. Nie wich seine Hoffnung. Nie verstummte sein Gebet um Heimkehr und Freiheit.

Beseelt von der Kraft der Geschichte und Überlieferung, suchten Juden aller Generationen in ihrem alten Lande wieder Fuß zu fassen. Im Laufe der letzten Jahrzehnte kamen sie in großen Scharen. Pioniere, Verteidiger und Einwanderer, die trotz der Blockade den Weg in das Land unternahmen, erweckten Einöden zur Blüte, belebten aufs neue die hebräische Sprache, bauten Dörfer und Städte und errichteten eine stets wachsende Gemeinschaft mit eigener Wirtschaft und Kultur, die nach Frieden strebte, aber sich auch zu schützen wusste, die allen im Lande die Segnungen des Fortschritts brachte und sich vollkommene Unabhängigkeit zum Ziel setzte. [...]

Die Katastrophe, die in unserer Zeit über das jüdische Volk hereinbrach und in Europa Millionen von Juden vernichtete, bewies unwiderleglich aufs Neue, dass das Problem der jüdischen Heimatlosigkeit durch die Wiederherstellung des jüdischen Staates im Lande Israel gelöst werden muss, in einem Staat, dessen Pforten jedem Juden offen stehen, und der dem jüdischen Volk den Rang einer gleichberechtigten Nation in der Völkerfamilie sichert. Die Überlebenden des schrecklichen Nazigemetzels in Europa sowie Juden anderer Länder scheuten weder Mühsal noch Gefahren, um nach dem Lande Israel aufzubrechen und ihr Recht auf ein Dasein in Würde und Freiheit und ein Leben redlicher Arbeit in der Heimat durchzusetzen. [...]

Wir wenden uns – selbst inmitten mörderischer Angriffe, denen wir seit Monaten ausgesetzt sind – an die in Israel lebenden Araber mit dem Aufrufe, den Frieden zu wahren und sich aufgrund voller bürgerlicher Gleichberechtigung und entsprechender Vertretung in allen provisorischen und permanenten Organen des Staates an seinem Aufbau zu beteiligen. [...]

Unser Ruf ergeht an das jüdische Volk in allen Ländern der Diaspora, uns auf dem Gebiete der Einwanderung und des Aufbaus zu helfen und uns im Streben nach der Erfüllung des Traumes von Generationen – der Erlösung Israels – beizustehen.

Mit Zuversicht auf den Fels Israels setzen wir unsere Namen zum Zeugnis unter diese Erklärung, gegeben in der Sitzung des zeitweiligen Staatsrates auf dem Boden unserer Heimat in der Stadt Tel Aviv.

Heute am Vorabend des Sabbat, dem 5. Ijar 5708, 14. Mai 1948

Die ersten Einwanderer, die überwiegend aus Polen oder Russland stammten, verließen ihre Heimat wegen der Pogrome und weil sie neue Formen gemeinschaftlichen Lebens entwickeln wollten. Die ersten Kibbuzim* und die erste Stadt (Tel Aviv 1909) wurden gegründet. In den Jahren bis 1938 kamen vor allem Flüchtlinge aus Deutschland und Mitteleuropa.

Zwischen 1939 und 1945 gelang noch etwa 80 000 verfolgten Juden aus ganz Europa die Flucht nach Palästina. Nach dem Krieg wanderten Überlebende des Holocaust z. T. illegal ein. Es folgten in den 1970er Jahren schwarze Juden aus Äthiopien, in den 1980er und 1990er Jahren kamen dann viele Juden aus der ehemaligen Sowjetunion.

SCHLÜSSELWISSEN

Zur Geschichte des israelisch-palästinensischen Konflikts

Nach dem Zusammenbruch des Osmanischen Reiches 1919 stand Palästina unter britischer Verwaltung. Am 29. November 1947 stimmten die Vereinten Nationen einer Spaltung Palästinas in einen israelischen und einen arabischen Teil zu – eine Entscheidung, die die arabischen Staaten ablehnten, weil sie einen jüdischen Staat inmitten der arabischen Welt nicht zulassen wollten. Erste Kämpfe zwischen Arabern und Juden brachen aus. Am 14. Mai 1948 wurde der israelische Staat proklamiert und sofort von den USA und der Sowjetunion anerkannt. Bereits am nächsten Tag griffen die Armeen Ägyptens, Jordaniens, Syriens, Libanons und des Irak den neuen Staat an. Der erste israelisch-arabische Krieg, der sogenannte Unabhängigkeitskrieg, hatte begonnen, in dessen Folge viele Palästinenser aus ihrem Land flohen; zugleich nahm der Staat auch viele Juden auf, die aus arabischen Staaten vertrieben worden waren. 1949 wurde ein Waffenstillstand geschlossen. Israel hatte sich überraschend behauptet und sogar Gebietsgewinne erzielt, während Ägypten und Jordanien den palästinensischen Gazastreifen und das Westjordanland mit dem Ostteil Jerusalems erobert hatten. Nachdem die Araber auch in den Folgejahren immer wieder gedroht hatten, den jüdischen Staat zu zerstören, besetzten die Israelis im Sechs-Tage-Krieg 1967 auch die verbliebenen palästinensischen Gebiete einschließlich Ost-Jerusalems. Dort befindet sich die Altstadt mit dem Tempelberg und der Klage- oder Westmauer, zu der die Juden nun ungestörten Zutritt erhielten. In den 1967 besetzten Gebieten ließen sich jetzt auch jüdische Siedler nieder – teilweise mit der Begründung, dieses Land sei Teil des biblischen Israel. Nach 2000 Jahren gibt es wieder das Land Israel mit Jerusalem als Hauptstadt – aber Frieden ist in Israel bzw. Palästina bis heute nicht eingekehrt.

1. Erläutert, wie in der israelischen Unabhängigkeitserklärung das Existenzrecht des jüdischen Staates begründet wird.
2. Beschreibt die unterschiedlichen Beweggründe der Juden, nach Palästina bzw. nach Israel einzuwandern.
3. Erläutert die Motive der Juden, einen eigenen Staat in Palästina zu gründen und ihn auch mit militärischen Mitteln zu schützen. Beachtet hierbei die geografische Lage Israels. Inwiefern spielen hier religiöse Vorstellungen und geschichtliche Erfahrungen der Juden eine Rolle?

Palästinensische und jüdische Ansichten: Haifa

Die Hafenstadt Haifa wird erstmalig im 2. Jahrhundert n. Chr. erwähnt. Die von Juden bewohnte Stadt wurde während der Kreuzzüge weitgehend zerstört und stand bis 1918 unter islamischer Herrschaft. 1868 ließen sich Deutsche nieder, die eine Ansiedlung errichteten und Industrieanlagen und Geschäfte aufbauten. Wirtschaftlichen Aufschwung erhielt Haifa, als 1905 eine Eisenbahnstrecke nach Damaskus und Mekka eröffnet wurde. Viele Juden wanderten über Haifa aus Europa nach Palästina ein.

Erinnerungen an Haifa in den 1930er Jahren

Ich entdeckte, dass wir Araber in Haifa zu dieser Zeit eine voll entwickelte Gesellschaft besaßen. Es gab Zeitungen, Zeitschriften, Theater, eine Arbeiterklasse – Beziehungen zwischen Menschen, die nicht auf Religion oder Gemeinschaft beruhten. Da, wo ich lebte, gab es für mein Gefühl keinen Unterschied zwischen einem christlichen und einem muslimischen Mädchen. Wir waren eifrig damit beschäftigt, uns ineinander zu verlieben, und fragten dabei nicht nach der Religion. Das galt auch für meine muslimischen Freunde; unsere Häuser waren immer offen für die andern, und wir gingen in dieselben Schulen. *Emil Habibi, gebürtig in Haifa*

Wir kamen im Hafen von Haifa an, und da waren Kamele und Dattelpalmen und ziemlich malerische, aber nicht bewohnbare arabische Häuschen. Ein großer Platz, einiges Geschrei, sehr orientalisch. Ich kam mir vor wie auf einer Touristenfahrt in den Orient. Später, im jüdischen Jerusalem, änderte sich das Bild. Dort wurde noch sehr viel Deutsch gesprochen. *Eva Avi-Yonah, Einwanderin aus Deutschland*

Haifa war einer der größten Häfen des mittleren Ostens, ein sehr großer Kriegs- und Handelshafen. In Haifa endeten die Ölleitungen aus dem Irak, Haifa war das kommerzielle Zentrum. Die großen englischen Firmen hatten ihren Sitz in Haifa, hier gab es die Güter, mit denen man alles versorgte. Es lebten schon vorher sehr viele (jüdische) Russen hier. Sie hatten sich dort angesiedelt, wo man Land gekauft hatte. Der große Beitrag der mitteleuropäischen Einwanderer war das Know-how. *Herbert und Miriam Bettelheim, Einwanderer aus Deutschland*

Der Schriftsteller Fawaz Turki flüchtete mit acht Jahren aus Haifa nach Beirut.
Ich erinnere mich an den Tag, als ich einen jüdischen Jungen aus der Nachbarschaft fragte, ob er mit mir spielen wolle. Uri und ich waren schon seit über einem Jahr Freunde, eine lange Zeit im Leben eines Kindes. Er sah mich an, mit festem Blick, ohne Ausdruck, das Kinn hochgereckt, auf die Art eines Jungen eben, der einen andern brüskieren will, und sagte: »Meine Mutter sagt, ich darf nicht mit Arabern spielen.« [...] Ich habe nie mehr mit Uri gesprochen. Seine und meine Familie lebten in der Mikhnass-Straße, einer hauptsächlich von Arabern bewohnten Nachbarschaft. Der Wahnsinn in unserer Geschichte besteht nicht nur darin, dass Araber und Juden – die der Welt später als Palästinenser und Israelis bekannt werden sollten – dazu getrieben wurden, einander den Rücken zuzukehren, sondern auch, in ihren je eigenen Enklaven zu leben. So zog Uris Familie fort. Am Tag ihres Wegzugs stand ich auf den Eingangsstufen unseres Hauses, lehnte mich, beide Hände in den Hosentaschen vergraben, ans Geländer und sah zu, wie Uri ins Auto seiner Eltern stieg, worauf das mit heulendem Motor in der Ferne verschwand. Ich ertappte mich dabei, wie ich unwillkürlich die Hände aus der Tasche nahm und ihm nachwinkte, aber ich glaube nicht, dass er mich noch sah. Die Szene war unendlich traurig, aber ich konnte mit keinem Erwachsenen darüber sprechen. Man hätte mich nur streng über »den Feind« belehrt, wie es auch Uri ergangen war. [...] So wandten sich Juden und Araber voneinander ab und begannen schließlich, einander zu töten. Wer fing damit an?

Zu Beginn des israelischen Unabhängigkeitskriegs 1948 bestand die Bevölkerung Haifas aus 146 000 Einwohnern, von denen ungefähr 80 000 Juden waren. Bei Kriegsende flohen die meisten Palästinenser. Heute leben 267 000 Menschen in Haifa. Damit ist Haifa nach Jerusalem und Tel Aviv die drittgrößte Stadt Israels. Die hier lebende palästinensische Minderheit besitzt die israelische Staatsangehörigkeit.

Eisenbahnstation an der Strecke von Haifa nach Jerusalem, zwischen 1935 und 1940

SCHLÜSSELWISSEN **Nakba – Das Leid der Palästinenser**
Die Gründung des Staates Israel bedeutet für die Israelis eine Heimat für das jüdische Volk, für die Palästinenser hingegen die Nakba, die Katastrophe der Vertreibung. Etwa 700 000 Palästinenser verließen nach der Staatsgründung Israels ihre Heimat. Beide verstehen sich als Opfer: die Juden aufgrund der Geschichte ihrer jahrtausendelangen Verfolgung, die im Naziterror gipfelte und mit der »Erlösung« des Landes Israel überwunden wurde; die Palästinenser wegen der Vertreibung aus ihrer Heimat durch die »zionistischen Kolonialisten«.

1. Beschreibt die unterschiedlichen Sichtweisen und Erwartungen der nach Palästina einwandernden Juden und der dort lebenden Araber.

2. Welche Missverständnisse und Konflikte waren bei der Einwanderung der Juden bereits angelegt? Berücksichtigt auch den Text von Fawaz Turki.

3. Das Foto oben stammt von Walter Zadek, einem aus Deutschland nach Palästina emigrierten Fotografen. Welches »Bild« vermittelt er von Palästina? Fertigt eine Kopie des Fotos an und fügt Sprechblasen ein. Was mögen die dargestellten Personen voneinander halten?

Religion und Gesellschaft in Israel

Weltweit gibt es über 13 Millionen Juden, von denen etwa 5,7 Millionen in Israel leben (Stand 2010). Israel ist ein moderner, westlich orientierter Industrie- und Hightechstaat und zugleich eine traditionsbewusste Gesellschaft. Nach Angaben des israelischen statistischen Zentralamts gelten 44 Prozent der jüdischen Israelis als säkular (nichtreligiös), 27 Prozent als traditionelle Juden, 12 Prozent als traditionell praktizierend, 9 Prozent als orthodox und 8 Prozent als ultraorthodox (streng religiös).

Zwischen Tradition und Moderne

Pardes Chana ist eine Kleinstadt nördlich von Tel Aviv. 1999 beschlossen Politiker der religiösen Schas-Partei, aus Pardes Chana eine religiöse Stadt zu machen. Für die Bewohner folgten Kleidungsvorschriften und Anweisungen, den heiligen Sabbat einzuhalten.

Wir konnten es nicht glauben, nach nur zwei Wochen lebten wir in einer anderen Welt. In einer, in der wir nie geplant hatten, zu leben. Und das war der Moment, als wir hier realisierten, dass jemand, ein paar Leute, eine Gruppe von Personen, unser Leben bedrohen. Unsere Freiheit. Die Möglichkeit zu wählen, wie wir leben wollen.
Shimrit Or, Einwohnerin von Pardes Chana

Wenn du ein nichtreligiöser Jude bist und du willst am Samstag an den Strand gehen, hast du keine Möglichkeit, weil an diesem Tag laut Gesetz keine öffentlichen Verkehrsmittel fahren dürfen. Du kannst nur ein Taxi nehmen oder im Auto eines Freundes mitfahren. Aus politischer

In Israel benötigen Parteien lediglich 1,5 Prozent der Wählerstimmen, um in der Knesset, dem Parlament, vertreten zu sein. Dadurch gewinnen kleine religiöse Parteien einen bedeutenden Einfluss auf Staat und Gesellschaft. Seit der Staatsgründung wird mit Rücksicht auf die religiösen Gruppen die Sabbatruhe landesweit eingehalten: Nahezu alle Restaurants, Cafés und Kinos sind geschlossen, der öffentliche Nahverkehr steht still.

Sicht sind die Religiösen eine Minderheit, haben aber den größten Einfluss.
N. N., Studentin

Es geht darum, dass wir einen jüdischen Rahmen schaffen für einen jüdischen Staat. Es ist undenkbar, dass das jüdische Volk in einem jüdischen Staat nicht die jüdische Lehre einhält. Die Tora, durch die sich das Volk definiert, muss eingehalten werden, weil die Tora das Volk als solches auszeichnet.
Itzchak Cohen, Schas-Partei, seit 2000 wiederholt israelischer Minister

Unter besonderen Umständen gehen wir aus unseren Siedlungen heraus. Zum Beispiel, wenn an Autobus-Stationen anstößige Plakate angebracht werden. Da müssen wir uns einmischen, das müssen wir verbrennen, um den Charakter des Heiligen Landes zu bewahren. Oder wenn zum Beispiel bei [archäologischen] Ausgrabungen die Gräber unserer Väter entheiligt werden, dann lassen wir das nicht zu.
Yehuda Meshi-Zahav, Ultraorthodoxer

Die ultraorthodoxen Juden sind eine stark wachsende Gruppe mit durchschnittlich 8 Kindern pro Familie. Sie führen den gleichen Lebensstil wie ihre osteuropäischen Vorfahren vor 200 Jahren. Die meisten Männer studieren die heiligen jüdischen Schriften. Die Familien leben überwiegend von Almosen und staatlicher Unterstützung. Den Staat Israel lehnen die Ultraorthodoxen ab: Für sie wird das Gelobte Land erst dann als Staat existieren, wenn der Messias gekommen ist.

Die Wehrpflicht gilt in Israel auch für junge Frauen.

Szene aus dem Jerusalemer Stadtviertel Mea She'arim

Religiös-konservative und orthodoxe Juden prüfen Weidenblätter für das bevorstehende Laubhüttenfest (Sukkot).

Am Jom ha-Schoa, dem jährlichen Holocaust-Gedenktag, bleiben alle Fußgänger und Autofahrer beim Ertönen der Sirenen stehen und verharren zwei Minuten im Schweigen. Auch in Deutschland wird der ermordeten Juden gedacht, wie z. B. in Berlin.

1. Vergleicht die unterschiedlichen Lebenseinstellungen der orthodox-religiösen und der weltlich-liberalen Juden. Welche Werte sind ihnen wichtig? Zur Begründung der Sabbatruhe lest Genesis 2,2f. und Exodus 20,8–11.
2. Erklärt, welche Bedeutung die Religion, die Erfahrung des Holocaust und die politische Bedrohung durch die arabischen Nachbarn für die israelische Gesellschaft besitzen, und diskutiert, welche Probleme damit verbunden sind.

Die Unabhängigkeit Palästinas – der Status von Jerusalem

Die Unabhängigkeitserklärung des Staates Palästina

1987 brach in den von Israel besetzten Palästinensergebieten ein Aufstand, die Intifada*, aus. Der Aufstand ließ deutlich werden, dass sich die Palästinenser mit der seit 1967 währenden Besatzung ihres Landes nicht abfinden würden. Viele Palästinenser und Israelis verloren ihr Leben. Auf dem Höhepunkt der Intifada 1988 kündigte die Palästinensische Befreiungsorganisation (PLO)* die Gründung eines autonomen Staates an und proklamierte eine Unabhängigkeitserklärung.

Palästina, das Land der drei monotheistischen Religionen, ist das Land, aus dem das palästinensisch-arabische Volk stammt, in dem es sich entwickelte und sich auszeichnete. Das palästinensisch-arabische Volk war immer in Palästina verwurzelt und hat nie seine Bande mit ihm gelöst. So schloss das palästinensisch-arabische Volk eine immerwährende Verbindung zwischen sich selbst, seinem Land und seiner Geschichte. [...]

In Palästina und in seiner Umgebung, im fernen und im nahen Exil, blieb das palästinensische Volk immer standhaft und gab seine Überzeugung, dass es ein Recht auf Rückkehr und Unabhängigkeit hat, nie auf. Besetzung, Massaker und Vertreibung haben nicht über das standhafte palästinensische Bewusstsein der individuellen und der politischen Identität gesiegt [...].

Das palästinensisch-arabische Volk bekräftigt mit Entschiedenheit seine unveräußerlichen Rechte im Land seiner Väter:

– Gestützt auf das natürliche, historische und positive Recht des palästinensisch-arabischen Volkes und der Opfer der vorhergehenden Generationen in der Verteidigung der Freiheit und Unabhängigkeit in ihrer Heimat

– und ausgehend von den Resolutionen der arabischen Gipfelkonferenzen und der internationalen Legitimität, wie sie in den Beschlüssen der Vereinten Nationen seit 1947 verkörpert wird, – und in Ausübung der Rechte des palästinensischen Volkes auf Selbstbestimmung, politische Unabhängigkeit und Souveränität über sein Land, proklamierte der Palästinensische Nationalrat im Namen Gottes und im Namen des palästinensischen Volkes die Gründung des Staates Palästina auf seinem palästinensischen Boden mit Jerusalem als Hauptstadt (Al-Quds al-sharif).

Der Staat Palästina ist der Staat aller Palästinenser, wo immer sie sich auch befinden. Dieser Staat ist der Ort, an dem sie ihre kollektive nationale und kulturelle Identität ausüben und die volle Gleichberechtigung besitzen. Dieser Staat garantiert die Freiheit ihrer politischen

> SCHLÜSSELWISSEN **Palästina**
> Die Bezeichnung Palästina bezog sich im Altertum auf einen Küstenstreifen im Süden Israels und wurde später auf das gesamte Land ausgeweitet. Die Palästinenser erheben Ansprüche auf das Land, die sie aus Jahrhunderten arabischer Präsenz in Palästina begründen. Einige von ihnen erklären, dass die Juden keinen Anspruch auf einen Staat in Palästina haben. Andere fordern einen eigenen Staat, der neben Israel in Palästina existiert.
> Weltweit gab es 2010 etwa 11 Millionen Palästinenser. Die Mehrzahl von ihnen sind Muslime. Etwa 4,1 Millionen Palästinenser leben in der West Bank (dem Westjordanland) und im Gazastreifen, sowie 1,4 Millionen in Israel. Etwa 5,5 Millionen leben als Flüchtlinge in den übrigen arabischen Staaten, in Europa und Amerika.
> Seit dem Ende der Intifada führen Israel und die PLO Friedensverhandlungen, die immer wieder von Terrorakten und gewalttätigen Auseinandersetzungen zwischen Israelis und Palästinensern unterbrochen werden. Seit 1995 wurde den Palästinensern schrittweise ein Teil ihrer Gebiete zur Selbstverwaltung (Autonomie) übertragen.

Muslime vor dem Felsendom in Jerusalem: Jerusalem (arab. Al-Quds, die Heilige) ist mit dem Haram asch-Scharif, dem Felsendom, und der Al-Aksa-Moschee nach Mekka und Medina in Saudi-Arabien die drittheiligste Stätte des Islam (Sure 17,1), weil hier der Prophet Mohammed in den Himmel entrückt wurde. Viele Muslime unternehmen daher Pilgerreisen nach Jerusalem, um im Felsendom und in der Al-Aksa-Moschee zu beten. Von dort aus setzen sie ihre Reise nach Hebron fort, wo sich das Grab Abrahams befindet, der im Islam durch seinen Gehorsam gegenüber Gott als Vorbild des Glaubens und der richtigen Lebensgestaltung gilt (Sure 4,125).

und religiösen Überzeugung sowie ihre menschliche Würde durch ein parlamentarisches demokratisches Regierungssystem, das wiederum auf der Grundlage der freien Meinungsäußerung und Gründung von politischen Parteien beruht. [...] Den Seelen unserer heiligen Märtyrer, unserem ganzen palästinensisch-arabischen Volk, der arabischen Nation und allen freiheitsliebenden, aufrichtigen Menschen auf dieser Welt versprechen wir, den Kampf bis zur Beendigung der Besetzung und der Gründung und Konsolidierung unserer Souveränität und Unabhängigkeit fortzusetzen.

Wir rufen unser glorreiches Volk auf, sich um die palästinensische Flagge zu scharen, sich ihrer würdig zu erweisen und sie zu verteidigen, sodass sie auf immer das Symbol unserer Freiheit und Ehre bleibt in diesem Heimatland, das stets und immer eine Heimat der freien Menschen bleiben wird.
Im Namen Gottes des Allmächtigen und Barmherzigen. Algier, den 15. 11. 1988

1. Erläutert, wie in der Unabhängigkeitserklärung des Staates Palästina der Status Jerusalems als palästinensische Hauptstadt begründet wird.

2. Vergleicht die palästinensischen und israelischen Unabhängigkeitserklärungen ···⟡ S. 174. Welche Rolle spielen jeweils das Land, die Geschichte und die Religion?

Als Christ und Palästinenser: in Bethlehem leben

Bis Mitte des 20. Jahrhunderts bildeten die Christen in Palästina eine bedeutsame Minderheit, die bis zu 15 Prozent der Bevölkerung ausmachte. Durch den israelisch-arabischen Krieg 1948 wurden 50 000, also etwa ein Drittel der palästinensischen Christen, aus ihren Heimatorten vertrieben. Heute leben nur noch etwa 154 000 in Israel und Palästina und mindestens ebenso viele außerhalb des Landes. Sie bilden etwa 1,6 Prozent der palästinensischen Bevölkerung.

Mitri Raheb studierte in Deutschland und ist seit 1988 evangelischer Pastor an der Weihnachtskirche in Bethlehem.

Meine Identität

Ich wurde am 26. Juni 1962 in Bethlehem in einer Familie geboren, die in dieser Stadt bereits früh Wurzeln geschlagen hatte. Seit Jahrhunderten lebte die Familie Raheb in und um Bethlehem, jener kleinen und unbedeutenden Stadt, die im Laufe der Geschichte in aller Welt bekannt werden sollte. Hier war um das Jahr 1000 v. Chr. aus der Sippe Jesse David geboren worden, der später zum König über Israel gesalbt werden sollte. Geschichte hat Bethlehem aber vor allem deshalb gemacht, weil es zum Geburtsort von Jesus Christus wurde. [...]
Dass ich ausgerechnet an diesem Ort geboren bin, hat meine Identität geprägt. Für mich gibt es so etwas wie eine besondere Beziehung zu David und zu Christus; eine Beziehung, die sich nicht »nur« durch die Bibel, nicht »nur« durch den Glauben, sondern »auch« durch das Land entwickelt hat. Meine Stadt und mein Land sind etwas, was ich mit David und Jesus gemeinsam habe und teile. Mein Selbstverständnis als christlicher Palästinenser ist geprägt durch meine besondere Beziehung zu diesem Ort [...].
Es ist das Gefühl, in einer lokalen Kontinuität mit jenen biblischen Gestalten zu leben und mit ihnen die gleiche Landschaft, Kultur und Umgebung zu teilen. [...] Dass Gott ausgerechnet hier Mensch geworden ist; dass Christus hier gelitten hat, gekreuzigt wurde und auferstanden ist, das hat die ganze Geschichte Palästinas [...] verändert. [...]
Im Schatten der »Heiligen Stätten« fühlten sich die christlichen Palästinenser geschützt. [...] Ich kann mich noch gut an den Sechs-Tage-Krieg 1967 erinnern. Kurz nachdem der Krieg ausgebrochen war und Israel Bethlehem unter Beschuss zu nehmen begann, brachte mich meine Mutter auf ihren Armen in die Geburtskirche. Dort fanden wir, wie viele andere christliche Familien aus Bethlehem, Zuflucht. [...]
Gleichzeitig fühlen sich die Christen verpflichtet, jene Kirchen und »Stätten« zu schützen und zu verteidigen. Somit haben sich beide gegenseitig geschützt. [...] Dass die christlichen Palästinenser die »Heiligen Stätten« trotz massiven Drucks nicht verlassen haben, lässt darüber hinaus erkennen, dass für sie die »Heiligen Stätten« ohne die dort lebende und Gottesdienst feiernde christliche Gemeinde fast bedeutungslos sind. Die Steine, aus denen die Kirchen gebaut sind, bedürfen der »lebenden Steine«. Die »lebenden Steine« aber brauchen Raum zum Leben und Feiern. Daher sind das Land Palästina sowie die »Heiligen Stätten« Teil der palästinensischen und christlichen Identität. [...]

Bethlehem liegt wenige Kilometer südlich von Jerusalem. Der Ort ist wahrscheinlich älter als 4000 Jahre. Bethlehem steht in Verbindung mit der Geburt Jesu. Damals war der Ort klein und unbedeutend. Später wurde an der Stelle, wo Jesus geboren sein soll, die Geburtskirche errichtet. Heute ist Bethlehem (arab. Beit Lacham) eine geschäftige Stadt, die seit 1995 zum palästinensischen Autonomiegebiet gehört. Nur noch ein Drittel der 60 000 Einwohner sind Christen.

Für mich [...] gibt es drei Faktoren, die in der Geschichte wirksam geworden sind und die entschieden zu meiner Identitätsbildung beigetragen haben: Da ist erstens der Mann aus Nazareth, der durch sein Wort und Werk und durch seine Person meine Vorfahren und mich in seine Nachfolge rief. Und da ist zweitens die arabische Kultur, der ich mich zugehörig fühle. Und drittens sind da das Schicksal meines Landes und die Leiden meines Volkes – vor allem in diesem Jahrhundert –, die sich tief in das Gedächtnis meines Volkes eingegraben haben. [...] Die Christen in Palästina können nicht anders, als sich zu fragen, was die Gerechtigkeit Gottes für ein Volk, dessen Glieder unter politischen, sozialen und wirtschaftlichen Ungerechtigkeiten leiden, bedeutet. Was bedeutet die »Freiheit in Christo« für Menschen, die unter Besatzung leben und deren elementare Rechte verweigert werden? Was bedeutet das Kreuz für ein durch Leiden gekennzeichnetes und ständig gekreuzigtes Volk? Und was bedeutet die Liebe auch zum Feind für ein Volk, das sich einem gut bewaffneten Gegner gegenübersieht?
Mitri Raheb

1. Erklärt die Bedeutung des Landes und der Geschichte Palästinas für das Selbstverständnis der christlichen Palästinenser.
2. In welchem Verhältnis steht Mitri Raheb zu Israel?

183

Graffiti gegen das Grau

Der Konflikt zwischen Israel und den Palästinensern reicht weit in die Zeit vor der Staatsgründung Israels 1948 zurück. Heute geht es in den politischen Auseinandersetzungen um fünf Probleme: 1) die Staatsgrenzen Israels, 2) das Rückkehrrecht der vielfach noch immer in Flüchtlingslagern lebenden Palästinenser, 3) die in den Palästinensergebieten errichteten jüdischen Siedlungen, 4) die Verteilung des Grundwassers und 5) die Zukunft Jerusalems als gemeinsame Hauptstadt von Israel und Palästina.

Die Friedensverhandlungen werden immer wieder von militärischen Angriffen und Selbstmordattentaten, durch Blockademaßnahmen und durch Aufstände unterbrochen. 2003 begann die israelische Regierung mit dem Bau einer etwa 750 Kilometer langen Sperranlage, um sich wirkungsvoller vor palästinensischen Terroranschlägen zu schützen. Die Anlage besteht an einigen besonders konfliktträchtigen Stellen aus einer bis zu acht Meter hohen Mauer.

Send a message –
damit es die Welt erfährt

Die beiden palästinensischen Jugendlichen Yousef und Faris sprayten 2008–2010 gegen Bezahlung knapp 1500 SMS-Texte aus aller Welt an die Mauer. Das Geld spenden sie einem Kinderheim.

Wenn man mit den beiden direkt an der Mauer steht und mit der Hand über die glatte Oberfläche fährt, versteht man plötzlich, warum Yousef auf die Frage, warum er das macht, antwortet: »Es ist das Grau«. Eine Antwort mit einem Augenzwinkern, bevor die große Politik ins Spiel kommt.

Denn Yousef und Faris begreifen ihr Projekt als eine Form des Widerstands gegen die israelische Besatzung und gegen die Sperranlage, die Israel seit 2003 entlang dem Westjordanland baut – an einigen Stellen auch jenseits der »Grünen Linie«, der inoffiziellen Grenze zwischen Israel und Palästina.

1498 Nachrichten haben Yousef und Faris zusammen mit einigen anderen in den vergangenen anderthalb Jahren auf das Bauwerk gesprayt, das von den Israelis als Anti-Terror-Zaun und von den Palästinensern als Apartheidsmauer bezeichnet wird. 1498 Nachrichten, das sind etwa sechs Kilometer.

Die Sperranlage soll, wenn sie fertig ist, eine Länge von 759 Kilometern haben. Auch wenn sie nur zum geringen Teil aus den anderthalb Meter breiten Betonsegmenten besteht, genug Fläche zum Sprühen bleibt allemal.

»Es geht uns darum, unser politisches Anliegen auf eine unpolitische Weise zum Ausdruck zu bringen«, sagt Faris und weicht etwas zurück, weil ein gelbes Sammeltaxi hupend auf der Straße vorbeirauscht, die hier entlang der Mauer verläuft. »Wir wollen die Menschen auf der ganzen Welt erreichen, die sich sonst nicht für den Konflikt zwischen Palästinensern und Israelis interessieren« [...]

Früher haben auch sie Steine auf Israelis in Uniform geschleudert, aber das wollen sie jetzt nicht mehr. Sie wissen, dass es nichts bringt. Vielleicht sind sie inzwischen auch einfach zu alt, um buchstäblich mit dem Kopf gegen die Wand zu rennen. Aber man kann ihre Wut heraushören. Etwa, wenn Yousef erzählt, dass er noch nie auf der anderen Seite war – noch nie in Jerusalem. Und in Tel Aviv, wo das Leben tobt, schon gar nicht.

Nach Christian Salewski

Auf seinem Zettel hat Yousef die aktuellen Aufträge dabei und bringt einen nach dem anderen auf die Grenzmauer.

METHODE

Graffiti beschreiben und selbst gestalten

Graffiti sind eine vor allem von Jugendlichen genutzte Ausdrucksform, die aus einer mehr oder weniger künstlerisch gestalteten Mischung von Zeichnungen (Grafiken) und Schriftzügen bestehen. Sie sind v. a. in der Öffentlichkeit zu finden: an Hauswänden, Brückenpfeilern oder Eisenbahnwaggons. Illegal angebrachte Graffiti gelten als Sachbeschädigung und werden strafrechtlich verfolgt. Die Motive für das Zeichnen von Graffiti reichen vom reinen Vandalismus über politischen Protest bis hin zur künstlerischen Gestaltung.

Die Graffiti-Writer benutzen eine eigene Sprache, so bedeutet z. B. »tag« Namens- bzw. Signierkürzel.

- Fotografiert mit einer Digitalkamera Graffiti in eurer Umgebung.
- Ordnet eure Auswahl den bekannten Formen von Graffiti zu. Lexikonartikel wie der in wikipedia können euch hierbei helfen.
- Gestaltet einen eigenen »tag«. Benutzt hierzu ein DIN-A3- oder DIN-A4-Blatt sowie Faserstifte oder Acrylfarben.

---

1. Diskutiert über die politische Bedeutung des Projekts von Yousef und Faris. Berücksichtigt auch die Tatsache, dass durch die Sperranlage die Zahl tödlicher Anschläge auf jüdische und arabische Israelis vermindert werden konnte.

2. Untersucht und gestaltet politische Graffiti, die das Thema der Integration und Auseinandersetzung der drei Religionen in Deutschland zum Thema haben.

Versöhnung wagen

Talitha Kumi ist ein Schulzentrum in Beit Jala bei Bethlehem, das vor über 150 Jahren von deutschen Missionarinnen* gegründet wurde. Zu ihr gehören ein Kindergarten, eine Schule von der ersten Klasse bis zur Hochschulreife, eine Hotelfachschule, ein Mädcheninternat und ein großes Gästehaus. Die heute ca. 800 palästinensischen Schülerinnen und Schüler sind christlicher und muslimischer Herkunft. Talitha Kumi ist aramäisch und bedeutet: »Mädchen, steh auf!« (Markus 5,21–24).

Das Mediationsprojekt an der Talitha Kumi Schule

Durch außerunterrichtliche Projekte betreibt Talitha Kumi eine Friedenserziehung, in deren Zentrum unser Mediationsprojekt steht. Spürbare Veränderungen im Schulklima, aber auch die persönlichen Fortschritte im Denken und Verhalten aller Beteiligten sind ein großer Erfolg. Der Alltag unserer Schüler wird nicht von Brücken, sondern von Mauern geprägt. Die »Trennungsanlage« zwischen Israel und den palästinensischen Autonomiegebieten sperrt die Menschen ein – und aus. Talitha Kumi hat als eine der ersten palästinensischen Schulen Brücken nach Israel gebaut, Kooperations- und Austauschprojekte mit arabischen und jüdischen Schülern in Israel durchgeführt.

Seit der zweiten Intifada* im Heiligen Jahr 2000 ist dies politisch von beiden Seiten unmöglich gemacht worden. Dennoch führt Talitha Kumi heute noch Begegnungsprojekte mit israelischen Schulen durch, diese müssen aber immer im Ausland stattfinden, oft in Deutschland. Das macht die Begegnung und Zusammenarbeit schwierig. Die Vorbehalte und Ängste sind seit den kriegsähnlichen Zuständen in der Westbank während der zweiten Intifada auf beiden Seiten mauerhoch gewachsen. Es fehlt an Vertrauen, Offenheit und dem Glauben an eine friedliche, gewaltfreie Zukunft in Freiheit und Sicherheit. [...]

Eingesperrt und ausgeschlossen zu sein, bedeutet aber auch, dass die Spannungen in der palästinensischen Bevölkerung wachsen und sich oft genug auch auf das Miteinander unserer Schüler auswirken. Konflikte entstehen schnell und geraten vielfach außer Kontrolle. Die gesellschaftliche Sprach- und Perspektivlosigkeit schlägt sich zunehmend auf die psychische und soziale Situation der jungen Generation nieder.

Das Ziel des Mediationsprojekts ist es, gewaltfreie und diskursive Konfliktlösungsstrategien zu vermitteln und im Alltag zu praktizieren. Dafür werden Schülermediatoren ausgebildet, die in der Schulgemeinschaft – in der Klasse, in den Pausen, auf dem Schulhof – Verantwortung dafür übernehmen, Konflikte zu bearbeiten. Sie mischen sich ein oder werden gefragt, dabei zu helfen, Probleme zu benennen, zu klären und zu lösen. Das verbessert nicht nur das Schulklima. [...] Diese Verhaltensänderung wirkt sich äußerst positiv auf die Schlüsselkompetenz des 21. Jahrhunderts aus. Unsere Schüler verbessern kontinuierlich ihre allgemeinen Kommunikationsfähigkeiten und werden so individuell und gesellschaftlich zu Brückenbauern des Ausgleichs, der Fairness und der Lösungsorientierung.

Talitha Kumi Schule, 2010

1. Stellt euch die Websiten der Talitha Kumi Schule und von Givat Haviva gegenseitig vor.
2. Bereitet Referate zur Geschichte und den heutigen Aktivitäten beider Einrichtungen vor. Welche Chancen seht ihr in den Versöhnungsprojekten?
3. Über die derzeitige politische Situation in Israel und Palästina könnt ihr euch beim deutsch-israelischen Arbeitskreis unter www.diak.org informieren.

Bei dem Workshop »Face to Face« von Givat Haviva lernen sich jüdische und arabische Jugendliche in einem ersten Spiel näher kennen (www.givat-haviva.net).

Givat Haviva – mit den Augen der anderen

Givat Haviva wurde 1949 gegründet und ist die größte Institution in Israel, die sich für die jüdisch-arabische Verständigung einsetzt. Im Programm von Givat Haviva heißt es: »Früher oder später wird es ein politisches Abkommen zwischen Israel und der arabischen Welt geben; die eigentliche Aufgabe ist es aber, die Menschen für den schwierigen und mühsamen Prozess der Versöhnung und des Friedens vorzubereiten.«
Im Mittelpunkt des von Juden und Arabern geleiteten Instituts steht die Arbeit mit jungen Menschen. Zum 50. Bestehen des Vereins 1999 veröffentlichte Givat Haviva ein Buch mit Gedichten und Bildern von jüdischen und arabischen Kindern und Jugendlichen.

Gebet

Wie der Morgen, der aus der Nacht schlüpft,
aus der Dunkelheit,
wie die Sonne ihre Strahlen ausschickt
und die schlechten Träume besänftigt,
so, meine Freunde,
ist das Licht des Friedens.
Wie das Lächeln der Kinder,
das die Seele erweckt
und die Hoffnungen schürt,
wie die Mutter, aus deren Augen
die Liebe zu den Generationen strömt,
so, meine Freunde,
ist die Friedensquelle.
Aus unserem gemarterten und heiligen Land,
aus unserem in Reinheit und Prophezeiung
gehüllten Land,
aus unserem in Liebe und Glaube gemeißelten
Land
steigen unsere Bitten, unsere Gebete hinauf:
Oh, Du Gott, gib uns Frieden.
Gib den Kindern des Friedens Hoffung und
Freude
Oh, Du Gott des Friedens.
Ma'moon Muneer Adawee, Palästinenser

Den israelisch-palästinensischen Konflikt erklären

In diesem Kapitel habt ihr einen Einblick in die vielfältigen Ursachen des Konflikts zwischen Juden, Christen und Muslimen, zwischen Israelis und Palästinensern bekommen: Es sind zum Teil sehr alte religiöse, historische, politische und kulturelle Erfahrungen und Überzeugungen, die eine Versöhnung so schwierig machen. Ihr habt aber auch von Institutionen und Menschen erfahren, die sich mit diesem Konflikt nicht abfinden wollen.

Auf der Auftaktseite zu diesem Kapitel habt ihr einen Reiseeindruck von einer Rundreise durch Israel und Palästina geschildert bekommen. Die Autorin schreibt weiter:

Als Herausforderung für [unsere Kirche] nehme ich mit, dass sie die Demütigung der Palästinenser weiter beim Namen nennen und Projekte wie Talitha Kumi unterstützen muss, damit junge Leute aus Palästina gute Bildungsmöglichkeiten haben, sich qualifizieren und ihre Fähigkeiten in ihrem Land einsetzen können. Gleichzeitig muss sie das Gedächtnis an die Opfer des Holocaust lebendig halten und im Gespräch mit den jüdischen Geschwistern bleiben. Damit der Dialog konkret wird, gilt es, auch Freiwilligendienste im Heiligen Land, bei denen Menschen aus Deutschland auf beiden Seiten der Mauer Zeichen der Solidarität setzen, zu fördern.
Heike Hilgendiek, 2009

Der Theologe Helmut Gollwitzer schrieb bereits 1983 über den israelisch-palästinenischen Konflikt:

In der Kritik an der Politik der israelischen Regierung wird das Hauptübel im Nahen Osten meistens übersehen, nämlich die Ablehnung der arabischen Welt, den Judenstaat in ihrer Mitte zu akzeptieren [...]. Alle kriegerischen Auseinandersetzungen um Israel seit 1948 [...] und alle Fehlentscheidungen israelischer Regierungen sind Folgen dieses Hauptübels und nicht etwa Wesenserscheinungen des Zionismus*. Man kann im Interesse der Zukunft Israels nur hoffen, dass die jetzigen Anzeichen für eine Gesinnungsänderung im arabischen Lager sich verstärken und auf eine israelische Politik stoßen, der die Gesinnung des Friedens wichtiger ist als die Besiedlung der besetzten Gebiete.

1. Lest euch nochmals den kurzen Reisebericht ⸱⸱⸱⸗ S. 168 durch und stellt Zusammenhänge zwischen den geschilderten Eindrücken her.
2. Erklärt, warum Heike Hilgendiek die Kirche vor besondere Herausforderungen gestellt sieht.
3. In dem ersten Teil ihres Reiseberichts ⸱⸱⸱⸗ S. 168 spricht Heike Hilgendiek von der Ratlosigkeit über die Lösung des Konflikts zwischen Israelis und Palästinensern. Erläutert die Problematik des Konflikts ausgehend von dem Text von Helmut Gollwitzer.

Eine Kunstaktion bewerten

Einer der bekanntesten Graffitikünstler nennt sich Banksy. Einige seiner Werke findet ihr auf seiner website: www.banksy.co.uk. 2005 reiste Banksy in die Nähe von Ramallah und sprühte mehrere großformatige Graffiti auf die Mauer, die Israel und die Palästinensergebiete trennt.

Die britische Tageszeitung The Guardian veröffentlichte einen Artikel über Banksys Aktion und berichtete von folgender Begebenheit:
Banksy also records on his website how an old Palestinian man said his painting made the wall look beautiful. Banksy thanked him, only to be told: »We don't want it to be beautiful, we hate this wall. Go home.«

4. Wie deutet ihr die Absicht, die Banksy mit seinen Graffiti verfolgt haben könnte?
5. Diskutiert: Kann Kunst zur Lösung politischer Auseinandersetzungen dienlich sein? Berücksichtigt hierzu auch die Äußerung des palästinensischen Mannes.

1. Welche biblische Erzählung ist hier dargestellt? Deutet die einzelnen Szenen der Abbildung.
2. Welche Personen und Handlungen sind in der Abbildung erkennbar?
3. Sprecht in Kleingruppen darüber, was ihr über diese Erzählung wisst und wie sie euch bisher begegnet ist.

Verheißung und Erfüllung – die Bibel verstehen

Wie kann ich verstehen …?

Wie sind die Worte der Bibel zu verstehen? So alt wie die Bibel selbst, so alt ist auch die Geschichte ihrer Auslegung.

Bis heute wird darüber geforscht, wie die Texte der Bibel zustande kamen, wie sie zu verstehen sind und was sie für uns bedeuten. Dabei haben sich immer wieder neue, oft kontroverse Einsichten ergeben. In einem gibt es aber Übereinstimmung: Der biblische Text kann nicht wie eine einfache Nachricht gelesen werden, die uns etwa über Gott oder unser Leben Auskunft gibt. Vieles in der Bibel erscheint schwer verständlich. Es erschließt sich erst, wenn wir den geschichtlichen Hintergrund, die alten Sprachen und die Zusammenhänge in der biblischen Überlieferung insgesamt berücksichtigen. Dann gewinnt der Text eine Bedeutung, die zum Glauben führen und sogar das eigene Leben verändern kann. In der Apostelgeschichte des Lukas wird so ein »Fall« erzählt …

Ein Kämmerer (Finanzbeamter) der Königin von Äthiopien war nach einem Besuch des Tempels in Jerusalem auf dem Heimweg. Er las in der Schriftrolle des Jesaja schwer verständliche Worte: »Ein Schaf, das zur Schlachtbank geführt wird … In der Erniedrigung wurde das Urteil aufgehoben …« Da begegnete dem Wagen der Christ Philippus. Er fragte: »Verstehst du, was du liest?« »Wie kann ich verstehen, wenn mich niemand anleitet?«, antwortete der Äthiopier.

Philippus deutete die Worte des Propheten Jesaja auf Jesus: Er sei mit dem »Schaf, das zur Schlachtbank geführt wird«, gemeint. Er sei der Messias*, der sich für die Erlösung der ganzen Menschheit am Kreuz geopfert habe. Für den Reisenden war das die lange gesuchte Antwort. Als sie an einem See vorbeikamen, bat er Philippus, ihn auf den Namen Jesu zu taufen – und zog »voller Freude seines Weges«.
nach Apostelgeschichte 8,26–39

Philippus und der Kämmerer im Wagen

Haben sich in Jesus die alten Worte der Propheten wirklich erfüllt? Die Evangelisten Markus und Johannes, Lukas und Matthäus stellen es so dar. Was aber ist in ihren Erzählungen »Tatsache«, was ist »Deutung«? Was bedeutet es, den Worten der Bibel »Glauben zu schenken«? Darum geht es in diesem Kapitel – am Beispiel der »Weihnachtsgeschichte« aus dem Matthäusevangelium.

Bildung – sich ein eigenes Bild machen

In der Reformation kam erstmals der Gedanke auf, dass der Mensch durch Bildung dazu befähigt werden muss, sich ein eigenes Urteil zu bilden und »mündig« zu werden. Dies gilt besonders auch für den Umgang mit der Religion und dem Verstehen der Bibel. Erasmus von Rotterdam (1466–1536) legte mit seinem »Institut trilingue« in Löwen (heutiges Belgien) die Grundlagen für ein modernes Verständnis der Bibel, das sich auf geschichtliche Kenntnisse und das Studium der Originalsprachen stützte. Seine Arbeiten wurden von Martin Luther und Philipp Melanchthon bei der Bibelübersetzung genutzt.

Erasmus von Rotterdam – Bronzestatue auf dem Marktplatz in Löwen (Belgien)

Gründlich unterscheide ich mich von denen, die nicht wünschen, dass die Heilige Schrift von Laien in der Volkssprache gelesen werde [...] als wenn der Schutz der christlichen Religion darin bestünde, dass man nichts von ihr wisse. [...] Die Geheimnisse von Königen zu verhüllen mag vielleicht vorteilhaft sein; Christus aber wünscht, dass seine »Geheimnisse« möglichst weit verbreitet werden. Ich möchte wünschen, dass alle Frauen das Evangelium lesen und dass sie die paulinischen Briefe lesen. Möchten sie doch in alle Sprachen übersetzt werden, dass sie nicht nur von Schotten und Irländern, nein, auch von Türken und Sarazenen verstanden werden.
nach Erasmus

1. Wodurch hat sich dem Kämmerer das Verständnis der schwierigen Jesaja-Textstelle erschlossen? Lest den Text nach in Apg. 8,26–39.
2. Deutet die Einsicht des Kämmerers im Zusammenhang mit dem Thema des Kapitels: »Verheißung und Erfüllung«.
3. Bearbeitet den Text des Erasmus: Welche Zielsetzungen verfolgt er? Was lässt sich aus dem Text erschließen, wie bisher mit der Bibel umgegangen wurde?

Was »Glauben« bedeuten kann ...

»Glauben« ist ein Grundthema der Bibel. »Glaubt ihr nicht, so bleibt ihr nicht« ist ein wichtiges Wort aus dem Prophetenbuch des Jesaja (Jesaja 7,9). Die ältesten Teile dieses Buches stammen aus der Zeit um 750 v. Chr., die jüngsten entstanden um 500 v. Chr., sodass das Buch auf mehrere Propheten zurückgehen muss. In der hebräischen Sprache gibt es Ausdrucksmöglichkeiten, die bei einer Übersetzung nur schwer deutlich werden.

»Glauben« und »Bleiben« ähneln sich zum Verwechseln, beide Worte deuten auf »Bestand haben« und »Vertrauen« hin. Der Satz ist also ein mehrdeutiges Wortspiel. Luther versuchte mit der Übersetzung »glauben« und »bleiben« etwas davon zu verdeutlichen. Aber da wir heute »Glauben« eher im Sinne von »Für-wahr-halten« verstehen, geht manches verloren, was ursprünglich gemeint war.

Jesaja-Rolle aus Qumran

Aus einem Hebräischlexikon zum Begriff »glauben (aman)«

NMA <AMAN>

אמן 1) stützen, unterstützen, davon אמנה (omenah) Säule, אמן (Amon, Aman) Baumeister, Werkmeister. 2) ein Kind auf dem Arm tragen, dann: unterhalten. אמן (Omän) Wärter, Pflegevater, Erzieher,

Fem. אמנח (Omenät) Wärterin, 3) gestützt, daher fest, im moral. Sinne: zuverlässig, treu sein; fest, sicher sein, ein fester Ort, 4) dauerhaft, beständig sein, für fest halten, daher: sich auf etwas stützen, sich auf etwas verlassen, darauf trauen, bes. auf Gott vertrauen, seines Lebens sicher sein.

Ein Wort – viele Deutungen

Schülerinnen und Schüler einer 9. Klasse haben ihre Deutung des Jesaja-Wortes aufgeschrieben:
Glaubt ihr nicht, so bleibt ihr nicht!
Jesaja 7,9

Ich glaube, die Bibel will damit sagen: Nur wer fromm ist und an Gott glaubt, wird akzeptiert. Es ist irgendwie ein Aufruf, an Gott zu glauben.
Jens

Ich glaube nicht, dass man, wenn man an Gott glaubt, »ewiges Leben« bekommt. Das haben sich die Leute damals vielleicht nur ausgedacht, um andere zu beeinflussen oder für ihre Religion zu gewinnen.
Anna

Wenn ich den Satz heute lese, kann ich ihn mit meiner Meinung vergleichen und mich fragen: Stimmt er für mich oder stimmt er nicht? Aber die Bibel ist doch schon über 3000 Jahre alt. Da weiß ich doch heute vielleicht gar nicht, was die Leute damals damit gemeint haben.
Lukas

Ich finde, in dem Satz steckt eine Drohung: Wer nicht an Gott glaubt, bekommt nach dem Tod kein ewiges Leben. Aber ich finde das nicht gut. Man kann sich doch zum Glauben nicht durch Angst zwingen lassen!
Marie

1. Stellt in eurer Klasse zusammen, was ihr mit den beiden Begriffen »glauben« und »bleiben« verbindet.
2. Wie haben die vier Schülerinnen und Schüler das Wort aus Jesaja verstanden? Wo gehen sie mit ihrer Deutung über den Satz hinaus? Welche Deutung kommt eurer Meinung am nächsten und warum?
3. Welche Kriterien könnte es für die Deutung eines Bibeltexts geben? Welche Kenntnisse braucht man dazu?
4. Welche Hilfen zum Verstehen gibt das Hebräischlexikon?

Blick in die Tiefe

Dimensionen des Verstehens

Wie gelingt es, dass beim Verstehen eines Bibeltexts nicht nur Meinungen, sondern angemessene Kriterien zur Geltung kommen? Dazu kann ein Text nach dem »Eisbergmodell« betrachtet werden: Nur ein kleiner Teil ist über der Oberfläche sichtbar; darunter liegen Schichten, deren Ausmaß »von oben« nicht zu erkennen sind. Um die tieferen Schichten zu sehen, braucht man eine

»Taucherausrüstung«: Methoden und Instrumente, die Verborgenes zugänglich machen. Bei der Erarbeitung von Texten der Bibel hat man dazu vor allem vier »Tiefen-Dimensionen« zu beachten, die in der Abbildung zusammengestellt sind. Sie helfen, Lebensumstände, Denken und Empfinden der Menschen damals zu verstehen und auf heutige Verhältnisse zu beziehen. Nicht nur Texte, auch Bilder lassen sich mit diesen Dimensionen interpretieren.

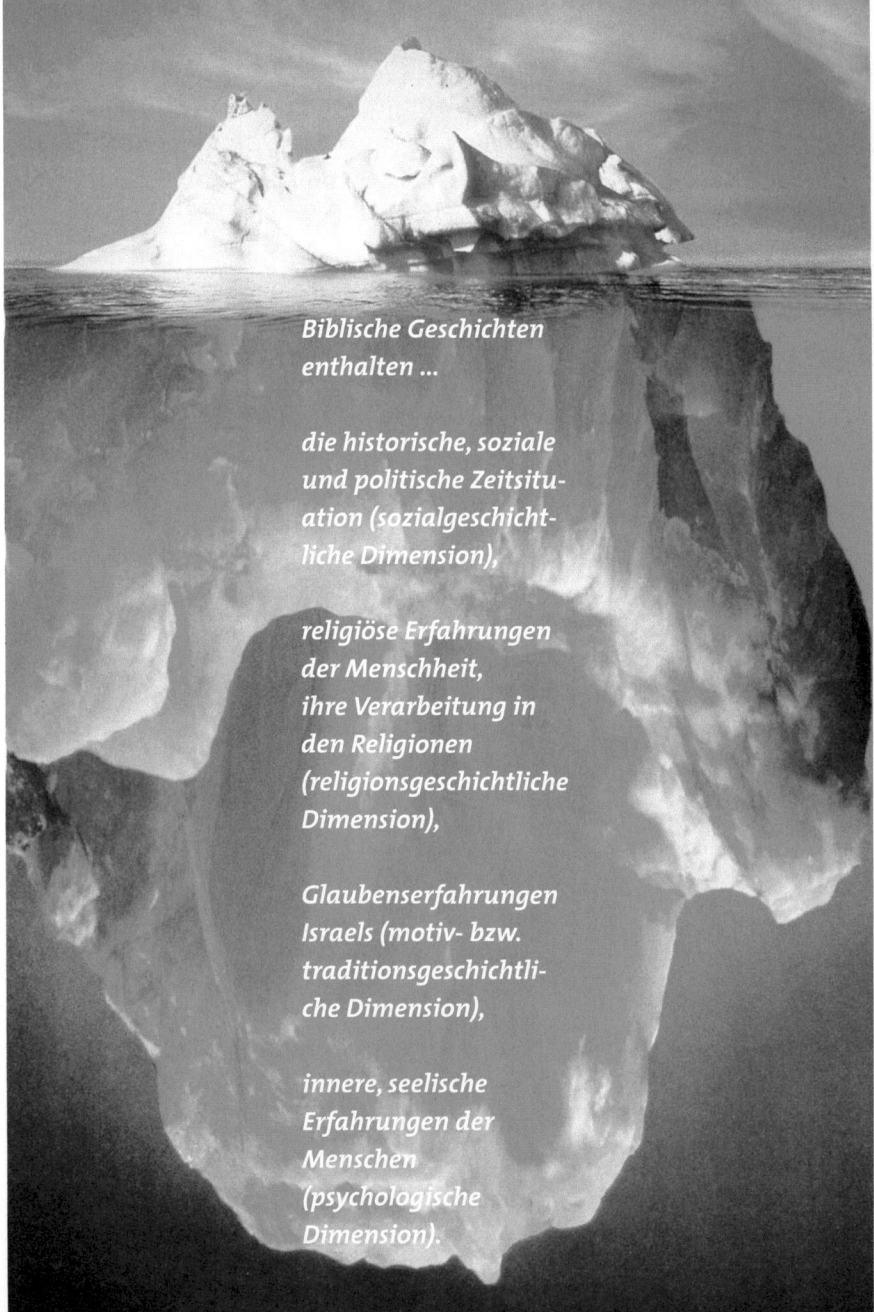

Biblische Geschichten enthalten ...

die historische, soziale und politische Zeitsituation (sozialgeschichtliche Dimension),

religiöse Erfahrungen der Menschheit, ihre Verarbeitung in den Religionen (religionsgeschichtliche Dimension),

Glaubenserfahrungen Israels (motiv- bzw. traditionsgeschichtliche Dimension),

innere, seelische Erfahrungen der Menschen (psychologische Dimension).

METHODE

Einen Text interpretieren

Das Eisbergmodell hilft, Texte zu verstehen:

- »Spitze des Eisbergs«: Spontaner Texteindruck, erstes Gespräch darüber in Kleingruppen und Plenum
- »Tiefendimensionen«: Vier Gruppen erarbeiten, was der Text jeweils vor dem Hintergrund der vier »Tiefendimensionen« zu erkennen gibt, und halten wichtige Aspekte dazu schriftlich fest.
- »Aspekt-Synopse«: Die Aspekte werden in einer Tabelle an der Tafel zusammengestellt, im Plenum verglichen und im Blick auf die Textaussage interpretiert.

Im berühmten Stunden-buch des Herzogs von Berry, das 1413 bis 1416 entstand, werden Lebensumstände dargestellt, die denen zur Zeit Jesu recht ähnlich waren.

1. Welche Tätigkeiten und Lebensumstände der damaligen Zeit gibt das Bild zu erkennen?
2. Findet heraus, welche Teile des Bildes zu welchen der vier »Tiefendimensionen« passen.
3. Überlegt, welche Bedeutung die dargestellten Bereiche für die Menschen damals hatten; beachtet dabei auch den Aufbau des Bildes von oben nach unten.

Die Weisen und der Stern

Die Weisen aus dem Morgenland

1 Als aber Jesus geboren war in Bethlehem (in) Judaia in (den) Tagen (des) Herodes, des Königs, siehe, Magier von Osten kamen nach Hierosolyma,

2 sagend: Wo ist der geborene König der Judaier? Denn wir sahen seinen Stern beim Aufgang, und wir kamen, ihm zu huldigen.

3 (Es) hörend aber, wurde der König Herodes verwirrt und ganz Hierosolyma mit ihm,

4 und versammelnd alle Hochpriester und Schriftkundigen des Volkes, erkundigte er sich bei ihnen, wo der Christos geboren werde.

5 Die aber sprachen zu ihm: In Bethlehem (in) der Judaia; denn so ist geschrieben durch den Propheten:

6 Und du Bethlehem, Land Juda, keinesfalls die geringste bist du unter den Führern Judas; denn aus dir wird herauskommen ein Führer, welcher weiden wird mein Volk Israel.

7 Da, heimlich rufend die Magier, erkundete Herodes genau bei ihnen die Zeit des erscheinenden Sterns,

8 und schickend sie nach Bethlehem, sprach er: Hingehend forscht genau nach dem Kind! Wann ihr (es) aber gefunden habt, meldet mir, auf dass auch ich kommend ihm huldige.

9 Die aber, hörend den König, gingen weg; und siehe, der Stern, den sie sahen beim Aufgang, ging ihnen voran, bis kommend er darüber stand, wo das Kind war.

10 Sehend aber den Stern, freuten sie sich sehr mit großer Freude.

11 Und kommend in das Haus, sahen sie das Kind mit Maria, seiner Mutter, und (nieder)fallend huldigten sie ihm, und öffnend ihre Schatz(behälter), brachten sie ihm Geschenke, Gold, Weihrauch und Myrrhe.

12 Und unterwiesen im Traum, nicht zurückzukehren zu Herodes, auf einem anderen Weg entwichen sie in ihr Land.

Matthäus 2,1–12 (Münchener Neues Testament)

1 Als Jesus geboren war in Bethlehem in Judäa zur Zeit des Königs Herodes, siehe, da kamen Weise aus dem Morgenland nach Jerusalem und sprachen:

2 Wo ist der neugeborene König der Juden? Wir haben seinen Stern gesehen im Morgenland und sind gekommen, ihn anzubeten.

3 Als das der König Herodes hörte, erschrak er und mit ihm ganz Jerusalem,

4 und er ließ zusammenkommen alle Hohepriester und Schriftgelehrten des Volkes und erforschte von ihnen, wo der Christus geboren werden sollte.

5 Und sie sagten ihm: In Bethlehem in Judäa; denn so steht geschrieben durch den Propheten (Micha 5, 1):

6 »Und du, Bethlehem im jüdischen Lande, bist keineswegs die kleinste unter den Städten in Juda; denn aus dir wird kommen der Fürst, der mein Volk Israel weiden soll.«

7 Da rief Herodes die Weisen heimlich zu sich und erkundete genau von ihnen, wann der Stern erschienen wäre,

8 und schickte sie nach Bethlehem und sprach: Zieht hin und forscht fleißig nach dem Kindlein; und wenn ihr's findet, so sagt's mir wieder, dass auch ich komme und es anbete.

9 Als sie nun den König gehört hatten, zogen sie hin. Und siehe, der Stern, den sie im Morgenland gesehen hatten, ging vor ihnen her, bis er über dem Ort stand, wo das Kindlein war.

10 Als sie den Stern sahen, wurden sie hocherfreut

11 und gingen in das Haus und fanden das Kindlein mit Maria, seiner Mutter, und fielen nieder und beteten es an und taten ihre Schätze auf und schenkten ihm Gold, Weihrauch und Myrrhe.

12 Und Gott befahl ihnen im Traum, nicht wieder zu Herodes zurückzukehren; und sie zogen auf einem anderen Weg wieder in ihr Land.

Matthäus 2,1–12

Die Geburtserzählung Jesu im Matthäusevangelium enthält viele Details aus der damaligen Zeit, denen man mit den vier »Tiefendimensionen« auf den Grund gehen kann: König Herodes, die Hauptstadt Jerusalem mit den Priestern und Schriftgelehrten, das kleine Dorf Bethlehem und die Weissagung des Propheten Micha auf den Messias – und vor allem der Stern, der als Hinweis auf den neuen König wie ein Leitmotiv erscheint.

SCHLÜSSELWISSEN **Bedeutung der Sterne in der Religionsgeschichte**

Die Beobachtung der Gestirne war in der Antike wichtig. Nur so konnte man z. B. den Kalender festlegen, den Zeitpunkt der religiösen Feste bestimmen und die Zeit für Aussaat und Ernte ermitteln. Noch heute folgt der Kalender den Gesetzmäßigkeiten der Bewegung von Sonne und Mond. Mit der Beobachtung der Sterne war auch die Deutung der Sternkonstellationen verbunden, da man glaubte, dass der ganze Himmel ein göttliches Zeichensystem darstelle, aus dem man Rückschlüsse auf Ereignisse im Leben der Menschen und der Geschichte gewinnen könne. So waren Astronomie und Astrologie damals eng verbunden. Sie lagen in der Hand von Sterndeutern (griech. magoi), die an jedem Königshof und in den Tempeln vertreten waren. Wie die genaue Übersetzung links erkennen lässt, wird bei Matthäus genau von solchen Personen erzählt – nicht von »Königen«, die Jesus besucht hätten. Dieser Hintergrund lässt sich auch in der Schöpfungserzählung der Bibel erkennen.

1. Stellt fest, welche wichtigen Unterschiede die genaue Übersetzung gegenüber dem Luthertext vor allem im Blick auf den Stern zeigt. Deutet den Text mit den vier Tiefendimensionen S. 196/197.
2. Deutet die abgebildete Szene, die auf einem Steinrelief in Babylonien gefunden wurde. Wer sind die Personen, welche Gestirne sind zu sehen, worum könnte es gehen?
3. Stellt zusammen, welche Aspekte von Astronomie und Astrologie noch heute eine Rolle spielen.

Sterne und Verheißung

Motiv- und Traditionsgeschichte in der Bibel

Da man glaubte, dass im Lauf der Sterne sich Ereignisse auf der Erde widerspiegeln, spielt bei vielen wichtigen Ereignissen der Weltgeschichte in der antiken Geschichtsschreibung das Erscheinen von Sternen eine Rolle. So soll auch bei der Geburt des späteren Kaisers Augustus (31 v. bis 14 n. Chr.) ein Stern erschienen sein. Dieses Motiv nimmt Matthäus auf, aber er stellt damit die Verbindung zu den biblischen Verheißungen her, die sich auf den Messias* beziehen.

Milchstraße

Titusbogen in Rom: die Menorah als Kriegsbeute

SCHLÜSSELWISSEN **Sterne in der Bibel**
In der Bibel werden astrologische Voraussagen negativ beurteilt mit Blick auf Gott, dem sich der Mensch anvertrauen soll. Allerdings können Sterne »Zeichen« sein für etwas, das Gottes Handeln versinnbildlicht. Schon das Symbol Israels, die Menorah, hat etwas mit Sternen zu tun. Ihre sieben Arme entsprechen der Zahl der Wochentage und der damals bekannten Planeten, die den Wochentagen in vielen Kulturen auch ihre Namen gaben: Merkur, Venus, Mars, Jupiter, Saturn sowie Sonne und Mond, die damals zu den Planeten gerechnet wurden. Diese kosmische Ordnung legten die biblischen Erzähler der Schöpfung zugrunde, die in sieben Tage eingeteilt wurde. Zugleich damit erhielt der siebte Tag als Tag der Vollendung und Ruhe Gottes für die Einrichtung des Sabbats besonderes Gewicht. Da der Planet Saturn dem letzten Wochentag (Samstag) zugeordnet war, galt er in der antiken Sterndeutung als Stern der Juden. In vielen Texten der Bibel werden Sterne mit einer Zukunftsverheißung verknüpft. Eine besondere Bedeutung gewinnt Numeri 24,17 im Blick auf die Hoffnung auf den Messias.

Ein Stern – viele Bedeutungen

Flagge Israels

Tempelmünze aus Jerusalem (2. Jh. n. Chr.)

4-Sterne-Hotel

Mercedesstern

1. Welche Wochentagsnamen lassen sich auf die Planeten zurückführen? Vergleicht deutsche, englische, französische, spanische Namen der Wochentage.

2. Lest folgende Textstellen in der Bibel: Genesis 15,1–6; Numeri 24,15–18; Deuteronomium 1,5–10. Welche zeichenhafte Bedeutung haben die Sterne in diesen Texten?

3. Die abgebildete Münze stammt aus dem letzten Befreiungsaufstand Israels gegen die Römer. Warum prägte man einen Stern über die Front des Tempels?

4. Was könnten die Motive gewesen sein, dass Israel nach seiner Neugründung 1948 den Stern in die Staatsflagge aufnahm?

5. Sterne haben auch für uns heute eine besondere Bedeutung. Stellt zusammen, was ihr mit Sternen verbindet.

Der Stern: ein Zeichen der Hoffnung

Die sozialgeschichtliche und psychologische Dimension

Die Menschen in Israel zur Zeit Jesu hatten eine hohe Belastung zu tragen: Sie mussten sowohl Arbeitsleistungen, Abgaben und Steuern für die Römer als auch für den Vasallenkönig* Herodes erbringen. Das führte für viele zu bitterer Armut. So war die Sehnsucht nach dem Messias* groß, von dem man sich erhoffte, dass er im Sinne Gottes die Welt verändern, Frieden und Gerechtigkeit wieder herstellen würde. Genau dies war aber die Sorge der Herrschenden – denn sie fürchteten, dann ihre Vorrechte und Vorteile zu verlieren.

Römischer Kaiser;
vertreten durch Gouverneure, Statthalter in den eroberten Ländern; Heer als Machtbasis

Unterstützte und abhängige Gruppen in den beherrschten Ländern;
Vasallenkönige, politisch einflussreiche Leute, Großgrundbesitzer, Händler, Steuereinnehmer

Die Volksmassen;
Arbeiter, Tagelöhner, Handwerker, Fischer, Huren, Sklaven, Landbevölkerung, religiöse Bewegungen (z. B. Jesusbewegung, Pharisäer)

Offizielle Religion;
einige unterstützen das System (z.B. Priester, Saddu-zäer) andere kritisieren es (Qumran, Johannes der Täufer, Jesus)

Die Sternkonstellation zur Geburt Jesu

Der Text Matthäus 2 nimmt viele Elemente der biblischen Geschichte, aber auch der Religions- und Menschheitsgeschichte auf und bezieht sie auf das Ereignis der Geburt Jesu. Heutige astronomische Untersuchungen zeigen einen möglichen realen Hintergrund des Sterns von Bethlehem. Sie haben ergeben, dass sich um Christi Geburt (7/6 v. Chr.) eine sehr seltene dreimalige enge Begegnung der Planeten Jupiter und Saturn im Sternbild der Fische ereignet hat. Saturn galt als Stern Israels, Jupiter (als hellster Planet, der die ganze Nacht über zu sehen ist) als Königsstern. Diese Konstellation konnte damals so gedeutet werden: In Israel wird ein neuer König des Friedens und der Gerechtigkeit aufstehen – die biblischen Hoffnungen, die mit dem Erscheinen des Sterns verbunden sind, werden in Erfüllung gehen.

Widder

Fische

Saturn
Jupiter

Pegasus

Abendhimmel über Bethlehem im Dezember des Jahres 7 v. Chr.: Jupiter und Saturn im Sternbild Fische

Ein Wunsch geht in Erfüllung

1. In welchem Verhältnis standen die Hoffnungen der einfachen Leute zu denen, die Angehörige des bestehenden »Systems« waren?
2. Im »Lobgesang der Maria« Lk 1,46ff. spiegeln sich die Hoffnungen, die mit dem Kommen des Messias* verbunden waren. Stellt die wichtigsten »Hoffnungsbegriffe« zusammen, bedenkt ihre Konsequenzen und findet heraus, wie diese Hoffnungen in Beziehung zur ganzen biblischen Geschichte gesetzt werden.
3. Überlegt, welche Wünsche und Hoffnungen ihr für euer Leben habt und welche Veränderungen damit verbunden wären.

Bibeltexte erforschen, verstehen, glauben

In diesem Kapitel habt ihr einen Blick unter die Oberfläche einer der bekanntesten biblischen Geschichten geworfen und dabei Hintergründe und reale Anhaltspunkte erarbeitet, auf die sie zurückgeht. Ihr habt ein Instrumentarium anwenden gelernt, mit dem man die vielen Elemente, die in einem Bibeltext enthalten sind, aufspüren kann, um ihn besser zu verstehen.

In der Bibel gibt es oft Parallelüberlieferungen: Dasselbe Ereignis wird in unterschiedlichen Versionen erzählt. Ein Vergleich zeigt dann, welche besonderen Akzente die Autoren zum Ausdruck bringen wollen. Im Lukasevangelium gibt es eine andere Erzählung von der Geburt Jesu (Lukas 2,1–21). Hier kommen nicht Weise mit Geschenken zum Jesuskind, sondern arme Hirten, die nichts mitbringen.

Bearbeitet diese zweite Weihnachtsgeschichte in vier Schritten:

1. Schritt:

Fertigt folgende Vergleichstabelle für die Texte aus Lukas 2 und Matthäus 2 an und füllt sie für folgende Inhalte aus: Personen, Orte, Sachen, Ereignisse, religiöse Aussagen.

2. Schritt:

Wendet das Instrumentarium nach dem Eisbergmodell S. 196 auf die Details in der Tabelle an.

3. Schritt:

Versucht eine Deutung der beiden Geschichten:
• Welche realen, nachprüfbaren Inhalte enthalten sie?
• Welche Zusammenhänge mit der biblischen Tradition stellen sie her?
• Was wollten die Erzähler über die Bedeutung der Geburt Jesu vermitteln? Beachtet die Unterschiede bzw. Gemeinsamkeiten.

4. Schritt:

Bildet einen Diskussionskreis und erörtert: In welchem Verhältnis stehen »Tatsachen«, »Glaube«, »Wahrheit« in den beiden Darstellungen?

Über die Bibel als Gottes Wort diskutieren

1

Ein Buch?
Mehr noch: eine Bücherei!
66 verschiedene Bücher
von nicht nur 66 verschiedenen Autoren,
denn manch eines enthält
(nach Art der hölzernen Babuschkas)
in sich wiederum
drei, vier kleine Bücher
verschiedener Autoren.

2

Nicht zu vergessen
die namenlosen Scharen
späterer Bearbeiter, Ergänzer,
Verknüpfer,
der fromme Fleiß
ihrer minutiösen Text-Finissage*
während rund eines Jahrtausends
jüdisch-urchristlicher Geschichte.

3

Allmählich entstand so:
Ein Bücherbuch vieler Stimmen,
die nacheinander,
nebeneinander,
durcheinander,
gegeneinander,
miteinander
reden, singen, murmeln, beten.

Dissonanzen? Jede Menge.
Widersprüche? Noch und noch.
Kein ausgeklügelt Buch.
Hundert-Stimmen Strom.
(selbst Schriftgelehrte
ermessen ihn nicht) –
wohin will er tragen?
Über Schwellen, Klippen, Katarakte
Heimzu, heilzu (hoff ich).

4

Merklich oder unmerklich nämlich
strömen die verschiedenartigen,
die verschiedenzeitlichen Stimmen
denn doch
und stets wieder
zu Einer Stimme zusammen:
»Das Wunder dieses
Zusammenfließens
ist größer als das Wunder
eines einzigen Autors.« [...]

5

Viel Stimmen-Buch also,
geselliges Buch
(geselligstes der Weltliteratur!):
in ihm wird
Die Eine,
die verlässliche Stimme
der geselligen Gottheit laut.
Kurt Marti

---

1. Wie beschreibt der Text den Charakter der Bibel?
2. Inwiefern ist die Bibel »Wort Gottes«?
3. Worin besteht die »Verlässlichkeit« der Einen Stimme – und was bedeutet das im Blick auf »Glauben«?

Glossar

Der **achtfache Pfad** fußt auf den »vier edlen Wahrheiten«, die Buddha im Blick auf die Erkenntnis des Leidens und seiner Überwindung formulierte. Insbesondere entfaltet er die vierte Wahrheit, die den Weg zur Überwindung des Leidens weist. Es geht dabei um richtige Erkenntnis, Gesinnung, Rede, Tat, Broterwerb, Anstrengung, Achtsamkeit und Sammlung (Konzentration/Meditation).
⤏ S. 132.

Der **Antisemitismus** bezeichnet heute die ablehnende Haltung gegenüber Juden aus rassistischen Gründen, im Gesetz zum Antijudaismus, der religiöse Gründe hat.
⤏ S. 146, 150, 174.

Der **Arierparagraph** und andere Gesetze wurden 1933 von der nationalsozialistischen Regierung erlassen und dienten u. a. dazu, Juden und Oppositionelle aus dem Staatsdienst zu entfernen.
⤏ S. 150 f.

Die **Aufklärung** bezeichnet eine Entwicklung in der Geistesgeschichte des 17./18. Jahrhunderts, die sich von autoritären (u. a. kirchlichen) Denkvorgaben löst und die menschliche Vernunft in den Vordergrund rückt: »Habe Mut, dich deines eigenen Verstandes zu bedienen.« (Kant)
⤏ S. 126.

Autismus bezeichnet eine menschliche Entwicklungsstörung, die sich in einem Verlust an Umweltkontakten begleitet von übersteigerter Selbstbezogenheit äußert.
⤏ S. 90.

Charles Darwin (1809–1882) war ein bedeutender Naturwissenschaftler. Er gilt durch seine Forschungen als Begründer der Evolutionstheorie.
⤏ S. 72, 76, 81.

Die **Demokratie** ist eine Staatsform, die von einer politischen Partei/Parteienkoalition regiert wird, die aus allgemeinen, geheimen und freien Wahlen heraus entstanden ist. Die Demokratie beruht auf Grundrechten, die in der Verfassung des Staates niedergelegt sind. Eine Demokratie basiert auf Mehrheitsentscheidungen und auf dem Schutz der Rechte von Minderheiten (wie Emigranten, Homosexuellen, Behinderten, ethnischen und religiösen Gruppen etc.).
⤏ S. 146, 159, 162, 164, 167.

Die **Deutsche Bischofskonferenz** ist ein Zusammenschluss der römisch-katholischen Bischöfe aller Diözesen (Bistümer) in Deutschland.
⤏ S. 167.

Die **Diktatur** ist eine Staatsform, in der eine einzelne Person, eine bestimmte Gruppe oder eine Partei mit uneingeschränkter Herrschaft regiert. In einer Diktatur werden bestimmte Bürgerrechte wie die Presse- und Versammlungsfreiheit, die Meinungs- und Glaubensfreiheit, die Informations- und Reisefreiheit eingeschränkt oder aufgehoben. Diktaturen sichern ihre Macht durch Militär und Geheimpolizei. Oppositionelle Parteien werden verboten und deren Angehörige verfolgt. Im Deutschland des 20. Jahrhunderts gab es zwei Diktaturen: den NS-Staat von 1933–1945 und die DDR (Deutsche Demokratische Republik) von 1949–1989. Während die Nationalsozialisten die Demokratie offen bekämpften, gab sich die DDR den Anschein eines demokratischen Staates.
⤏ S. 145, 167.

Das **Down-Syndrom** ist der medizinische Begriff für eine Krankheit, die durch eine Genmutation hervorgerufen wird (Trisomie 21). Damit einhergehend ist eine Störung der geistigen und der körperlichen Entwicklung, sodass die Betroffenen als Menschen mit Behinderungen gelten.
⤏ S. 85, 94.

Eretz Israel ist die hebräische Bezeichnung für das Land Israel.
⤳ S. 170.

Die **Evangelische Kirche in Deutschland** (EKD) ist ein 1948 gegründeter Zusammenschluss der evangelischen Landeskirchen in Deutschland.
⤳ S. 12, 54, 77, 98, 150, 158, 167.

Die **Evolutionstheorie** ist eine naturwissenschaftliche Theorie, die davon ausgeht, dass sich alle Arten von Lebewesen durch genetische Veränderungen (Mutationen) weiterentwickelt haben und weiterentwickeln. Ob sich diese Veränderungen durchsetzen, hängt davon ab, ob diese veränderten Lebewesen sich besser an ihre Umwelt anpassen können, überleben und sich fortpflanzen oder schlechter an ihre Umwelt angepasst sind und sterben (natürliche Selektion).
⤳ S. 77.

Die **Finissage** (lat. Finis = Ende, Ziel) bedeutet »Fertigstellung«, »Vollendung« und bezeichnet z. B. den letzten Tag einer Ausstellung.
⤳ S. 205.

Eine **politische Fraktion** ist ein Zusammenschluss von Abgeordneten in einem Parlament, die in der Regel derselben Partei angehören.
⤳ S. 146.

Der **Ganges** (Ganga) ist der »heilige Fluss« der Hindus, der von Norden nach Osten durch Indien und in einem breiten Delta in den Golf von Bengalen fließt.
⤳ S. 130.

Die **Genetik** ist die Wissenschaft von den Grundlagen und Gesetzen der Vererbung (auch Vererbungslehre).
⤳ S. 86.

Die **Grüne Linie** (Green Line) ist die Bezeichnung für den Verlauf der Waffenstillstandslinien von 1949 zwischen Israel und den palästinensischen Gebieten.
⤳ S. 184.

Ideologie ist ein anderes Wort für Weltanschauung. Ideologische Vorstellungen können politisch, religiös oder philosophisch begründet sein.
⤳ S. 143, 150.

Die **Intifada** (arab. = sich erheben) ist eine Bezeichnung für die wiederholten palästinensischen Aufstände gegen Israel.
⤳ S. 180, 186.

Das **Jahresgedächtnis** ist ein Gottesdienst, der in der katholischen Kirche am jährlichen Todestag eines Menschen insbesondere für und mit dessen Angehörigen und Freunden begangen wird.
⤳ S. 116.

Das hinduistische **Kamadfest** ist der Gottheit Sri Kamadchi Ampal (die Göttin mit den Augen der Liebe) gewidmet. Es findet einmal jährlich mit einer großen Prozession statt.
⤳ S. 125.

Das **Karma** (wörtl. Tat, Werk) bezeichnet die unausweichlichen Folgen, zu denen ein bestimmtes Handeln im Blick auf die Wiedergeburt führt. Das Karma bestimmt darüber, als was ein Wesen wiedergeboren wird.
⤳ S. 134.

Ein **Kibbuz** (Plural Kibbuzim) ist eine ländliche Lebens- und Arbeitsgemeinschaft in Israel, in der es wenig Privatbesitz gibt.
⤳ S. 175.

Kischinew ist eine moldawische Stadt, in der sich 1903 ein Judenpogrom ereignete.
⤳ S. 170.

Ein **Konkordat** ist ein Vertrag zwischen einem Staat und einer Kirche.
⤳ S. 150.

Der **Kyosaku** ist ein aus Binsen gefertigtes Gerät, das bei längeren Meditationen durch einen leichten Schlag auf die Schulter ein Einschlafen verhindern soll.
⤳ S. 125.

Die **Liturgie** bezeichnet die Abfolge der Teile eines Gottesdiensts, die ihm seine Ordnung geben. Wichtige liturgische Elemente sind z. B. Gebete, Lesungen, Gesang, Predigt oder die Feier der Sakramente.
⤑ S. 109, 111.

In **Machpela** liegt die Begräbnisstätte der Familie Abrahams, s. Genesis 23ff.
⤑ S. 170.

Makroevolution bezeichnet vor allem bei Kreationisten die Evolution über Artgrenzen hinaus. Evolutionsbiologen unterscheiden hingegen in der Regel nicht zwischen Mikroevolution (Entwicklungsprozesse innerhalb einer Art) und Makroevolution (Entwicklungsprozesse von einer Art zu einer anderen über lange Zeiträume hinweg).
⤑ S. 76.

Der **Messias** (hebr. Maschiach = Gesalbter) ist in der Bibel zunächst jeder Herrscher, der als König in Israel von einem Propheten oder dem Hohenpriester »gesalbt« und damit eingesetzt wird. In den jüngeren Schriften der Bibel wird er zu einer Gestalt, die als Friedens- und Heilsbringer in Gottes Auftrag in der Zukunft erwartet wird.
⤑ S. 192, 200, 202f.

Eine **Metapher** ist ein sprachliches Bild, bei dem ein Wort nicht in seiner wörtlichen, sondern in einer übertragenen Bedeutung gebraucht wird. Metaphern sind für den Glauben eine besonders wichtige Hilfe, um z. B. über Gott oder Erfahrungen mit ihm so zu sprechen, dass sie anschaulich werden (z. B. die Rede von Gott als Vater oder die Bezeichnung Jesu als Licht der Welt).
⤑ S. 115.

Missionarinnen und **Missonare** sind Menschen, die ihren Glauben auch anderen Personen und Völkern nahebringen wollen. Christliche Missionsgesellschaften wie das Evangelische Missionswerk in Deutschland oder das katholische Missionswerk missio entsenden als Zeichen der Nächstenliebe beispielsweise auch Ärzte, Krankenpflegepersonal, Handwerker, Lehrer und Hochschullehrer in arme und notleidende Gebiete der Welt.
⤑ S. 186.

Als **Mythos** (Plural Mythen) bezeichnet man eine überlieferte verdichtete Erzählung eines Volkes über die Entstehung der Welt, über Götter oder aber ein anderes bedeutendes Geschehen. Mythische Erzählungen sind also nicht als historische Tatsachen zu verstehen. Trotzdem haben sie in der Regel eine große Bedeutung für die Menschen.
⤑ S. 70.

Das **Nirvana** ist Ziel des menschlichen Lebens im Buddhismus. Es bedeutet den Zustand, in dem alles Leiden und alle Daseinskräfte erloschen sind und in dem keine Wiedergeburt mehr stattfinden kann.
⤑ S. 118, 132.

Eine **Oppositionsbewegung** ist eine Protestgruppierung, die sich der politischen Meinung einer Regierung entgegenstellt.
⤑ S. 164f.

Die **Palästinensische Befreiungsorganisation** (PLO = Palestine Liberation Organization) ist ein 1964 gegründeter Verband verschiedener palästinensischer Gruppen, die sich für die Gründung eines Staates Palästina einsetzen.
⤑ S. 180.

Unter **Pränataldiagnostik (PND)** versteht man die vorgeburtlichen Untersuchungen am ungeborenen Kind und an der Schwangeren. Neben der Ultraschalluntersuchung sind vor allem die Fruchtwasseruntersuchung sowie Untersuchungen von Hormonwerten im Blut der Schwangeren bekannt.
⤑ S. 85, 94.

Das **Buch Prediger** (hebr. = Kohelet) ist vermutlich von einem Weisheitslehrer aus hellenistischer Zeit verfasst worden. Er fragt nach dem Lebensganzen: Gott schenkt und nimmt das Leben, gibt Freude ebenso wie Mühsal, Glück wie Unglück. Gottes Werk kann der Mensch

nicht ergründen. Der Mensch weiß weder seine Zeit noch seine Zukunft.
⇢ S. 25.

Die **Säkularisierung** bezeichnet einen geschichtlichen Prozess, in dem religiös-kirchliche Bindungen und Einflüsse im gesellschaftlichen und individuellen Leben zurücktreten bzw. keine Bedeutung mehr haben.
⇢ S. 126.

Der **Scheiterhaufen** ist vor allem im Hinduismus die übliche Form des Umgangs mit Verstorbenen. Durch diese Feuerbestattung wird das Körperliche bewusst vernichtet, damit das geistige Wesen frei werden kann zur Wiedergeburt. Die Asche wird oft in den Ganges gestreut.
⇢ S. 132.

Schem-Ha-Mphoras (hebr. = der unverstellte Name) dient Juden als Bezeichnung für den unaussprechbar heiligen Gottesnamen.
⇢ S. 161.

Schoah (hebr. = große Katastrophe) ist die Bezeichnung für den Völkermord an den Juden in der Zeit des Nationalsozialismus. Als weitere Bezeichnung dient das aus dem Griechischen stammende Wort Holocaust (griech. = vollständig verbrannt).
⇢ S. 170.

Ein **Schöpfungsmythos** ist eine Erklärungsgeschichte. Er spricht häufig in Bildern und will anschaulich etwas Wahres und Gültiges über den Menschen erzählen, z. B. wie er in der Welt lebt und welches Verhältnis er zu Gott hat.
⇢ S. 70f.

Die **Seligpreisungen** sind kurze Worte aus Matthäus 5,1–11, Verheißungen und Zuspruch, die allen Menschen gelten. Wer nach und von ihnen lebt, gehört der Bergpredigt zufolge zu den Glückseligen. Aber er lebt nicht auf einer einsamen Insel, sondern ist aufgeschlossen für seine Umwelt und gestaltet sie mit.
⇢ S. 46.

Eine **Skulptur** ist ein Kunstwerk, das von Bildhauern angefertigt wird. Es erhält seine Gestalt, indem ein dreidimensionales festes Material so bearbeitet wird, das aus dem Material Teile entfernt werden (im Gegensatz zu einer Plastik, die durch Hinzufügung entsteht).
⇢ S. 39, 82.

Der **Sozialismus** ist eine politische Ideologie, die eine Gesellschaft fordert, in der alle Menschen über dieselben Rechte und Freiheiten sowie über den gleichen Anteil am gesellschaftlichen Reichtum verfügen.
⇢ S. 162.

Eine **Synode** ist ein kirchliches Parlament.
⇢ S. 150f., 158.

Die **Transzendenz** (lat. transcendere = eine Linie überschreiten) bezeichnet Erfahrungen, die gewohnte und rational fassbare Phänomene des menschlichen Lebens durchbrechen. Sie können auch mit einer nicht sichtbaren, »göttlichen« Wirklichkeit in Verbindung gebracht werden.
⇢ S. 129.

Das **Trauma** (griech. Wunde, Verletzung) wird in der Psychologie als Fachbegriff verwendet, um seelische Verletzungen zu bezeichnen. Sie entstehen durch Ereignisse, die mit großer (Todes-)Angst verbunden sind und ohnmächtig und hilflos erlebt werden.
⇢ S. 28.

In **Treblinka** befand sich während des 2. Weltkriegs ein deutsches Vernichtungslager in Polen; hier wurden 870 000 Juden ermordet.
⇢ S. 170.

Der **Vasallenkönig** (lat. vas = Bürge, Lehnsmann) ist meist ein Adliger, der von einer fremden (Besatzungs-)Macht in einem eroberten Land eingesetzt wurde und von ihr abhängig ist.
⇢ S. 202.

Visionen bezeichnen ein bildhaftes Sehen, das einem Traum ähnlich sein kann. In der Bibel geht es um Mitteilungen Gottes, die auf eine noch ausstehende Wirklichkeit hinweisen. Ihre Erfüllung beginnt aber in der bereits gegenwärtigen Wirklichkeit.
··> S. 14, 42f., 112, 135.

Der **Warschauer Pakt** war ein zwischen 1955 und 1991 existierendes Militärbündnis der osteuropäischen sozialistischen Staaten.
··> S. 164.

Das **Yoga** bezeichnet eine religiös-philosophische Lehre und Praxis, die im hinduistischen Umfeld entstanden ist und durch bestimmte Übungen zu körperlicher Entspannung und seelischer Sammlung führt.
··> S. 136.

Auf dem **Berg Zion** in Jerusalem stand der jüdische Tempel. Häufig wird der Name stellvertretend für das ganze Jerusalem oder sogar das Land Israel genannt.
··> S. 70, 170.

Der **Zionismus** ist eine jüdische Nationalbewegung, die auf die Errichtung und Bewahrung eines jüdischen Staates abzielt.
··> S. 174, 177, 188.

Text- und Bildquellenverzeichnis
Textquellen

Die nicht namentlich gezeichneten Texte stammen von den Verfassern des Bandes. Soweit nicht anders vermerkt, sind die zitierten Bibeltexte aus der 1984 revidierten Lutherbibel entnommen: Ev. Kirche in Deutschland (Hrsg.): Bibeltext in der revidierten Fassung von 1984, Stuttgart: Deutsche Bibelgesellschaft 2006.

11 Sölle, Dorothee: »Lieben und arbeiten.« Aus: Dies.: Lieben und arbeiten. Eine Theologie der Schöpfung. München: Piper 2001, S. 108.

11 »Grundgesetz Art. 139.« Aus: www.dejure.org/gesetze/GG/140.html. 13.03.2011.

12 »Sonntagsruhe.« Aus: Evangelische Kirche in Deutschland (Hrsg.): www.ekd.de/sonntagsruhe/argumente.html. 07.03.2011.

18 Moosbach, Carola: »Urlaubsgebet.« Aus: Himmelsspuren. Gebete durch Jahr und Tag. Neukirchen: Neukirchener 2001, S. 214.

19 Schrader, Susanne: »Nichts tun.« Aus: Gemeindebrief evangelischer Kirchengemeinden in Bad Godesberg. August/September 2010, S. 3f.

20 Aus: Ende, Michael: Momo. Stuttgart: Thienemann 1973, S. 64.

23 Perl, Carl J. (Übers.): Aus: Aurelius Augustinus: Bekenntnisse, 11. Buch. Paderborn: Schöningh 1955, S. 14.

24 Laun, Pater Andreas: Aus: Ders.: Licht. Eichstätt: Franz-Sales.

28 Roller, Dietmar: Aus: Kindernothilfe (Hrsg.): Kindernothilfe Magazin Nr. 174. Ausgabe 1/2005, S. 15 u. 17.

28 »Timo«. Aus: Willert, Albrecht: Das Leiden der Menschen und der Glaube an Gott. Göttingen: Vandenhoeck & Ruprecht 1997, S. 7.

29 v. Goethe, Johann Wolfgang: Aus meinem Leben. Dichtung und Wahrheit, Erster Teil. Aus: Goethes Werke, Hamburger Ausgabe Bd. IX: Autobiographische Schriften. München: C.H. Beck 1967, S. 29–31.

30–40 Pohl, Peter/Gieth, Kinna: Du fehlst mir! Du fehlst mir! Übers. v. Kicherer, Birgitta. München: Carl Hanser 1994 (dtv 1999), S. 92–94;183–184;105–106;123–124;127–128;264.

39 Büchner, Georg: Dantons Tod, Dritter Akt, 1. Szene. Aus: Lehmann, Werner R. (Hrsg.): Sämtliche Werke und Briefe, Band 1. München: Carl Hanser 1974, S. 48.

39 Olivetti, Marco M.: Worüber man nicht schweigen kann. Neue Diskussionen zur Theodizeefrage. Oelmüller, Willi (Hrsg.). München: Fink 1992, S. 170.

42 Moltmann, Jürgen: »Trost und Wiedergeburt zum Leben«. Aus: Ders.: Im Ende – der Anfang. Eine kleine Hoffnungslehre. Gütersloh: Chr. Kaiser, Gütersloher Verlagshaus 2003, S. 143.

46 Sölle, Dorothee: Phantasie und Gehorsam. Überlegungen zu einer zukünftigen christlichen Ethik. Stuttgart: Kreuz 1972, S. 63 u. 66.

47 Schmid, Wilhelm: »Warum Glück nicht das Wichtigste im Leben ist«. Aus: Ders.: Glück. Frankfurt/Main: Insel 2007, S. 45.

48 Schmich, Theo: »Immer der Erste«. Aus: Baumeister, Hanns (Hrsg.): Treffpunkt Wolke 7. Gütersloh: Gütersloher Verlagshaus 1998, S. 15–16.

52 Brecht, Bertolt: »Der Städtebauer«. Aus: Ders.: Gesammelte Werke 11. Frankfurt/Main: edition suhrkamp 1967.

54 Eberl, Klaus: »Auch zwischen den Stühlen ist ein Platz«. Aus: Montag Stiftung Jugend und Gesellschaft (Hrsg.): 40 Stühle unterwegs – für eine Kultur, in der jeder Mensch Platz hat. Münster: designcontor 2008, S. 5–6.

56 u. 58 Smith, Annedore: »Das Spiel heißt Versöhnung«. Aus: Konsortium Ziviler Friedensdienst (Hrsg.): Gewaltfrei für den Frieden. Frankfurt/Main: Brandes & Apsel 2009, S. 106–110.

60 Freud, Sigmund: Das Unbehagen in der Kultur. Frankfurt/Main: Fischer Bücherei 1971, S. 127.

60 Bonhoeffer, Dietrich: »Nachfolge«. Aus: Kuske, Martin/Tödt, Ilse (Hrsg.): DBW 4. Gütersloh, Gütersloher Verlagshaus [3]2002, S. 135.

60 Schmidt, Helmut: »Streit um die politische Relevanz der Bergpredigt«. Aus: Ders./Mokrosch, Reinhold: Die Bergpredigt im Alltag. Gütersloh: Gütersloher Verlagshaus 1991, S. 134.

60 Weder, H.: Die Rede der Reden. Eine Auslegung der Bergpredigt heute. Zürich: Theologischer 1985, S. 151.

60 Käßmann, Margot: »Fantasie für den Frieden«. Aus: Dies.: Fantasie für den Frieden oder: Selig sind, die Frieden stiften. Bearb. v. Birnstein, Uwe. Frankfurt/Main: Hansisches Druck- und Verlagshaus 2010, S. 49.

64 Brecht, Bertolt: Szene 8 Ein Gespräch. Aus: Leben des Galilei. Berlin: Suhrkamp 1998, S. 76–81.

66 Hawking, Stephen/Mlodinow, Leonard: Die kürzeste Geschichte der Zeit. Übers. v. Kober, Hainer. Berlin: Rowohlt [4]2009, S. 19–24.

72 Benz, Arnold: Die Zukunft des Universums. Zukunft, Chaos, Gott Düsseldorf: Patmos 1997, S. 46–50.

73 Ders., S. 69–71.

74 Grönemeyer, Herbert: Mensch. Aus: Mensch. Grönland: EMI 2002.

74 »Mensch«. Aus: Brockhaus Enzyklopädie in 30 Bänden. Bd. 18. Gütersloh: F.A. Brockhaus GmbH [21]2006, S. 248.

74 v. Goethe, Johann Wolfgang: »Das Göttliche«. Aus: Goethes Werke. Hrsg. v. Trunz, Erich. München: C.H. Beck [16]1996, S. 147.

75 »Mensch«. Aus: Schlag nach! Weltraum, Erde, Leben und Geschichte. Hrsg. v. Meyers Lexikonredaktion. Mannheim: Meyers Lexikonverlag 1992, S. 85.

76 Stephan, Manfred: http://www.genesisnet.info/schoepfung_evolution/i421.php. 22.02.2011.

77 Kirchenamt der EKD: EKD-Texte 94. Weltentstehung, Evolutionstheorie und Schöpfungsglaube in der Schule. 2008, S. 14.

78 Zahrnt, Heinz: Warum ich glaube. Meine Sache mit Gott. München: Piper 1977, S. 223.

84 George, U./Deckert-Peaceman, H./Mumme, P. (Hrsg.): Konfrontationen – Bausteine für die pädagogische Arbeit. Heft 3. Frankfurt/Main: Fritz Bauer Institut 2003, S. 74.

85 Aktion Mensch (Hrsg.): Lebensfragen – Kontroversen zur Bioethik. Bonn: S.19.

86 Aus: Rückert, S.: Zeit-Punkte, Hamburg 2/1995, S. 43.

88 Aus: Singer, Peter: Praktische Ethik. Übers. v. Wolf, J-C. Stuttgart: Reclam 1984, S. 179ff.

89 »Ein Brief an Peter Singer«. Aus: Stuttgart/ Tübingen: entwurf, 2–3/1993, S. 52.

90 Bundesamt für Zivildienst.

92 Bonhoeffer, Dietrich: »Zur Frage der Euthanasie«. Aus: Ders.: Ethik. München: Chr. Kaiser 1975, S. 170ff.

94 v. Weizsäcker, Richard: »Es gibt keine Norm für das Menschsein«. Aus: Frankfurt/Main: Frankfurter Rundschau, 20.07.1993.

96 Eibach, Ulrich: Sterbehilfe. Tötung auf Verlangen? Wuppertal: Kiefel 1988, S. 56.

98 Aktion Mensch (Hrsg.): Lebensfragen – Kontroversen zur Bioethik. Bonn: S. 28.

109 Kirchenkanzlei der EKU (Hrsg.): Agenda für die Union Evangelischer Kirchen in der EKD. Band 5: Bestattungen. Bielefeld: Luther 2004, S. 86f. u. 325.

111 Zenetti, Lothar: Für jeden Tag. Mit dem NT durch das Jahr. Wuppertal/Zürich: Brockhaus-Verlag ²1992, S. 71.

114 »Jes 53; Mt 20; Joh 15; Lk 22«. Aus: Neue Jerusalemer Bibel. Einheitsübersetzung mit dem Kommentar der Jerusalemer Bibel. Hrsg. v. Deissler, Alfons u.a. Freiburg i. Br.: Herder 1995, S. 1096, 1413, 1540, 1497.

116 Aus: Romero, Oscar A.: In meiner Bedrängnis. Tagebuch eines Märtyrerbischofs 1978–1980. Freiburg i. Br.: Herder 1993, S. 335f.

118f. »Nahtoderfahrungen – zwei Betroffene erzählen«. Aus: Faltin, Thomas: Stuttgart: Stuttgarter Zeitung. 30.07.2005.

125 Fisher, Mary Pat: »Vielfalt religiöser Ausdrucksformen«. Aus: Dies.: Religionen heute. Übers. v. Gabriele-Sabine. Gugetzer. Köln: Könemann 1999, S. 12.

126 Grün, Anselm: »Kann die Wissenschaft einen anderen Sinn vermitteln als der Glaube?«. Aus: Lichtenauer, Anton (Hrsg.): Anselm Grüns Buch der Antworten. Freiburg/Basel/Wien: Herder 2007, S. 111.

127 Benz, Arnold: »Epilog«. Aus: Ders.: Das geschenkte Universum. Astrophysik und Schöpfung. Düsseldorf: Patmos ²2010, S. 160.

129 Areopagita, Dionysios: Aus: Reschita, Richard: Praxis christlicher Mystik. Einübungen von den Wüstenvätern bis zur Gegenwart. Freiburg: Herder 2007, S. 169.

129 Katzmann, Tobias: »Gott. Stiller als das Stillste in der Welt«. Aus: Röser (Hrsg.): Was sagt mir Gott? Was sage ich Gott? Freiburg: Herder 2006, S. 46.

131 Barth, Reinhardt: Weltreligionen. Renningen: Garant, S. 10f.

132 Buddha: »Die vier Ausfahrten«. Aus: Faßnacht, Dieter: »Samjutta-Nikaja II, 107«. Weltreligionen: Geschichte, Quellen, Materialien. Buddhismus.

Frankfurt/M./München: Diesterweg/Kösel ²1978, S. 12. Zit. n. Steinke/Grün: Buddha – die Lehre des Erhabenen. München: Goldamnn 1970, 622f., S. 428.

133 Buddha: »Buddhas erste Predigt von Benares/ Rede über den Lebensdurst«. Aus: Faßnacht, Dieter: »Mahawagga I,5«. Weltreligionen: Geschichte, Quellen, Materialien. Buddhismus. Frankfurt/M./München: Diesterweg/Kösel ²1978, S. 29. Zit. n.: Mensching, G. Die Söhne Gottes. Wiesbaden: Löwit o. J., S. 47–48.

137 Küng, Hans (Hrsg.): Die heiligen Schriften der Welt – Buddhismus. München: Hugendubel 2005, S. 210 u. 213.

137 Küng, Hans (Hrsg.): Die heiligen Schriften der Welt – Hinduismus. München: Hugendubel 2005, S. 211.

141 Schumacher, Jörn: »Interview mit Mosab Hassan Yousef«. Aus: Christlicher Medienverbund KEP e.V.: Israelreport. Wetzlar 2/2010, S. 5.

142 Cusanus, Nikolaus: »Vom verborgenen Gott«. Übers. v. Böttge, Bernhard. Aus: Kollegium des Pädagogisch-Theologischen Instituts Kassel (Hrsg.): forum religion. Stuttgart: Kreuz 2/2001, S. 12.

144 Bohl, Jochen: http://www.frauenkirche-dresden. de/predigt-bohl+M5dc9e6c8ce5.html. 31.10.2010.

146 Der »Völkische Beobachter«. 03.04.1933. Aus: Jochheim, Gernot: Frauenprotest in der Rosenstraße 1943: Berichte, Dokumente, Hintergründe. Berlin: Hentrich&Hentrich 1993, S.61.

146 Zitate der Reichsvertretung u. Kirchenleitung aus: Röhm, Eberhard/Thierfelder, Jörg: Juden-Christen-Deutsche, Band 1: Ausgegrenzt. 1933–1935, Stuttgart: Calwer 1990, S.141 u. 150.

148 Bonhoeffer, Dietrich: »Die Kirche und die Judenfrage«. Aus: Bethge, Eberhard (Hrsg.): Gesammelte Werke Bd. 2. München: Kaiser 1959, S. 44–53.

150 »Beschluss der Generalsynode«. Deutsche Evangelische Kirche: Kirchliches Gesetz- und Verordnungsblatt, 1933. Aus: Röhm, Eberhard/ Thierfelder, Jörg: Juden-Christen-Deutsche, Band 1: Ausgegrenzt. 1933–1935, Stuttgart: Calwer 1990, S. 204.

151 Bonhoeffer, Dietrich: »Die Kirche und die Judenfrage«. Aus: Bethge, Eberhard (Hrsg.): Gesammelte Werke Bd. 2. München: Kaiser 1959, S. 62–66.

151 Bekenntnissynode Barmen 1934: »Theologische Erklärung/Barmer Bekenntnis«. Aus: Lutherisches Verlagshaus (Hrsg.): Evangelisches Gesangbuch. Hannover: 1994, S. 810.

152 Gollwitzer, Helmut: »Es wäre vielleicht das Richtigste«. Aus: Ders.: Zuspruch und Anspruch. München: Kaiser 1954, S. 36.

154 Reichsgesetzblatt, 1936, T. I, Nr. 113, S. 993. Aus: Meier-Benneckenstein, Paul (Hrsg.): Dokumente der deutschen Politik. Band 4: Deutschlands Aufstieg zur Großmacht 1936. Bearb. v. Friedrichs, A. Berlin: Junker&Dünnhaupt 1937, S. 328–329.

155 »Interview mit Thorsten Müller«. Aus: Boberach, Heinz (Hrsg.): Jugend unter Hitler. Düsseldorf: Droste 1982, S. 158.

157 »Methode nach Ralf Lohfink: Filme deuten und produzieren«. Aus: Baumann, Ulrike: Religions-methodik. Handbuch für die Sekundarstufe I und II. Berlin: Cornelsen 2007, S. 74.

158 Aufruf der Synode der Evangelischen Kirche in Deutschland zur Gründung von »Aktion Sühnezeichen Friedensdienste«, 1958: http://www.asf-ev.de/index.php?geschaufruf. 31.10.2010.

158 Bonhoeffer, Dietrich: »Die Kirche und ihre Schuld«. Aus: Ders.: Ethik. München: Kaiser 1975, S. 120.

160 Wiesel, Elie: Den Frieden feiern. Freiburg i. Br.: Herder: 1991, S. 120.

162 Neues Deutschland. Berlin: 07.03.1978.

163 BStU, ASt Chemnitz, Reg.Nr. XX-SLK 3539 – hier die Inf. KD Zwickau vom 2.3.84. In: David Käbisch/Edmund Käbisch: Akteure der Friedlichen Revolution. Didaktische Impulse und Materialien für den Geschichts-, Ethik- und Religionsunterricht aus der Region Zwickau. Mit einem Geleitwort von Joachim Gauck, Moers: Editions La Colombe 2010, S. 31.

164 Gühlstorff, Nina/Schroder, Dorothea: Der dritte Weg. Jena: Eigenverlag 2009, S. 14f., 24.

167 Gemeinsame Texte, Nr. 19. Herausgegeben vom Kirchenamt der Evangelischen Kirche in Deutschland, Herrenhäuser Straße 12, 30419 Hannover, und vom Sekretariat der Deutschen Bischofskonferenz, Kaiserstraße 161, 53113 Bonn 2006, S. 12f.

168 Hilgendiek, Heike: »Reisebilanz Teil 1«. Aus: http://www.evangelisch-in-westfalen.de/wir-ueber-uns/struktur/kirchenleitung/kirchenleitung-in-israel-und-palaestina/bilanz-teil-1.html. 31.10.2010.

170 Weizmann, Ezer: Aus: Jüdische Allgemeine Wochenzeitung. 25.01.1996.

172 Flavius, Josephus: Geschichte des Judäischen Krieges. Leipzig: Reclam 1970, S. 498–499 (überarb. u. gekürzt).

174 »Die Unabhängigkeitserklärung Israels 1948 (gekürzt)«. Aus: http://www.hagalil.com/israel/independence/azmauth.htm. 31.10.2010.

176 »Erinnerungen an Haifa in den 1939er Jahren (li.)«. Aus: Wiltmann, Ingrid: Nur Ewigkeit ist kein Exil. Lebensgeschichten aus Israel. Villingen-Schwenningen: Raureif 1997, S. 172 u. 235f.

176 »Erinnerungen an Haifa in den 1939er Jahren (re.)« Fawaz, Turki: Exile Return. The Making of a Palestinian American. Übers. v. Wermke, Michael. New York: Free 1994, S. 1.

178 »Zwischen Tradition und Moderne«. Aus: TV-Mitschnitt. Euler-Rolle, Marie-Theres (Autor)/Reicher, Moshe (Berichte, Kamera)/Mück, Peter (Schnitt): Orf-Report International v. 05.05.1999. Wien: Österreichischer Rundfunk.

180 »Die Unabhängigkeitserklärung des Staates Palästina (gekürzt)«. Aus: http://www.palaestina.org/dokumente/plo/unabhaengigkeitserklaerung.pdf. 31.10.2010.

182 Raheb, Mitri: Ich bin Christ und Palästinenser.

Gütersloh: GTB 1994, S. 15 u. 52–58 (gekürzt).

184 Salewski, Christian: Graffiti gegen das Grau der Mauer. http://www.spiegel.de/unispiegel/wunderbar/0,1518,614937,00.html. 31.10.2010.

186 »Das Mediationsprojekt an der Talitha Kumi Schule«. Talitha Kumi School: http://www.talithakumi.org/ihk/index.html. 31.10.2010.

187 Adawee, Ma'moon Muneer: »Gebet«. Aus: Haviva, Givat (Hrsg.): Children write for peace. Kinder schreiben für den Frieden. Übers. v. Rosenzweig, Rafael. Eigenverlag 2000, S. 13.

188 Hilgendiek, Heike: »Reisebilanz Teil 1«. Aus: http://www.evangelisch-in-westfalen.de/wir-ueber-uns/struktur/kirchenleitung/kirchenleitung-in-israel-und-palaestina/bilanz-teil-1.html. 31.10.2010.

188 Gollwitzer, Helmut: »Geleitwort zu Michael Krupp«. Aus: Ders.: Zionismus und Staat Israel. Ein geschichtlicher Abriss. Gütersloh: Gütersloher Verlagshaus Gerd Mohn 1983, S. 7.

189 Zitat zu Banksy aus: http://arts.guardian.co.uk/pictures/0,,1543331,00.html / Begleittext. 31.10.2010.

193 v. Rotterdam, Erasmus: »Einleitung zur Ausgabe des NT 1516«. Aus: Schuster, Hermann. (Hrsg.): Quellenbuch zur Kirchengeschichte I. Frankfurt/Berlin/Bonn: Diesterweg 1960, S. 85.

194 Gesenius, Wilhelm: Hebräisches und chaldäisches Handwörterbuch über das Alte Testament. Leipzig: Friedrich Wilhelm Christian Vogel [5]1857, S. 62.

198 »Die Magier aus dem Osten«. Aus: Hainz, Josej (Hrsg.): Münchener Neues Testament. Düsseldorf: Patmos [3]1991, S. 2.

205 Marti, Kurt: Die gesellige Gottheit. Stuttgart: Kreuz 1989, S. 10.

213

Bildquellen

Titelbild l.: picture-alliance/dpa/© dpa-Fotoreport/Foto: epa; m.: © Bischöfliches Dom- und Diözesanmuseum, Mainz; r.: N.N.; Fond: corel library;

2 o.: Salvador Dalí: »Persistencia de la memoria« (Die Beständigkeit der Erinnerung, Die weichen Uhren, Die zerrinnende Zeit), 1931, Öl auf Leinwand, 24,1 x 33 cm/ akg-images/Erich Lessing/© Salvador Dalí, Fundació Gala-Salvador Dalí/VG Bild-Kunst, Bonn 2011; u.: Niki de Saint Phalle: King Kong 1963, in: Carla Schulz-Hoffmann (Hg.), Niki de Saint Phalle. Bilder – Figuren – Phantastische Gärten, Prestel-Verlag, München 1987, S. 64–65, Rechte: Niki de Saint Phalle/© VG Bild-Kunst, Bonn 2016;

3 o.: picture-alliance/ZB/© dpa/Foto: Wolfgang Kluge;

4 o.: Hans Erni: Laokoon, 1977, »Mit der Genehmigung des Künstlers Hans Erni«, u.: Salvador Dalí, »Das letzte Abendmahl«, 1955, Öl auf Leinwand/akg-images/ ErichLessing/© Salvador Dalí, Fundació Gala-Salvador Dalí/VG Bild-Kunst, Bonn 2011;

5 o.: mauritius images/imagebroker/Florian Kopp; u.: picture-alliance/Arco Images GmbH/Foto: Stengert, N.;

6 o.: © Adam Reynolds/Corbis; u.: Herrad von Landsperg: Hortus deliciarum (Wonnegarten) - Die Anbetung der Könige, Umrisszeichnung nach dem 1870 in der Bibliothek in Strassburg verbrannten Original, 1170, Buchmalerei/Reproduktionsgrafik, akg-images;

8/9 Salvador Dalí: »Persistencia de la memoria« (Die Beständigkeit der Erinnerung, Die weichen Uhren, Die zerrinnende Zeit), 1931, Öl auf Leinwand, 24,1 x 33 cm/ akg-images/Erich Lessing/© Salvador Dalí, Fundació Gala-Salvador Dalí/VG Bild-Kunst, Bonn 2011;

12 www.unikat.net/© www.ekd.de 2008;

14 o.: mauritius images/Gerard Lacz; u.: © Biosphoto/ BIOS – Auteurs (droits geres), Matt Alexander ;

17 Rembrandt Harmensz van Rijn: Der Geldwechsler (Das Gleichnis vom Reichen), 1627, Beschreibung, Öl auf Eichenholz, 31,9 x 42,5 cm, bpk/Foto: J. P. Anders;

18 picture-alliance/Arco Images GmbH/Foto: Wothe, K.;

22 o.: Dieter Wendland, Berlin; Umrisszeichnung zum Artikel »Kairos« aus: Dictionnaire des antiquités grècques et romaines, Bd. 3. Paris 1877–1919. S. 787;

25 Quint Buchholz: Morgen I, 1997, Quint Buchholz/Carl Hanser Verlag GmbH & Co.KG;

26/27 Niki de Saint Phalle: King Kong 1963, in: Carla Schulz-Hoffmann (Hg.), Niki de Saint Phalle. Bilder – Figuren – Phantastische Gärten, Prestel-Verlag, München 1987, S. 64–65, Rechte: Niki de Saint Phalle/© VG Bild-Kunst, Bonn 1987;

28/29 picture-alliance/ZB/© dpa-Report/Foto: Peter Endig;

31 mauritius images/Prisma;

32 Hanns H. Heidenheim: Ijob, aus: Böhm, Wilhelm u.a. (Hg.), Als die Gotteshäuser brannten, Ev. Erwachsenbildungswerk, Nordrhein e. V. 1988, S. 52;

35 Badische Zeitung, 3.11.2009;

37 Hanns H. Heidenheim: Ijob, aus: Böhm, Wilhelm u.a. (Hg.), Als die Gotteshäuser brannten, Ev. Erwachsenbildungswerk, Nordrhein e. V. 1988, S. 52;

39 Georg Baselitz: Ohne Titel, 1982–84/Bridgeman Berlin;

41 Simon Pasieka: Nebel, 2006, schwarze Tusche auf Papier, 12,1 x 15,4 cm;

43 Uwe Appold: Das neue Jerusalem, 1999, Mischtechnik/© Präsenz Kunst & Buch, 65597 Hünfelden-Gnadenthal, www.praesenz-verlag.de, © Uwe Appold, Flensburg;

44/45 picture-alliance/ZB/© dpa/Foto: Wolfgang Kluge;

46/47 Foto: Tony Stone Images/Betsie van der Meer, München;

49 Thomas Zacharias: Radierung zu Lk 8,14, aus: Radierungen zur Bibel von Thomas Zacharias. Stuttgart, Deutsche Bibelgesellschaft 1993, S. 119/© VG Bild-Kunst, Bonn 2016;

50/51 Fotos: Jan Roeder;

52/53 Herbert Wentscher: Gerechtigkeit, 1989/ © VG Bild-Kunst, Bonn 2016;

56 © KURVE Wustrow e.V.;

57 Souli, Sofia: Griechische Mythologie. Athen: Toubis 1995, S. 67;

59 ullstein bild/Imagebroker.net;

61 www.worldpeaceflame.org/Foto: Ulrike Baumann;

62 o.: Michelangelo Buonarroti: Erschaffung von Sonne, Mond und Sternen, 1509–12, Fresko/ullstein bild/ Granger Collection; u.: picture-alliance/dpa/© dpa/ Foto: DB ESA;

63 u.: dieKLEINERT.de/Enno Kleinert;

64 Rudolf Schlichter: Bertolt Brecht, 1926, Öl aufLeinwand, 75,5 x 46 cm/akg-images;

65 picture-alliance/MAXPPP;

66 picture-alliance/ZUMA Press/Foto: v45;

71 aus: Keel, O.: Die Welt der altorientalischen Bildsymbolik und das Alte Testament, Göttingen: Vandenhoeck & Ruprecht 1995. S. 30;

72 Arnold Benz;

80 Foto: J. Schulze, Hannover;

82/83 Hans Erni: Laokoon, 1977, »Mit der Genehmigung des Künstlers Hans Erni«;

84 aus: SPIEGELreporter, 1/2001;

88 © Mika/Corbis;

90 dpa, Hamburg;

91 picture-alliance/Model and Property Released (MR&PR)/Foto: Creasource;

93 Aktion Mensch e.V.;

95 Frida Kahlo: »Die zerbrochene Säule«, 1944, Öl auf Leinwand, montiert auf Hartfaser, 40 x 30,7 cm/akg-images/© Banco de México Diego Rivera Frida Kahlo Museum Trust/ VG Bild-Kunst, Bonn 2011;

98/99 picture-alliance/kpa/Foto: 90061;

100 Aktion Mensch e.V.;

101 Caritas Bamberg/Bamberger Freiwilligenzentrum/ CariThek/meikro.de/Monika Meinhart;

102/103 Salvador Dalí: »Das letzte Abendmahl«, 1955, Öl auf Leinwand/akg-images/Erich Lessing/© Salvador Dalí, Fundació Gala-Salvador Dalí/VG Bild-Kunst, Bonn 2011;

105 CINETEXT;

106 picture-alliance/ZB/© dpa-Report/Foto: Michael Bader/Transit;

107 o.: Blume/www.blumebild.com; u.: picture-alliance/ Foto: Reinhard Kungel;

108 picture-alliance/Süddeutsche Zeitung Photo/Foto: Stephan Rumpf;

110 © Bernd Kohlhas/Corbis;

113 Emil Nolde: »Der ungläubige Thomas«, 1912, Öl auf Leinwand, 100 cm x 86 cm/akg-images/Erich Lessing/© Nolde Stiftung Seebüll;

115 Carel Weight; Kreuzigung II, 1981, Duncan Campbell Fine Art; Öl auf Holz, 213,5 x 112 cm.

117 Adolfo Pérez Esquivel: 12. Kreuzwegstation, aus: Ders.: Lateinamerikanischer Kreuzweg 1492-1992. © Misereor, Aachen;

119 Hieronymus Bosch: »Aufstieg in das himml. Paradies«, 1500, Öl auf Holz, 86,5 x 39,5 cm/akg-images;

121 Janet Brooks-Gerloff: »...und wanderte mit ihnen«, 1988/© VG Bild-Kunst, Bonn 2011;

122/123 mauritius images/imagebroker/Florian Kopp;

124 epd-bild/FB-Fischer;

125 o.: picture-alliance/ZB/© dpa/Foto: Karlheinz Schindler; u.: picture-alliance/dpa/© dpa-Bildarchiv/Foto: Roland Weihrauch;

128 o.: picture-alliance/GODONG/Foto: Pascal Deloche; u.: picture-alliance/GODONG/Foto: Philippe Lissac;

129 picture-alliance/Lucenet Patrice/Oredia;

130 o.: ypicture-alliance/GODONG/Foto: Philippe Lissac; u.: picture alliance/Lonely Planet Images/Foto: Andrew Burke;

131 l.: Vishnu nimmt die Gestalt eines Fisches an, um den Seedämon zu töten, 17. Jh., Farbe auf Papier, Höhe: 22cm, bpk; r. picture-alliance/united archives/Foto: 91020;

133 picture-alliance/MAXPPP/Foto: Selva/Leemage;

135 Der Kosmosmensch. Miniatur, aus: Bonn, C.: Im Herzen der Schöpfung. Augsburg: Pattloch/Weltbild 1997. S. 125 © Bischöfliches Dom- und Diözesanmuseum, Mainz;

136 l.: picture-alliance/MAXPPP/Foto: Marthelot/Leemage; r.o.: picture-alliance/Bildagentur-online/Design Pics; r.u.: picture-alliance/Foto: Dr. Rolf Philips;

138	mit frdl. Gen. d. Agentur Springer & Jacobi, Hamburg;
139	picture-alliance/dpa/© dpa-Report/Foto: Stephanie Pilick;
140	l.: Schweizerzeit Verlags AG; r.o.: ullstein bild/Reuter; r.u.: ddp images/AP;
141	picture-alliance/dpa/© dpa/Foto: Stringer;
144/145	picture-alliance/Arco Images GmbH/Foto: Stengert, N.;
146	bpk;
148	Foto E. Bethge © Gütersloher Verlagshaus, Gütersloh;
149	Bayrisches Hauptstaatarchiv, München;
151	l.: Foto: G. Köster/Landeskirchliches Archiv, Nürnberg; r.: Dieter Wendland, Berlin;
152	Archiv F.-W. Marquardt, Berlin;
153	picture-alliance/dpa/dpaweb/© dpa/Foto: DB Pawel Wyszomirski;
154	o.l.: Bundesarchiv Koblenz/Plak 003-011-042, Rinne, O., 1935; o.r.: bpk; u.: aus: Boberach, H.: Jugend unter Hitler. Düsseldorf, Droste 1982, S. 156, 158;
155	Jazzinstitut Darmstadt;
156	CINETEXT;
157	o.: picture alliance/kpa; u.: picture-alliance/dpa/© dpa-Fotoreport/Foto: dpa-Film Concorde;
159	bpk/Hanns Hubmann;
160	picture-alliance/dpa/© epa-Bildfunk/Foto: Michael_Kappeler/Pool;
161	picture-alliance/akg-images;
164	o.: picture-alliance/dpa/© dpa-Bildarchiv; u.: Thüringer Archiv für Zeitgeschichte »Matthias Domaschk« (ThürAZ)/Oliver Jahn;
165	Dieter Wendland, Berlin;
167	picture-alliance/dpa/© dpa-Fotoreport/Foto: Rainer Jensen;
168/169	© Adam Reynolds/Corbis;
170	ullstein bild/Meldepress;
171	The British Library, London;
172	Robert Kah/imagetrust;
173	Israel Bernbaum, »Der Aufstand im Warschauer Ghetto – Heroismus und Widerstand«, 1982, Ök auf LW, 48 x 366 cm, aus: Meines Bruders Hüter. München: Roman Kovar 1990, S. 50/ © VG Bild-Kunst, Bonn 2016;
174	ullstein bild/dpa, Berlin;
175	Gerhard Medoch;
177	Foto: Walter Zadek, Nishen;
178	(2): © FIRST LOOK;
179	o.l.: Foto: Raffael Herlich, Frankfurt/M.; u.l.: ullstein bild/Minehan;
182	Foto: ekir.de (mit frdl. Gen. von Mitri Raheb);
183	mauritius images/imagebroker/Christian Reister;
185	Foto: Christian Salewski;
187	© Givat Haviva – Face to Face;
189	AFP/Getty Images;
190/191	Herrad von Landsperg: Hortus deliciarum (Wonnegarten) - Die Anbetung der Könige, Umrisszeichnung nach dem 1870 in der Bibliothek in Strassburg verbrannten Original, 1170, Buchmalerei/Reproduktionsgrafik, akg-images;
192	Buchmalerei aus Verona: Die Unterweisung des Kämmerers der äthiopischen Königin Kandake durch den hl. Philippus (Apg 8,26ff.), um 1250, Vatikanische Bibliothek, Rom;
196	mit frdl. Gen. d. BHF-Bank, Frankfurt/M.;
197	Brüder von Limburg: Très Riches Heures du Duc Jean de Berry: Monatsbild März, 1412/16. Pergament, 22 x 13,5 cm. Chantilly, Musée Condé/Artothek;
200	l.: picture-alliance; r.: Titusbogen (Triumphbogen auf dem Forum Romanum in Rom, 81 n. Chr., Relief/akg-images/Erich Lessing;
201	u.l.: gettyimages/Foto: Marc Volk; u.r.: picture-alliance/dpa/© dpa;
203	Fotostudio Klein, Düsseldorf.

Redaktion:
Dr. Sabine Schröder mit Jutta Schirholz in Verbindung mit der Verlagsredaktion

Bildbeschaffung:
Svea Schade, Dagmar Schmidt

Illustrationen:
Roland Beier (10/11, 13, 54/55, 74/75, 79, 92/93, 96/97, 204),
Hans Wunderlich (20/21, 68/69, 76, 81, 87, 127, 142/143, 194, 202, 216/U3)

Umschlaggestaltung:
Ellen Meister unter Verwendung eines Motivs des Bischöflichen Dom- und Diözesanmuseums Mainz

Layout und technische Umsetzung:
Dieter Wendland

www.cornelsen.de

Die Webseiten Dritter, deren Internetadressen in diesem Lehrwerk angegeben sind, wurden vor Drucklegung sorgfältig geprüft. Der Verlag übernimmt keine Gewähr für die Aktualität und den Inhalt dieser Seiten oder solcher, die mit ihnen verlinkt sind.

1. Auflage, 5. Druck 2022

Alle Drucke dieser Auflage sind inhaltlich unverändert und können im Unterricht nebeneinander verwendet werden.

© 2012 Cornelsen Verlag, Berlin
© 2016 Cornelsen Verlag GmbH, Berlin

Druck: Mohn Media Mohndruck, Gütersloh

ISBN 978-3-06-120149-4

PEFC zertifiziert
Dieses Produkt stammt aus nachhaltig bewirtschafteten Wäldern und kontrollierten Quellen.
www.pefc.de
PEFC/04-31-1033

Diese Karte zeigt die hauptsächlichen Religionen in den einzelnen Ländern und Regionen. Sie spiegelt jedoch nicht aktuelle multi- oder areligiöse Veränderungen, beispielsweise in Europa und Russland, wider.

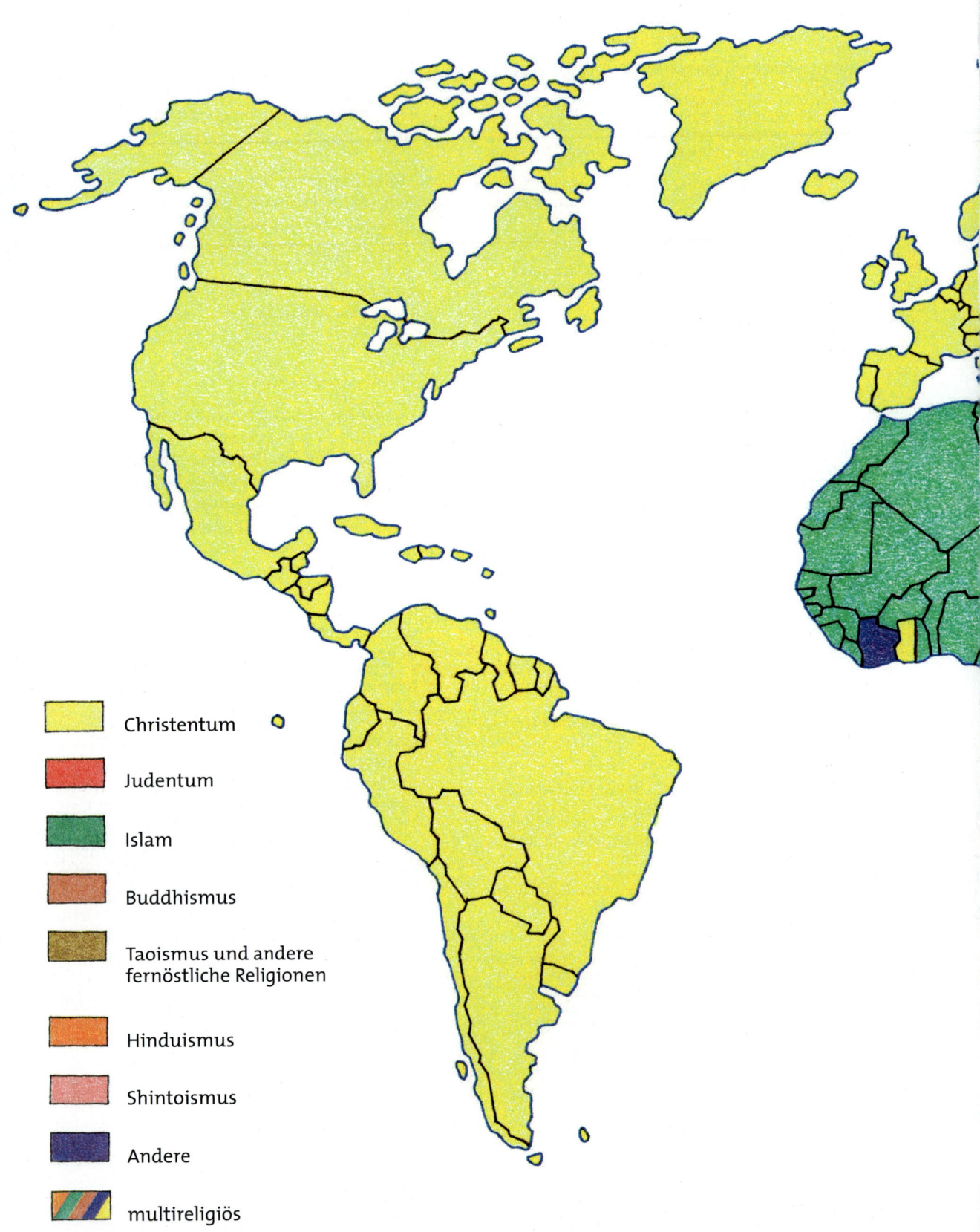

Christentum

Judentum

Islam

Buddhismus

Taoismus und andere fernöstliche Religionen

Hinduismus

Shintoismus

Andere

multireligiös